U0541516

双课堂

鲁迅经典作品案例教学

邓虹 ◆ 编著

2017 年·北京

图书在版编目(CIP)数据

双课堂:鲁迅经典作品案例教学/邓虹编著.—北京:商务印书馆,2017
 ISBN 978-7-100-14044-7

Ⅰ.①双… Ⅱ.①邓… Ⅲ.①阅读课—课堂教学—教学法—中小学 Ⅳ.①G633.302

中国版本图书馆CIP数据核字(2017)第125299号

权利保留,侵权必究。

双课堂
鲁迅经典作品案例教学
邓虹 编著

商 务 印 书 馆 出 版
(北京王府井大街36号 邮政编码100710)
商 务 印 书 馆 发 行
北京市白帆印务有限公司印刷
ISBN 978-7-100-14044-7

2017年9月第1版　　开本880×1230 1/32
2017年9月北京第1次印刷　印张11⅝
定价:38.00元

目 录

序　谈邓虹老师的优化整合实验 ·················· 钱理群 i
绪言　探索中前行 ·· 1

上篇　创新——从失败走向成功

令人沮丧的失败：《药》之初设计 ································ 12
跌倒之后的奋起：《药》之修改版 ································ 15
网络课堂的魔力：《药》之再设计 ································ 17
学生潜能的大爆发：与鲁迅先生合写《药》 ···················· 23
教师价值的新彰显：教师在平台讨论前后过程中的作用 ········ 155
专家点评　一次清醒的教学超越 ································ 158

下篇　拓展——从尝试走向深入

《记念刘和珍君》教学设计与学生作业展示 ···················· 200
《祝福》教学设计、精彩实录与学生作业展示 ···················· 256
专家点评　新时代，新课改，新探索 ························ 345

实验总结　从"请君入瓮"到"一千个哈姆雷特" ·············· 349
后记　最好的见证 ·· 355

序
谈邓虹老师的优化整合实验

北京师范大学附属中学邓虹老师的《激情作文点击——来自高三实验基地的报告》一书（商务印书馆2004年版），早在2004年就放在我的书桌上，这是她在2002—2003年间所进行的"网络环境与个性化高三作文辅导"实验的总结。我读了以后，很受启发，当时就决定要写点什么，但杂事太多，也就搁下了，于是就成了我的一个心事，每每想起，总觉得欠了什么。以后邓老师又从网上发来了她"用网络平台支持鲁迅作品教学"案例之一的《〈药〉之创新研读》一文，我也正忙着杂事，而未予回应。最近，我和她见了一面，她又交给了一个利用网络平台教《记念刘和珍君》的新案例。我也从中知道了，她这些年一直在坚持做"信息技术与语文学科的优化整合"的实验，而且都获得了很大成功，积累了丰富的经验。我真的被感动了：在当下中国社会与教育环境下，一个普通的中学教师几年如一日地坚持做教育改革的一件实事，这需要怎样的精神！我也为自己未能及时给予声援而感到愧疚：无论如何，我应该写一篇文章了。

但却不知从何说起。我想起了刚刚重读的深圳中学马小平老师早在1999年就提出的《面向知识经济，培养一代新人——关于普通中学迎接21世纪的教改设想》，他所理解的新的教育革命的目标："通过改变观念，改变办学模式，利用新的教育技术，开发学生的资源，开发教师的资源，从而解放人，发展人，使人成为自己，使人成为主人，使教师和学生的价值得以充分地实现。"——坦白地说，我过去读马

i

老师这样的设想时，虽然很兴奋，但仍然有目标高远、难以落实之感；现在，看了邓老师的实践经验总结，就豁然开朗了。

这是因为邓老师将"利用新的教育技术"进行教育改革这一新的历史性课题落实到了具体的学科上，提出了"信息技术与语文学科的优化整合"的实验课题，并找到了利用网络进行阅读教学和写作教学的操作方法与模式，而且收到了实效，这就有了相当大的说服力，让我们看到了更为广阔的前景。我从邓老师的实验中看到的，就是我们过去许多关于教育、关于语文教育的理念、设想，一直苦于找不到实施的手段，就只能是一个理想，甚至成为空想，而现在网络技术的出现，就给了我们一个将理想、理念变成现实的途径，展现了新的可能性，这大概是邓老师的实验最具启发性之处。

下面我们就以邓老师的《药》的教学为例，对她的实验做一个简要的介绍与评说。

首先是对网络提供的丰富的阅读资源的自主运用，邓老师把它称为"拓展阅读"。教师通过具有启发性的网上提示，引发学生的好奇心，产生强烈的阅读兴趣；然后，学生自会带着问题或疑惑，到网上去搜寻有关资料，同时阅读多种参考书籍或文章，寻求答案。这样，学生就把学习的主动权牢牢地掌握在自己手里，其意义是不可低估的。掌握资料与信息，自然只是第一步，还需要自己的独立消化：我们不能把学生培养成信息的奴隶。事实上，学生在阅读了网上有关课文的资料以后，再回过头来阅读课文时，就会有自己的感悟、认识、体会、心得，以至突发的灵感，还会产生新的疑惑。于是就有了第二个环节：在网上的自由发表，交流互动。

不难看出，这样的网上自主研讨，实际上就是陈桂生先生所说的未成年人（学生）自己的阅读经验的形成过程。当然，这样的经验还是零散的、粗糙的，需要经过教师的引导而进一步完善与升华：

这将是下一个教学环节的任务。但它已经足以唤起学生自主阅读的兴趣、自信心、创造欲望与冲动，已经形成了一个良性的阅读期待：学生可以说是带着许多想法、许多问题，带着表达和交流、论战的渴望来上课的，这是和传统的被动地听课（实际是接受教师的灌输）完全不同的。

另一方面，这样的学生在网上的研讨，又是教师观察与研究学生，了解学生接受课文的心理逻辑的过程。在充分理解学生的经验（他们的阅读兴趣、角度、创造、阅读障碍、困难、疏漏、认识误区，等等）以后，教师自然就会对自己的预设教案进行修改与调整，这和传统的教学中教师上课时对学生的接受状态心中无数，只能机械地按预设教案灌输，也是大不一样的。

于是，就有了这样的自然过渡：教师在仔细阅读学生发言与点评以后，又不失时机地整理出学生们研读的成果精华和疑难问题，再次发布学习公告："孩儿们，认真阅读老师梳理出来的与课文密切相关的精华帖子，你一定会被大家的敏捷睿智所震撼，一定会被大家的真知灼见所吸引，一定会从心底里升出强烈的自豪感！"——下面的课堂教学已经呼之欲出了。

邓老师的经验，是抓住两个步骤。首先是"以学生们涵盖《药》各部分内容的精华帖为引导，从对课文的整体感知到对各部分内容的深层分析，容量大却不繁复庞杂，节奏快却不浮皮潦草"。我理解这一教学步骤里，有两个关键：一是既要从学生在网上研讨中形成的阅读经验出发，作为"引导"，又要对体现了这样的学习经验的"精华帖"进行精心的选择与组织，选择的标准就是寻找"课程目标"与学生"心理逻辑"的契合点，这是最能体现教师的教学功力的：对课文、课程目标、学生心理三方面都要吃透，这才能做出恰当的选择，抓住讲授这一篇课文（比如《药》）的"纲"，纲举而目张，就能做到邓老师所说的"容量大却不繁复庞杂，节奏快却不浮皮潦草"。其

iii

二，对学生的引导，主要着力点，要放在引导学生去阅读课文，这又包括两个方面："对课文的整体感知"和"对各部分内容的深层分析"，并且都要落实到语言的分析，即文本细读上：引导学生从领悟"文"面之"义"（字义，语义，用法，表现特点）入手，感悟"文"后之"意"（意味，情意，意念，用心，意图），达到对作家作品"文心"的理解与把握。这就是"直面文本，直面语言，直面（作者与学生的）心灵与生命"：这是由语文学科的性质决定的，也是我们的课堂教学所应紧紧把握住的。

邓老师的课堂教学的第二个步骤，是"根据学生自主质疑成果调整教学内容，开展重难点讨论"。这里，强调教学的针对性，从学生阅读实际遇到的问题出发，是很有启发性的。不过我更感兴趣的，是邓老师组织的课堂讨论的两个特点：一是注意敏锐地发现和抓住学生在阅读中所出现的问题与偏差，组织讨论。其二，邓老师还"特别注意发现学生对尖锐问题的讨论，有意识形成一个百家争鸣的思想'碰撞场'，让学生在充分展示个性与创造性的同时，通过与同学、老师的智力交锋，自觉实现自我提升"。特别是像鲁迅这样的经典作家，中学生出于他们这个年龄所特有的逆反心理，常常要提出各种疑问，这大概就是邓老师这里所说的"尖锐问题"，这是正常的，在教学中不必回避，反而应该鼓励学生提出异议，并因势利导，组织学生展开讨论，通过"智力交锋"，自己来解决所提出的问题。比如，有学生提出："一直很不理解鲁迅先生为什么那么热衷于隐喻，暗讽，费很多心思去写，更让人费很大心思去读，要是大多数的人，都和我一样，懒得理解那么深，那他的文章有什么作用？"邓老师敏锐地抓住了问题所在：这不仅涉及对鲁迅文笔的理解，也反映了"鲁迅作品的深刻性、蕴藉性、厚重性对部分同学的阅读心理与阅读习惯造成了强烈冲击"，于是引导学生就"青年学子能否拒绝经典，拒绝厚重？"展开了讨论，要求学生结合自己在阅读《药》过程中的体验，各抒己见。结果不仅使学生加深了对鲁迅的《药》这样的经典作品的理解和体认，而且提高了学生的阅读境界。

阅读教学做到这样的程度，应该说已经十分成功了，邓老师因此而"沉浸在无比的愉悦中"。但她并不满足，又给自己的实验提出了新的课题："还能不能让学生与经典走得更近？如何能让经典常读常新从而'不隔'？"于是，又切换到虚拟课堂，进行网上作文。

这又是一次新的创造性实验。邓老师引入叙事学的新知识："围绕一个故事讲出许多其他故事"，别出心裁地出了一个《与鲁迅先生合写〈药〉》的作文题——有经验的老师都知道，作文题是最能显示老师的创造力的，而好的作文题又是最能激发学生的创造力的。邓老师又向学生推荐2006年诺贝尔文学奖获得者帕慕克的代表作《我的名字叫红》，引导学生关注其超凡脱俗的艺术创造力和想象力，鼓励学生尝试独特的写作构思及新颖的叙事手法。既提出"奇思"，又授予"奇招"，在老师这样的引导下，学生的创造力就如火山般爆发了。

而我们在惊叹之余，更要反省：我们对中学生的创造潜力，中学教师的创造潜力，实际上是严重估计不足的。马小平老师说得很对："人的大脑发展的无限可能性，是对我们现在教育模式的极大的讽刺。想一想，我们的教育究竟在多大程度上开拓了学生的脑潜力？""教师自身也是一个有待开发的资源，教师的智慧，教师的创意，在目前的情况下，还远远没有开发出来"，"教育改革的问题，说到底，就是一个资源开发的问题"，是一个解放教师与学生被压抑的创造力，开发他们的学习、创造资源的问题（马小平《面向知识经济，培养一代新人——关于普通中学迎接21世纪的教改设想》）。邓老师的实验证明了：网络对释放教师与学生的创造潜力，是可以发挥很大作用的。

纵观邓老师的阅读教学的全过程：首先以网上的阅读研讨奠定学生自主性阅读的基础；再在课堂老师引领的讲读讨论中得到升华，达到课程所要求的对课文准确、深入的感悟和理解；最后又通过网上作文，加以深化与扩展，并转化为阅读与写作的能力。整个教学过程浑然一体，在老师的引导下，学生自由地出入于虚拟课堂和实体课堂之间，在远比单一的课堂教学更为开阔的教学空间里，更为有效地开发了教师的教育智慧与学生的学习智慧。

北京大学　钱理群

绪 言
探索中前行

一、语文课改实验的缘起

21世纪是信息的时代。电脑和互联网的飞速发展不仅对社会生活的发展产生了深刻的影响，同时给教育领域带来了巨大冲击。教育部明确提出："以教育信息化带动教育现代化。"如今，现代信息技术已在各个学科的教育教学活动中得到日益广泛的应用。针对语文学科，2000年3月，教育部在重修旧大纲基础上，制定出《全日制普通高级中学语文教学大纲》（试验修订版），首次明确要求"语文教师应努力掌握和运用现代信息技术，充分利用教学设备，提高教学质量和效率"。现代信息技术教育促进了教育观念的极大转变，也引发了语文学科教学方法的变革与创新。随着计算机技术的普及应用和多媒体网络教育理念的产生，语文学科教学走入一个崭新的天地。

2002年10月，我有幸参加了全国中语专委会承办，香港大学母语中心、清华同方教育技术研究院等协办的"2002年汉语文教学与信息技术应用研讨会"，观摩学习的时间虽然短暂，却使我视野拓展，眼界大开。

与会的几天中，通过听专家讲座，看教师现场课，观教学成果展，参与各种专题讨论，我真切地感受到现代信息技术在语文学科教学中的广泛应用及其巨大作用，同时也意外发现了两个教学空白点，从而激发起了我探索的欲望与热情，引发出了我对利用信息技术来优化语文教学的深入思考。

一是交互式教学的空白。我发现，本次研讨会上展示的教学研究成果大抵分为语文教学课件和语文教学资源库两类。前者利用多媒体技术把视频素材和音频素材整合到一起，以文本、图像、声音等多种信息形式诉诸学生的多种感觉器官，使学生在教学活动中实现视听同步，增强了文学作品的艺术感染力，有效突破入情入境这一教学难点，在激发学生鉴赏的兴趣、参与的热情、自觉的投入等方面做出了有益的尝试。特别是目前已开发的众多高中多媒体文学作品教学课件信息丰富，形象直观，极大提高了语文课堂教学的效率，拓展了语文课堂教学的视野。而后者利用计算机网络强大的数据库优势，给学生提供大量教材以外的文学创作原型、社会历史背景、作家创作缘由、作品价值影响等多方面原始资料，帮助学生深入理解文学作品的内容及特点。

不过，令人遗憾的是，从课堂实际效果来看，这些课件的教学设计大多只停留在辅助课堂教学中教师的讲解演示作用上，课堂容量虽大却不免内容单一，预设性太强却难以适应课堂的灵活变化。特别是计算机网络显著的优势——即时性、交互性的特点在课件类和资源库类的教学资源中几乎没有得到体现。

二是作文教学的空白。本次研讨会上展示的教学研究成果主要集中在阅读教学中。无论是文言文教学还是现代文教学，无论是文学作品赏析还是实用文体设计，语文教学与信息技术应用的交集都仅限于课文教学。而专门针对作文教学，特别是有规模、成系列的作文教学与信息技术应用研究尚未起步！

这两个重大发现（自以为的）令我激动不已！我是一个喜欢另辟蹊径的人，在教学中不愿意只当识途的老马，总是希望有新的发现，新的突破。于是，我毅然决定将作文教学作为自己教学改革尝试的第一步。构想利用极具即时性、交互性的现代信息技术——计算机网络，把学生那几乎完全封闭的静态单向写作过程转变成流变性的动态交互过程。即以网络技术刺激学生的写作欲望，解决写作过程中的个性化问题，着眼于每个教学对象，为每个学生创造自我发展的机会，提供自我发展的空间。

二、从作文到阅读的网络教改实验

珠海学习归来，从 2003 年 10 月到 2004 年 6 月，我开始致力于题为"网络环境与个性化高三作文辅导"的教学改革创新实验。我发挥学生的网络技术特长，为班级建立作文网站，开辟高中作文教学实验基地，为高三学生建立实验网页，开辟阅读和写作专项园地。在网站中创造性地建立多条师生交互渠道，借助网络技术的优势，实现作文教学由情趣激发与启动，到情趣传递与交流，最后到情感反馈与评价的完整过程。网络整合教学创新集中表现在：①即时性强，弥补了课堂指导相对滞后的不足。②机会均等，激发了每个人的写作欲望。③交互性强，解决了个性化的写作难题。④建立起切近生活、拓展阅读的基地，丰富知识，扩大视野。⑤学生在各个教学环节充分实现自主创新。⑥使"人人有提升，个个得发展"的作文教学理想得以真正实现。实验的阶段性成果和最终成果表明，本实验在激发学生写作热情，培养学生写作兴趣，提高学生写作水平，促进学生个性发展等方面确实产生了相当大的作用，圆满实现了"人人有提升，个个得发展"的预设目标。"经总课题组综合评价，认为其实验研究已达到该课题同类研究的先进水平"（成果鉴定书语），其实际教学效果获得广大师生及"个性化作文"课题专家的一致肯定，并多次受邀参加校、区、市级及全国经验展示和交流汇报。由于本实验深具开创性和"革命性"（专家评语），《光明日报》《现代教育报》《中国考试》等媒体杂志曾做过专题报道或相关报道，并给予高度评价。而实验的部分成果已由商务印书馆集结成专著《激情作文点击——来自高三实验基地的报告》一书出版。

在积累了高三集中性、密集型网络作文经验后，2004 年到 2006

年期间，我尝试将信息技术与渐进性、常规型作文教学紧密结合，进行了"超文本作文与网络自主评析研究"的新型整合实验。我组织学生观察家庭生活和社会生活，以活动为切入点，以写作为主要内容，教学重点放在落实活动作文的过程，明确呈现写作步骤，以及规定作文呈现方式上，鼓励学生用各种创新的设计来呈现"超文本"方式的活动作文。教学过程中，我打破传统单一形式，充分利用信息技术的显著优势，在电教室为学生们营造一个即时互动的环境，使观看、感受、赏析、抒发"四位一体"，在即时交互的网络平台上使每个学生获得个性化的情感体验，教学效果十分显著，学生作文积极性空前高涨，学习成果丰富多彩。相关论文发表在2004年《中学语文教学》第10、11两期上，案例资源在2005年全国教育科学"十五"规划重点课题《信息化进程中的教育技术发展研究》国家级教育资源库建设研究项目中获得一等奖，实验成果在2007年北京市教育学会"十一五"重点课题"信息化与学科教学优化实验研究"评比中，成绩特别突出，被授予一等奖。

就这样一步一步地探索着，尝试着，我对现代信息技术与语文学科教学的优化整合充满了好奇，充满了信心。在作文教学改革大踏步前进的同时，我也在认真思考着阅读教学改革的最佳契机与可能。

2005年6月，我参加了北京教育学院组织的"现代信息技术与学科教学整合"骨干教师高级研修班学习，并参与了中央教育科学研究所"信息技术与语文课程整合实验研究"课题组的实验活动。由于自己近年来一直在探索"信息技术与语文教学整合"的最优化道路，所以迫切希望能借此机会深入学习，及时"充电"，以弥补相关视野及知识能力的不足，并为行进中的科研之舟寻找助推器。

课题组为每个实验班级和教师创建了个性化班级教学平台，其本质上是一个具有教学特殊性的综合性网站，该网站的域名为：www.ywzh.cn。具体说是一个适合于语文教学的网站，是一个用于交流互动的信息处理的平台。其中教师拥有一个教师网页，每个学生各拥有一个学生网页（个性化学习平台），师生凭借"资源库"和网络交互功能的支持，利用网页开展虚拟的教学活动。这种数字化教学活动和面对面、口耳相传的教学活动融为一体，实现了信息技术对班级教学的有机整合。用这种"虚拟教室"整合班级教学，对教师的技术要求是十分简单的，教师能掌握相当于上网收发邮件的技术就基本够用了。有了这一技术依托，从2007年起，我开始进行题为"基于网络平台的鲁迅经典作品教学"实验。教学基本构思是以网络平台（虚拟课堂）的阅读研讨奠定学生自主性阅读的基础，再在实体课堂（传统课堂）老师组织、引领、点拨的讲读讨论中得到升华，达到课程所要求的对课文准确、深入的感悟和理解；同时通过网络平台上多种语言表达训练，将学生阅读成果加以深化与扩展，并转化为阅读与写作的能力。整个教学过程浑然一体，在老师的引导下，学生自由地出入于虚拟课堂和实体课堂之间，在比单一的课堂教学开阔得多的教学空间里，更为有效地开发出教师的教育智慧与学生的学习智慧。

针对语文教学中长期盛行的"请君入瓮"式的研讨法和情境教学法，本实验创造出了一种特殊的文学课型，并成功提炼出一种极具创新性的"双课堂"教学模式，其特点为：虚实性课堂切换，过程性教学支撑，生成性教学资源，延展性课堂教学。即充分利用网络的虚拟世界打破时空界限的功能，自然消解学生和鲁迅的距离，达到心灵的相遇，实现了"让学生与经典走得更近"的预设目标。同时通过对鲁迅文本的细读，获得对鲁迅语言的独特感悟，以此为基础，又通过无拘的想象，转化为自己的语言，形成在鲁迅启示下的自我独特表达，达到了阅读与写作，学习、汲取与创新的结合。另外充分发挥网络平台的互动作用，让每个学生的独特创造都能在同在网上的同学中得到瞬间反应，获得成功感，同时又引发出新的想象，形成良性竞争，在相互激励中学生群体性创造力得到显著提高。

这个实验在区、市和全国产生了较大影响：在2006年北京市教育学会语文教学研究会组织的"中学语文教学设计大赛"中，教学设计《记念刘和珍君》荣获一等奖；"中学语文教学论文大赛"中，论文《真正让经典穿越时空》荣获一等奖。2007年11月论文《用网络平台支持鲁迅作品教学新尝试》获全国中学语文教师"鲁迅作品教与学"征文大赛二等奖。2007年7月22日被特邀在中国教育技术协会、中国多媒体教学学报主办的"'十一五'课题2007年度中小学优秀教学案例评选活动"上做《记念刘和珍君》学科示范课。2007年10月18日被特邀在中国教育技术协会主办的"第二届全国中学多媒体教学观摩研讨会暨上海市晋元高级中学信息技术与课程整合教学展示活动"上做鲁迅作品教学示范课。2009年3月19日做北京市高中新课程研究课《祝福》，课例被北京教育科学院基础教育教学研究中心录为北京市2009年高中新课程暑期培训课例。2009年8月10日代表北京参加由全国中语专委会与上海鲁迅文化发展中心组织的"全国中学语文鲁迅作品教学评优活动"，被评为金奖第一名，并在颁奖大会上做现场观摩课。一系列相关论文发表于《人民教育》《中学语文教学》《中国多媒体电子学报》等核心刊物上。其中《让经典穿越时空——〈药〉创新研读案例》还被收入《人大复印资料》2008年第11期（上）。

教学实践证明，"双课堂"教学模式使老师和学生同时释放出巨大的创造潜力，本实验大大激发了学生学习鲁迅经典的积极性，加深了学生对鲁迅作品的理解和体认，提高了学生的阅读境界和人文精神境界，对高中经典阅读教学具有显著的示范价值和实践意义，为现有的课堂教学模式理论研究提供了新的方法与途径。

总起来说，这一系列的科研活动促使我不断发现语文教学盲区，借助信息技术优化学科教学；不断填补教学空白，扩大教学视野，促进教学改革与自身发展；最终实现了从普通教师到研究型、创新型教师的跨越。

三、选择鲁迅作品探究的理由

之所以选择鲁迅作品，是基于对高中语文学习目标的落实和力求达到"新课标"对学生语文素养的新要求。

《普通高中语文课程标准》（实验）在"课程的基本理念"中指出："高中语文课程必须充分发挥自身的优势，使学生通过优秀文化的浸染，塑造热爱祖国和中华文明、献身人类进步事业的精神品格，形成健康美好的情感和奋发向上的人生态度。"

在"新课标"第二部分"课程目标"中更是特别强调："根据自己的目标，选读经典名著和其他优秀读物，与文本展开对话，领悟其丰富内涵，探讨人生价值和时代精神，增强民族使命感和社会责任感。养成对语言、文学以及文化现象独立思考、质疑探究的习惯，发展思维品质，增强思维的深刻性和批判性。通过阅读和思考，吸收中外古今优秀文化的营养，逐步形成自己的思想、行为准则，树立积极向上的人生理想。"

中学语文教材应当秉持怎样的选择标准？钱理群教授的一段话值得我们深入思考："在西方国家，每一个民族都有一些原创性的、能够成为这个民族的思想源泉的大学者、大文学家。当这个民族在现实生活中遇到问题的时候，常常能够到这些凝结了民族精神源泉的大家那里汲取精神的养料，然后面对他们所要面对的现实。每个国家都有这几个人，可以说家喻户晓，渗透到一个民族每一个人的心灵深处。比如说英国的莎士比亚，俄国的托尔斯泰，法国的雨果，德国的歌德，美国的惠特曼，等等。

"在我们中国，有哪些属于精神原创性的、源泉性的作家呢？首先四大作品：第一是《庄子》和《论语》，它们代表中国文化源头——道家和儒家；第二是《唐诗》，因为中华民族青春时期、成熟时期，健康向上的，极其丰富极其全面的一种精神是体现在唐诗上的，唐诗是处于青春期的文学；第三是《红楼梦》，因为它是我们民族百科全书式的著作，是总结性的文学作品；第四是鲁迅作品，鲁迅开创了新的现代文化。这四个代表时期的作家作品都是我们民族文化的最高峰。"

中学语文阅读教学有其自身的鲜明特点，它是建立在经典阅读的基础上的。朱自清先生说："在中等及中等以上的教育里，经典阅读应该是一个必要的项目。其价值不在实用，而在文化。做一个有相当教养的国民，至少应对本国的经典有直接接触的义务。"叶圣陶先生说："若干经典，培育过咱们的祖先，培育过社会的精英，培育着咱们的国民，年轻人更应享受到经典的滋养。"

鲁迅作品一直是中国现代文学的经典之作，而鲁迅作品教学历来是中学语文阅读教学的"重头戏"，但在具体教学中却以问题多、难度大著称。有人说，中国的秘密，有一半在鲁迅的作品中。鲁迅是"五四"时期的文化历史造就的。他从旧中国出来，又受科学思想的影响，其个性是民主精神的天然杰作。对于启蒙的执着，贯穿了鲁迅的一生，鲁迅人文精神的核心是他对于国人启蒙的关怀。鲁迅希望自己的作品"速朽"，可他的作品对今天的我们仍有深刻的现实意义，这不能不说是我们的悲哀。

鲁迅作品的深刻性、蕴藉性、厚重性对师生的阅读心理与阅读习惯造成了强烈的冲击，"很多中学语文教师感到鲁迅作品很难教甚至无法教，很多中学生感到鲁迅作品很难懂甚至无法懂。教师不愿教，学生不愿学"（北京师范大学教授王富仁语）。然而从另外一个角度思考，如果抓住了鲁迅作品教学的主要问题，无疑是找寻到了解开中学语文阅读教学难题的一把钥匙。

德国著名哲学家费尔巴哈有一句名言深得我心："人就是他所吃的东西。"我认为，研究学生吃进什么，长成什么样，当是我们教师的重要责任。郁达夫曾经说过："没有伟大人物出现的民族，是世界上最可怜的生物之群；有了伟大人物而不知拥护、爱戴、崇仰的国家，是没有希望的奴隶之邦。"特别是在当下这个以"速食便捷"为文化依托，以"娱乐至死"为文化特征,满眼浮躁而肤浅、功利而鄙俗的时代,许多学生满足于便捷的"文化快餐"而不是文化经典;热衷于时尚的声光动漫而不是文章大家。所以当前语文教学的重要任务就是要引导学生去读经典。中学语文教材为我们提供了丰富的鲁迅经典作品,值得教师将此作为引领学生深度阅读的文化栈桥。作为语文教师,应当有目的、有方法地引领学生用心阅读鲁迅经典作品。让学生自觉地读,广泛地读,有情味地读,有领悟地读,在读的过程中"吃"进厚重,"吃"进深刻,"吃"进忧患,"吃"进使命……以利于学生长成"铁肩担道义,妙手著文章"的民族栋梁!

"新课标"明确指出:"未来社会要求人们思想敏锐,富有探索精神和创新能力,对自然、社会和人生具有更深刻的思考和认识。高中学生正在走向成年,思维渐趋成熟,已具有一定的阅读表达能力和知识积累,发展他们的探究能力应成为高中语文课程的重要任务。应在继续提高学生观察、感受、分析、判断能力的同时,重点关注学生思考问题的深度和广度,使学生增强探究意识和兴趣,学习探究的方法,使语文学习的过程成为积极主动探索未知领域的过程。"具有深刻性、蕴藉性、厚重性特征的鲁迅作品应当是发展学生探究能力的最佳文本。"新课标"要求高中生"养成对文学以及文化现象独立思考、质疑探究的习惯,发展思维品质,增强思维的深刻性和批判性"。而"敢于批判,勇于反思"是鲁迅作品的鲜明色彩,"彰显自我意识,追求独立人格"是鲁迅终其一生的精神追求,更是现代中国宝贵的精神财富。深入研读鲁迅作品,使学生通过优秀文化的浸染,领悟其丰富内涵,探讨人生价值和时代精神,增强民族使命感和社会责任感,塑造热爱祖国和中华文明、献身人类进步事业的精神品格,形成优秀的思维品质,是新时期语文教学的必然选择。

基于以上思考,我开始设计"基于网络平台的鲁迅经典作品教学"实验,打算在鲁迅作品的阅读教学中进行改革课堂教学方式的尝试,力图通过引入网络平台，开放课堂教学，增强学生参与和自主探究意识，让自觉性、独立性、创造性的鲁迅经典作品阅读促进学生精神发展，同时提高学生的阅读素养和写作素养。

　　本书就是对上述实验的忠实再现和深情回顾。为了确保本次阅读教学实验的真实性、鲜活性、现场感，我们特意留存下孩子们的学习原貌，包括体现他们特有的原生态精神状态的网络用语及网络符号等，故而在网络用语规范方面一律从宽要求。同时书中的相关注释主要依据汪磊主编的《新华网络语言词典》(商务印书馆2012年版)，在此一并说明。

上 篇

创新——从失败走向成功

令人沮丧的失败:《药》之初设计

2001年底,我有幸结识了仰慕已久的北京大学著名教授钱理群先生。钱教授作为著名鲁迅研究专家,自20世纪90年代以来,热切关注中学语文教学。特别是在《语文学习》"名作重读"专栏上发表了一系列文章,对中学语文教材中鲁迅作品进行了高屋建瓴的重新解读。我读钱教授的文章,立刻被其一贯的人文情怀,深厚的文学功底,严谨的治学态度,崭新的探究视野所吸引。其文中随处可见的精辟论断,更时时令我感佩、折服。因此,恳请钱教授到我所在学校指导鲁迅作品教学,立刻成为我心中极其强烈的愿望。令我深受感动的是,经过几次坦诚的电话交流,教务缠身的钱教授竟然答应了我的不情之请,只向我提出一个要求:先随堂听一节常规教学课(而非刻意"做课"),然后与老师们共同研讨。几个月后,钱教授与北京市教研部、海淀区教研室的部分专家领导一同坐进了我班教室:听课,讨论。

对我校语文组来说,这是一次高水平的语文教学研讨活动,与会的著名学者、教材教法专家、各级教研负责人与教学第一线的语文教师们以我的这节课为引子,就文学作品的教学思路、新教材的新探索等实际问题展开了热烈讨论。对作为执教者的我而言,这是一次由一节失败的文学鉴赏课换来的专家级点拨。

那节课的教学内容是鲁迅经典小说《药》的第三节(茶客谈药),教学方式是自己惯常使用的情境教学法和谈话法,教学基本思路是通过提问,引导学生讨论分析人物群像,以具体感受群众的愚昧与革命者的悲哀。然而由于整个教学过程都是教师预设的,所列问题带有执教者强烈的经验主义色彩,学生的讨论与发言不管充分或是单薄,无不中规中矩甚至机械。除了再三印证"愚昧"与"悲哀"的结论,整节课没有出现任何个性化思考的灵光,也没有出现些许创造性思维交锋的瞬间。

　　针对我的这节课,钱理群教授带着他独有的真诚而仁厚的微笑,一针见血地指出:这是普遍存在于中学语文教学中的"请君入瓮"式谈话法,看似自由讨论,即兴发言,但课堂并非真正活跃,因为其本质仍旧是追求"唯一正确"的"定论";文学作品的理性分析过多,而引发学生感性领悟太少,重归结而轻混沌,恰恰违背了文学作品的接受规律——文学作品的价值是要在读者的创造性阅读中去实现的;中学语文经典文学作品教学应当删繁就简,不必面面俱到,启发学生的创造性思维与艺术想象力正是中学语文教学的主要目的之一。至于有效的鉴赏方式,钱教授特别提倡被当今中学语文课堂所忽略的诵读评点法:与学生一起反复诵读课文,老师示范读,学生分角色读。读后谈感受,读后即兴点评自以为精妙之处……一句话,以学生为鉴赏主体,以让学生实际体悟为目的。

　　正所谓一语惊醒梦中人。教了十多年的语文,每到鲁迅作品,总想精讲、深讲、透讲。一方面是自己酷爱鲁迅,鲁迅作品讲授最过瘾,最令自己陶醉。另一方面是想让自己的学生热爱经典,逐渐蜕掉肤浅。因此,从初中到高中,从散文到小说、杂文,每逢鲁迅作品,一直都采用增加课时、加大容量、深入品味的方式讲授。然而仔细分析教学设计过程,发现自己制定教学目标及内容,确定教学重难点,思考教学问题的角度,无一不是从教师本位出发,几乎没有考虑过学生作为经典文本读者的接受情况。自以为学生疏离鲁迅的主要原因在于教师没有深入钻研教材,没有讲出鲁迅作品之精妙所在。于是分析更加透彻,板书更加精美,多媒体更加丰富……遗憾的是,虽然能使少数"鲁迷"紧密团结在自己周围,却依旧无法根本改变大多数学生对鲁迅

13

作品敬而远之的实际状况。究其原因,不正是潜意识里的"请君入瓮"式教学理念制约了学生作为主体的自主阅读与体验吗?不正是"弄通弄透"的纯理性、纯科学化指导思想妨害了学生感性化混沌状却真切化个性化的领悟吗?有教师的经验性结论在先,学生鲜活灵动的创造性思维和丰富多样的艺术想象力何处找寻?

跌倒之后的奋起:《药》之修改版

2002年这一节失败的文学鉴赏研讨课令我终生难忘,同时这次高水平的教学研讨会使我受益匪浅,钱理群教授那番切中肯綮的发言我始终没有忘记。在新一轮的鲁迅小说教学中,我尝试让学生成为鉴赏主体,课前布置自主赏析、质疑作业,备课时将学生精彩的回答、兴奋点所在、有讨论价值的问题等列为课堂教学的重要资源,针对学生的研习情况对自己预设的教案随时进行增删或修改。实践证明,这样的改变使学生的学习积极性大大增强,课堂展示学生研读成果环节受到学生的热烈欢迎,兴奋点问题讨论高潮迭起,学生创造性思维相当活跃,个性化发言随时呈现。然而不足依然明显,主要有以下几点:

一是课堂40分钟的时间太过短暂,无论是展示,还是研讨;无论是质疑,还是争论,课堂几乎总会被少数反应迅速的精英分子所"垄断"。"沉默的大多数"依旧沉默,所不同的是:以往的沉默是主动的选择,因为教师轻易不让出话语权;现在的沉默是无奈的接受,因为自己抢不到发言的机会!

二是学生自主提交作业的积极性只限于教师的激发与鼓励,内需比较单一。同时学生之间缺乏互动与交流,即时性强、鲜活灵动的生成性教学资源较为匮乏。

三是课前教师搜集、批阅、梳理、打印学生作业的工作量大,耗时太久,过程太长,分散了备课精力。

四是课堂教学评价体系单一,主要还是由教师一人掌控,教师的评点始终是学生学习效果的权威意见。

到哪里去给每位学生创造一个可以畅所欲言、公平展现聪明才智、充分体现同台竞技水平的激情学习园地？到哪里去给学生构建一个多角度、多方面、多层次、多手段的评价体系？这些问题自然成为我下一步教学思考的重点。

网络课堂的魔力:《药》之再设计

时光如梭,转眼就到 2008 年。第三次《药》该怎么上?联系自己正在进行的"信息技术与语文教学整合"实验,想到了课题组所提供的班级网络平台的巨大优势,我满怀信心地期待着借助班级网络平台的支持,使自己钟爱的鲁迅经典作品教学实践取得突破性进展。

借助网络平台的目的有三:

第一,利用网络平台激发自主研读经典的兴趣。因为与纸质作业相比,学生在网络上递交作业极易拥有公平公开,且即时发表、展示、交流、竞争的"人气场",学生的自主性学习热情能够得到最大化召唤。

第二,利用网络平台挖掘深层解读经典的潜力。因为高中学生所特有的渴求引人瞩目、获得欣赏、不服输的心理极其利于个性化、创造性思维活动,网络平台的即时性、交互性特点容易激发学生创新原动力。

第三,利用网络平台创设平等对话经典的机会。因为不能平等对话,学生难以走近更难亲近经典,那么经典极有可能被束之高阁。

我预想着将整个教学活动安排在虚拟课堂与实体课堂之间自由切换进行。实验基本思路如下:

(1)虚拟课堂自主研读。

(2)实体课堂深入研讨。

(3)实体课堂释难解惑。

(4)虚拟课堂拓展创新。

具体教学基本步骤如下:

第一环节——自主研讨

课前我在网上开辟[《药》自主研讨区],并发布学习公告:"欢迎大家从小说的主题、小说的人物、小说的情节、小说的结构、小说的语言……各个方面进行分析、感悟、探讨、质疑！"

第二环节

我在仔细阅读学生的网络自主发言与点评后，整理出学生们研读的成果精华和疑难问题，再次发布学习公告："同学们的分析认识水平令人惊叹啊！敬请大家欣赏！"在网上张贴［《药》自主研讨核心内容梳理］，并将其主要内容在课堂上展示，让学生欣赏、评价、质疑，以进一步激发学生的学习积极性和自主钻研精神。

第三环节

充分的自主研读为实体课堂教学的针对性、时效性、创造性打下了坚实基础。实体课堂三课时。前一节半课，我以学生们涵盖《药》各部分内容的精华帖为引导，从对课文的整体感知到对各部分内容的深层分析，容量大却不繁复庞杂，节奏快却不浮皮潦草。

后一节半课，我根据学生自主质疑成果调整教学内容，开展重难点讨论：

A."买药"一节：结尾语句有着怎样的含义？

B."吃药"一节：小栓的几次咳嗽有何作用？

C."谈药"一节：为什么说阿义可怜？"疯了"一词出现几次？为什么？有什么特殊效果？

D."上坟"一节：开头段的环境介绍有何目的？人物心理的微妙变化有哪些？如何理解？"乌鸦"的含义及作用何在？

在这个过程中，我充分利用学生自主研读过程中的"另类帖"，特别点拨被学生忽略的关键性问题。如：

王澈：文中写到坟墓群被中间的"细路"分明地分成了"左右"两边。左边的那是"犯人"的墓地，右边的就是群众的墓地。我认为这实际上寓意着夏瑜等资产阶级革命者并没有和普通群众站到一起，而是有着明确的界限，这实际上也就表达了鲁迅先生认为革命脱离群众这一观点。资产阶级脱离群众闹革命,最终成为一座座"坟墓",象征了一种失败。而普通群众没有和革命者站到一起去,最终只能在路的另一边继续被封建落后所毒害。"路"的意象将文章的主题意义表达了出来。事实上,在小说后部分,华大妈(代表着广大群众)和夏四奶奶(代表着革命者的母亲)在上坟时也是向各自的那一条路上走去的。我们可以看出,华小栓和夏瑜两者的坟墓,中间仅仅只隔了这么一条小路,而就是这样一条小路却将华、夏两家分隔开来,成为一道屏障。但这道屏障在鲁迅的笔下并没有成为不可逾越的鸿沟,作为群众和革命者的孕育者,在同时忍受着失子的痛苦时,从素不相识到互相怜惜,最终能跨过这条小路,走到一起。我认为这实际上也表达了鲁迅先生对中国革命前途的一种美好憧憬。"路"作为华家和夏家最终走到一起的场所,将华家和夏家紧密交织在一起,构成了"华夏"的结局,也深深表达了鲁迅先生对中国革命的希冀。

张双双:想的妙,鲁迅给所有的人开了一条路,它指明方向,希望有更多的有识之士继续走下去,人民也能选择正确的道路。

方昊:路,革命者的和群众的,希望有一天能交汇在一起……

不难看出,王澈同学对于小说结尾的分析很具体,很深入,不乏真知灼见。但对两个大妈的心理分析、对"路"含义的结论性解说却带有明显的忽略文本倾向。而两个同学的跟帖表明这一倾向并非个别现象。为了增强学生"一切从文本出发"的鉴赏意识,我将此帖引入课堂讨论,让同学们以文本语言为据,以前后内容做照应,各抒己见,展开思维"较量",最终加深了对鲁迅思想情感的体验与认识,深化了对作品主题的理解与认同。

在这个过程中,我还特别注意发现学生对尖锐问题的讨论,有意识形成一个百家争鸣的思想"碰撞场",让学生在充分展示个性与创造性的同时,通过与同学、老师的智力交锋,自觉实现自我提升:

王近思：一直很不理解鲁迅先生为什么那么热衷于隐喻、暗讽，费很多心思去写，更让人费很大心思去读，要是大多数的人，都和我一样，懒得理解那么深，那他的文章有什么作用？不如明明白白地说，这样达到的效果可能更好。抑或是今天的人无中生有，强加了许多东西在鲁迅身上，也未可知。说实话，每当接触到鲁迅的文章，一分析总是有这几个字：讽刺，暗示，比喻，反喻。弄得我们都已经麻木了。我觉得鲁迅你太累，思想别那么复杂。

边枫：走在时代尖端的人，都是孤独的。

武萌萌：果然是见解独到啊。要是他真的写"革命女战士秋瑾惨遭不幸，反动派何其残暴，老百姓何其麻木……"，那多没意思啊，也许就失了老先生的水准。

王近思：鲁迅一味追求高境界，可是他心中有读者吗？文章是给鲁迅看的，还是给广大百姓看的？必然是后者。既然如此就不应该如此复杂。

腾远芳：顶[1]！我也这样觉得！为什么要写得如此晦涩呢！毕竟是给人看的东西！

很显然，鲁迅作品的深刻性、蕴藉性、厚重性对部分同学的阅读心理与阅读习惯造成了强烈冲击。"要是大多数的人，都和我一样，懒得理解那么深"，一个"懒"字是否折射出浮躁时代功利追求的些许特征？青年学子能否拒绝经典，拒绝厚重？于是，我将这一讨论引入课堂，先让学生思考并畅所欲言。然后，给他们介绍王朝闻先生论演员与观众之关系的话："艺术不直接提供任何抽象的结论，而是利用感性的、具体的形象，引导欣赏者得出一定的结论，不要忘记观众是参与演出的共同创造者。"进一步思考文学表现生活的特殊性以及文本与读者关系。同学们自然得出"文学源自生活，却高于生活而非俯就生活"

---

[1] 顶：支持、赞同。多用于网络论坛发帖，对发帖者的观点表示支持、赞同。

的结论。接着，我又请王近思同学为大家朗诵王国维的"三境说"，并解释其深刻含义。通过讨论，同学们由衷认同"文学经典自有大视野、大情怀，而大视野、大情怀无不伴随大忧患、大痛苦，深刻是厚重生命的源泉"的观念。在这里，学生的研讨与教师引领相得益彰。

第四环节——课外拓展

课文研读结束了，我的心沉浸在无比的愉悦中。还能不能让学生与经典走得更近？如何能让经典常读常新从而"不隔"？于是，我尝试将最新的文学创作元素引入课堂：

（1）先向学生简介叙事学的新发现——"围绕一个故事讲出许多其他故事"。激发学生兴趣，开拓学生阅读与创作视野：

我之所以一次写出许多故事，是因为我想让你们感觉到，围绕一个故事我可以或可能讲出许多其他故事……我的一生就是一个充满故事的空间，在这个空间里可以朝任何方向前进。讲了一个故事之后总是发现，原来还可以讲其他许多故事；所以从任何时间或任何地点出发，都可以碰到异常丰富的要讲的材料。

——伊塔诺·卡尔维诺《假如冬夜里一个旅行者》

小说之房不止有一个窗口，而是有千百万——许多可能的窗口。每个可以捅破的隙口都有一双眼睛，至少是一副小型双筒望远镜，一次又一次作为观察的工具，让使用者得到一个不同于他人的印象。

——亨利·詹姆斯《一个贵夫人的画像》序言

（2）再向学生介绍2006年诺贝尔文学奖获得者帕慕克的代表作《我的名字叫红》：

阅读瑞典诺贝尔文学奖颁发委员会的颁奖词，引导学生关注帕慕克超凡脱俗的艺术创造力与想象力。鼓励学生学习该书新颖独特的打通生死、贯通时空的写作构思及新颖的叙事手法。

先欣赏、思考《我的名字叫红》新颖独特的写作构思及叙事手法。参考其目录：

我是一个死人

我的名字叫黑

我是一条狗

人们将称我为凶手

我是你们的姨父

我，谢库瑞

人们都叫我"蝴蝶"

人们都叫我"鹳鸟"

人们都叫我"橄榄"

我是一棵树

我是一枚金币

我的名字叫死亡

我是一匹马

我的名字叫红

我，撒旦

我是一个女人

……

讨论：如果借鉴其手法，《药》这个关于"群众的愚昧与革命者的悲哀"的故事还可以从哪些地方进行构思？

（3）布置学生借助网络平台进行创造性思维拓展练习：

老师在网络平台上张贴主题帖及发布创意写作公告："[《药》——不可多得的改创文本！（形式力求多样，神髓不可或缺啊！）]今日扼腕：志士就义，华夏当同慨。历史存照：赤子赴难，天地竟齐喑。"

要求：从与小说《药》相关联的人、事、物、景等中，任意选择一个角度，自拟题目，尝试完成"与鲁迅先生合写《药》"的创新写作活动。

"爱好戏剧的同学，不妨尝试将经典小说《药》改写为剧本吧！"

学生潜能的大爆发：与鲁迅先生合写《药》

这次实验的过程和结果表明，学生自主意识极大增强，学习热情空前高涨，学习潜能得到充分挖掘，多元智能得到充分展示。

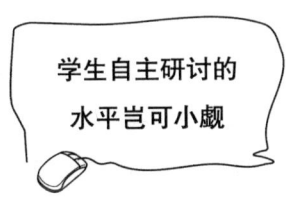

学生自主研讨的水平岂可小觑

网络作业一布置，学生们积极响应号召，自由选择研读角度，迅速提交出高质量的作业。

老师还没有进行常规教学，请看学生自我呈现的出色的整体感受：

吴双：没有多余的叙述累赘。就是在这阴暗昏沉的天色里，革命者的热血，蘸血的馒头，小栓的死，凄寂的坟头……故事开始了，结束了。像无声的黑白电影在泛黄的幕布上晃着，观者无声，倒吸一口冷气。

《药》给我的一大感触就是其极大的视觉冲击力。厚重的画面感似乎沉在本已深刻的文字下面，托起小说浓重的情感氛围，深沉地，耐人寻味。

故事发生的地点无疑是隐晦的、压抑的，仿佛还有一股腐朽的霉味隐约弥漫：乌蓝的天，青白的光，灰白的路，浑身黑色的人，黯淡的金字，分外寒冷的清明，青白的小花。就像放映机的镜头无声地播放，微微颤抖着，冰冷而阴郁。也就是在这样的画面里，老栓的畏缩愚昧，华母的胆怯无知，康大叔的无情愚蠢，世人的麻木奴性，等等，一步一步在眼前展开，就像一个又一个阴影，由远到近，聚集着，幽灵一样无声飘来，一个接一个穿过你的心，不禁又冷又怕。

然而突然，在整篇昏暗的色调里，迸跃出唯一的亮点——红，红黑，红白，只属于革命者。就像电影《辛德勒名单》里恐慌的黑白世界中那点红色的小小身影一样，如此强大的视觉冲击，"砰"的一下抓住你的双眼。那是黑夜中的一团火，尽管只微弱地闪烁，但绝对让人震撼，就像一股力量撞进你的胸口。然而马上，它又被寒冷吹去，只觉得比刚才更冷。

吃人的世界是多么隐晦、冰冷，难以反抗。那样一苗火焰，有跳跃而出的力量，有震撼人心的能力，但被阴霾笼罩的世界又有多少空隙与时间让你闪光，更何况这鲜红还会被人嘲笑，被人吃掉，被亲人误解。

红与黑的对比，只见那，黑的更黑，冷的更冷。

于是，故事的开头是乌蓝的天；故事的结尾是漆黑的乌鸦。仿佛从没有过一抹鲜亮。

然而真的是这样吗？不！我们的记忆里分明闪烁着那笔鲜红。是的，正是这样，此时我们才可安心地生活在历史新的一页。这是老栓与夏母不曾想到的，却是夏瑜与鲁迅一生追求的。

老师还没有组织常规研讨，请看学生深层次的思想认识：

孟竹：本文在"谈药"这一部分最能体现出小说的主题——表现

群众的愚昧落后,暴露国民性的弱点。作者通过语言描写,把人物性格鲜明地刻画出来。康大叔的残忍、肆无忌惮,花白胡子的两边不得罪,二十多岁的人的气愤(年轻人的思想尚且这样不开化,这个民族的希望何在),驼背的幸灾乐祸等,都表现出了这些人的愚昧无知、冷漠麻木。他们对革命毫不理解,奴性十足,是当时中国社会底层人民的真实写照。在那样一个民智未开的年代里,夏瑜的结局只有一死,这也是革命者的悲哀。忽然想起明末名臣袁崇焕,因多尔衮的反间计被凌迟处死。可怜一代忠臣,不能战死沙场,与敌人搏斗,却被自己誓死捍卫的皇帝而杀,更悲哀的是被自己拼命保护的百姓唾弃,竟落得个肉被百姓分吃的下场。历史总是有着惊人的巧合,300年前的人民愚昧落后、麻木不仁,300年后,国民的素质竟丝毫不见提高,只是从吃人肉变成了吃人血馒头而已,国民的劣根性显露无遗。要怎样防止悲剧的重演呢,实在发人深思。

没有老师的分析,请看学生不流于浮泛的思索理解:

贾佳:对"药"的题目的几点理解:1.从买药到吃药再到谈药再到因为药而死引出两条线索的相遇,"药"贯穿全文,以此为题无可替代。2.讽刺百姓麻木不仁,拿革命者的鲜血做医治痨病的"良药"。3.封建迷信的"药"不能治病,最终只会导致死亡。4.革命者的英勇行为不能为群众所支持与理解,即使付出了极大的代价,也没有给中国带来实质性的变革。就像华老栓用血汗钱换来了他所珍视的血馒头,却其实根本不能起到治病的"药"的作用。5.对什么才是能拯救中国的"药"的怀疑与探索。

没有老师的讲解,请看学生高层级的智慧碰撞:

张沛霖:这篇小说的明线是华老栓为儿子华小栓买人血馒头治病,暗线应是夏瑜的被害。暗线的设置太过于隐晦,读了几遍还是不太明白,不知道这是为什么?另外,这篇小说在人物姓名上颇下功夫。"华"与"夏"之死能否理解为"华夏之死"?

张蒂：我认为这篇作者对于人物名字的设置，很有一些心意。比如夏瑜，就是作者以秋瑾为原型设置的名字。夏与秋，同是季节的名字，又都可以当作姓氏，瑜和瑾，都是代表美玉的字，两个字拼在一起，可以暗示给读者作者的意图。文章中的老栓一家，我认为是中国愚昧老百姓的真实写照，为了更加明确地给读者以暗示，作者让他们姓华。当时中华大地之上的苟且地活着的愚昧的老百姓，就是这样的。很低调的讽刺，很辛辣的批评，很清醒的认识。

钟华：有顿悟之感！！

尹珊珊：同意，另外一点个人见解：一个"华"，一个"夏"，合起来便喻意中国；一个革命者，一个愚昧者，形成鲜明的对比。作者巧妙地运用了人物姓氏关系，从一个很小的点来支持文章的主题。不知分析合理否？

李巍：茶馆人们聚在一起聊天。称杀人的是"大叔"，打人的叫"哥"，革命的却是"小家伙""小东西""贱骨头"，这些人物的称呼，完全揭露了人们的麻木、愚昧，是非黑白完全颠倒。真是可怜啊！"壁角的驼背忽然高兴起来"，完全是一副幸灾乐祸的样子，麻木不仁，让人心寒。这些人在茶馆的聊天体现当时整个社会的病态。他们需要药，真的需要一种很灵的药。

王澈：深有同感，"华"家和"夏"家的悲哀不正是整个"华夏"的悲哀吗？

马梦宇：拨云见日啊！是啊！再看人物的名称，老栓，小栓，一个"栓"字寓意着中国百姓骨子里的愚弱与墨守成规、麻木不仁，这是泱泱中华自古至今的悲哀。

……

点击着学生们的作业，我立刻开始修改自己的预设教案，因为我必须问自己：有了这样的感受，老师还能一如既往，机械地分段归纳段落大意，重复累赘地逐字逐句讲析吗？有了这样的思想认识，老师还能自以为深刻地"传授"作品主旨吗?有了这样的独立思考,老师还能自信亮出所谓的"标准答案"吗?有了这样的切磋琢磨,老师还能一成不变地"照搬"预设教案吗?

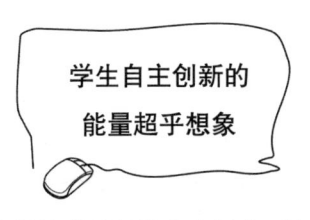

> 学生自主创新的
> 能量超乎想象

于是,出现了这样精彩纷呈的艺术创造:"与鲁迅先生合写《药》"学生上传作业28篇,包括《康大叔的昨天今天明天》、《天眼》、《阿义自白》(代发肖菲作品)、《谁来帮我起个名?》、《死》、《馒头断想》、《茶馆惊现血馒头》、《药——人们叫我"路"》、《红》、《不知道起什么名》、《冷月无声》、《这是我的领地》、《药?》、《我是一株垂死的莲》、《我是一个来自茶馆的灯笼》、《我是夜》、《那片黑色》、《茶壶的自白》、《你以为我是药》、《带血的灯笼》、《红红的那是我》、《我们都是馒头》、《一枚洋钱的记忆》、《我不情愿》、《灯之眼》、《白家三兄弟》、《阿义的故事》、《徘徊的乌鸦》……

单是这些各具特色的标题,想必已能引发你的好奇与惊诧了吧?点开任何一篇,角度匪夷所思,选材眼花缭乱,立意超凡脱俗,实在令我对自己的学生充满敬意!这项拓展创新写作加上"平台互评",字数几近五万。其中《康大叔的昨天今天明天》《天眼》《冷月无声》《我是一株垂死的莲》《我不情愿》《灯之眼》等多篇文章成为点击"热门",掀起了同学们的点评狂潮!特别是《我是一株垂死的莲》一篇更被首都师范大学文学院刘占泉教授引入大学课堂朗读、评析。课后刘教授在博客上这样记录说:"这是今天我课上唯一全文朗读的作文……这个文字我读着读着就停不住了,学生也听得入神,时有赞叹声和唏嘘声。"而我的学生在互相欣赏、点评同学作业时也自然发帖叹道:"怪不得邓老师花那么多时间,要求大家读文章,果然收获奇大呀。想象力势不可挡。"

看着学生们如此丰富的想象与创造,我不禁再次问自己:老师还能"执着于"文学解读的某一种固定范式吗?

《药》"自主研读"
精华帖梳理

总体感受

张双双:

阴森的鬼气

读完这篇小说后,感觉鬼气森森的。

首先是从它的环境描写,全文充满着阴冷凄凉的气氛。

"秋天的后半夜"清冷,"月亮下去了,太阳还没有出"正是黑暗一片,阴森。从一开头就规定了全文的色彩基调,灰暗,看不见光明。

"街上黑沉沉的一无所有,只有一条灰白的路。"连路也是灰白色的,老栓要沿着这条路走下去,对前方一无所知,不由感到阵阵寒意。

"这一年的清明,分外寒冷。"本就是在这种阴森的地方,还阵阵吹来寒风,瑟瑟发抖。

"枯草支支直立,有如铜丝,周围便都是死一般静。"枯草表现了衰败,死寂的气氛让人喘不过气来,同时也表现了封建社会的黑暗。而且,革命烈士的墓却无人问津,也衬托出革命烈士的寂寞。

接着是人物的描写,街上的人都像鬼魅一样。

"但很像久饿的人见了食物一般,眼里闪出一种攫取的光。"他们在黑夜中游走,闪动着贪婪而狡诈的目光。

"三三两两,鬼似的在那里徘徊。"围观者像鬼一样邪恶,把看死刑当作乐趣,在黑夜中散发着人性丑恶的寒气。

总的来说,全文都笼罩在阴暗中,各人有各人的鬼心思,同时这种鬼气也是由当时的社会散发出的,映射出社会的阴暗面,烘托出革命者们的悲哀与荒凉。

梁宵:

有些害怕读鲁迅的文章,是害怕文章中那令人窒息的气氛。

"秋天的后半夜,月亮下去了,太阳还没有出,只剩下一片乌蓝的天;除了夜游的东西,什么都睡着。"

秋天,本已是悲凉,一切都已衰败。再看看这天,只剩下那点混浊的蓝。而听听周围的世界,没有,什么都没有了。被笼罩在这片天下的人们,还有怎样的希望?他们看到的只有灰色。文章一开头,就将人带入了阴冷与无助之中,不用什么激烈的言辞,一切都明白了……

文章中并没有激愤地向人们诉说着鲜血怎样在流淌,但就是这一点点青,一点点白,让人心里透着难过。

文章最后写到"枯草""乌鸦",它们都静静地立在那里,见证了四个人的悲哀——华大妈与夏四奶奶,小栓与夏瑜。枯草无语,乌鸦难鸣,在这个混世有谁敢说一句真言呢?

曾经对鲁迅先生弃医从文不理解。没有一个健全的身体,又怎样能拯救思想。但若只有健全的身体,也许会是更大的可悲。

回到现实中来,看看我们的周遭。曾经所谓的劣根性难道真的不存在了吗?也许这点更让我觉得害怕。那死的沉寂过去有,现在也有,那以后又如何呢?……

张惜:

所谓"希望"

我觉得鲁迅的这篇小说,写了一些所谓的"希望"。文中的药,即人血馒头是小栓治愈痨病的"希望",小栓全家乃至所有的老百姓都对这个"希望"深信不疑。小说开头老栓的一切行动都是为着这个"希望"。并且鲁迅先生把人物活动的时间安排得恰到好处,由半夜写到黎明,再到天亮,灰白的路"愈走愈分明","希望"也由渺茫渐渐变得明朗。

希望,也是一种病,很厉害的病。让几乎所有人怀着虔诚去企盼某种虚幻的力量。盲目的希望让愚昧的大众显得更加的无知和可悲。在小说的最后一节,描写夏四奶奶看到夏瑜墓上的花环时,也写了这种"希望"。一个革命者的母亲,也一样是愚昧民众中的一员。唉,在迂腐的大众思想的浊流中,理性、革命是那么孤立和渺小。

鲁迅是不相信希望的,可他为什么还是写了那墓上的花环?是对革命者的敬意吧。还是真的隐约看到了一丝希望?鲁迅怀着质疑写下了这层真正的希望,怀着批判写下了那毫无希望的希望,都在《药》的故事里。

钟华:

"也还未能忘怀于当日自己的寂寞的悲哀罢,所以有时候仍不免呐喊几声,聊以慰藉那在寂寞里奔驰的猛士,使他不惮于前驱。至于我的喊声是勇猛或是悲哀,是可憎或是可笑,那倒是不暇顾及的;但既然是呐喊,则当然须听将令的了,所以我往往不恤用了曲笔,在

《药》的瑜儿的坟上平空添上一个花环。"——《呐喊》自序

鲁迅还是对年青一代抱有"希望",即使在铁的囚笼里,还是有逃出去的机会。我认同文章最后是有积极的意味的希望。

吴双:

阴沉的色彩

"秋天的后半夜,月亮下去了,太阳还没有出,只剩下一片乌蓝的天……"

"两个人都悚然的回过头,只见那乌鸦张开两翅,一挫身,直向着远处的天空,箭也似的飞去了……"

没有多余的叙述累赘。就是在这阴暗昏沉的天色里,革命者的热血,蘸血的馒头,小栓的死,凄寂的坟头……故事开始了,结束了。像无声的黑白电影在泛黄的幕布上晃着,观者无声,倒吸一口冷气。

《药》给我的一大感触就是其极大的视觉冲击力。厚重的画面感似乎沉在本已深刻的文字下面,托起小说浓重的情感氛围,深沉地,耐人寻味。

故事发生的地点无疑是隐晦的、压抑的,仿佛还有一股腐朽的霉味隐约弥漫:乌蓝的天,青白的光,灰白的路,浑身黑色的人,黯淡的金字,分外寒冷的清明,青白的小花。就像放映机的镜头无声地播放,微微颤抖着,冰冷而阴郁。也就是在这样的画面里,老栓的畏缩愚昧,华母的胆怯无知,康大叔的无情愚蠢,世人的麻木奴性,等等,一步一步在眼前展开,就像一个又一个阴影,由远到近,聚集着,幽灵一样无声飘来,一个接一个穿过你的心,不禁又冷又怕。

然而突然,在整篇昏暗的色调里,迸跃出唯一的亮点——红,红黑,红白,只属于革命者。就像电影《辛德勒名单》里恐慌的黑白世

界中那点红色的小小身影一样，如此强大的视觉冲击，"砰"的一下抓住你的双眼。那是黑夜中的一团火，尽管只微弱地闪烁，但绝对让人震撼，就像一股力量撞进你的胸口。然而马上，它又被寒冷吹去，只觉得比刚才更冷。

吃人的世界是多么隐晦、冰冷，难以反抗。那样一苗火焰，有跳跃而出的力量，有震撼人心的能力，但被阴霾笼罩的世界又有多少空隙与时间让你闪光，更何况这鲜红还会被人嘲笑，被人吃掉，被亲人误解。

红与黑的对比，只见那，黑的更黑，冷的更冷。

于是，故事的开头是乌蓝的天；故事的结尾是漆黑的乌鸦。仿佛从没有过一抹鲜亮。

然而真的是这样吗？不！我们的记忆里分明闪烁着那笔鲜红。是的，正是这样，此时我们才可安心地生活在历史新的一页。这是老栓与夏母不曾想到的，却是夏瑜与鲁迅一生追求的。

主题探讨

郭新月：

究竟是谁造成了革命者的孤独？通读过全篇，觉得主题无非就是群众的愚昧，革命者的孤独。就像鲁迅先生所言："《药》描写群众的愚昧和革命者的悲哀；或者说，因群众的愚昧而来的革命者的悲哀；更直接地说，革命者为愚昧的群众奋斗而牺牲了，愚昧的群众并不知道这牺牲为的是谁，却还要因了愚昧的见解，以为这牺牲可以享用……"这种思想最具体的表现无疑是小栓他爹手中血淋淋的人血馒头。

正如这篇文章的背景所言，文中的人物夏瑜是以秋瑾作为原型。但我们有没有想过：为什么文中的夏瑜会落到如此孤单的境地？为什么那些为群众牺牲的伟大革命者的鲜血换不来群众的一丁点儿感觉？难道是因为他们太麻木不仁吗？其实细想一下，那些革命者们又做了什么呢？牺牲，再牺牲！用"我以我血荐轩辕"的气概，在监狱里劝牢头"谋反"？真的很佩服他们的勇气，但是他们恰恰遗忘了一点：何谓革命？群众一起团结起来革封建阶级的命！为什么群众对他们难以理解？那是因为他们压根就没有充分地与群众相结合！我们为人民革命，可人民压根就不知道你要干什么，这难道不好笑吗？一群可怜的人！换作今天，后果会是什么呢？还是如此，谁能理解呢？也许只是起不了作用的一点点微乎其微的人。如果要问，究竟是谁造成了革命者的孤独的话，最大的原因也许正是他们自己！

革命的进程正如煤炭的形成，一小部分人再大的努力也许也只是徒劳，革命的进程不是只靠一小部分资产阶级流流血就可以达成的。

如果需要我们做出概括的话，《药》的主题就是：群众现在还很愚昧，他们对于革命本是迫切需要的，然而他们却毫不觉悟，甚至敌视革命。要革命，就必须用科学的、民主的思想，把他们从孔孟之道和封建迷信的长期统治下解放出来，否则，革命的成功就没有希望。

钟华：

主题的理解

课后题第一题说："文章反映革命者脱离群众的弱点，批判辛亥革命的不彻底性。"

我不赞同这个观点。文章写于1919年，是新文化运动的高潮时期，作者意在提倡民主、科学；批判广大中国人的愚昧无知、冷酷麻木。在狱中，夏瑜同阿义简短的谈话中，说阿义"可怜可怜"，有教育和启迪的意味。他劝牢头造反，体现出了并不是脱离群众。

夏瑜的墓前，开满了红白的花，说明鲁迅还是对未来抱有一定希望，鼓舞年轻人。

标题含义

贾佳：

中国百姓的"胆"

鲁迅的文章无意间就流露出了对愚弱的中国百姓的哀和怒。鲁迅笔下的中国百姓战战兢兢，胆小如鼠。正在专心走路，就"忽然吃了一惊"；几个大汉一站就能使老栓"缩小了一半"；一声叫便吓得"悚然的回过头"，让人看了可笑，可叹。

对"药"的题目的几点理解：1. 从买药到吃药再到谈药再到因为药而死引出两条线索的相遇，"药"贯穿全文，以此为题无可替代。2. 讽刺百姓麻木不仁，拿革命者的鲜血做医治痨病的"良药"。3. 封建迷信的"药"不能治病，最终只会导致死亡。4. 革命者的英勇行为不能为群众所支持与理解，即使付出了极大的代价，也没有给中国带来实质性的变革。就像华老栓用血汗钱换来了他所珍视的血馒头，却其实根本不能起到治病的"药"的作用。5. 对什么才是能拯救中国的"药"的怀疑与探索。

刘梦阳：你上辈子不会是属老鼠的吧，这么小的洞也能钻这么深，好强[①]！
腾远芳：会不会还通"要"呢？我们到底需要什么？究竟什么才能拯救我们腐朽的肉体和灵魂呢？
ⅩⅩⅩ：思想很深刻，我没有想这么多。佩服！
王近思：每次看到"刺得老栓缩小了一半"的时候，我就会想到动画片里蜡笔小新他妈训他爸的时候，小新的爸爸逐渐缩小的形象，很搞笑。
张然然：不知从何时起开始觉得，鲁迅先生并不是那样死板，甚至还很生动。他对社会丑恶现象的描写，常让我觉得不忍读下去，因为它太真实，太露骨，让人有些不敢面对。
ⅩⅩⅩ：也许这就是他被人所铭记的原因吧，他不是在那里隔靴搔痒。

[①] 强：厉害的，令人折服的，表示赞叹等多种语气。

📝 写作构思探讨

贾佳：

为什么是"人血馒头"？真想知道鲁迅他是怎么想的呢？两条看似互不关联的线索通过一个人血馒头被联系在了一起。可为什么这个关键的接合点要选取"人血馒头"这种"药"呢？况且这种"药"只是民间的传说，这个意向是不是能代表更多的东西呢？反封建迷信？还是什么别的呢？

张惜：

鲁迅为什么把夏瑜的死给略过了，直接从买人血馒头开始写？要是把行刑的场面，围观者的表现，康大叔贪婪地把白白的馒头蘸上人血都写出来，不是更有表现力吗？

📝 各部分问题探讨

第一节——买药

边枫：

对文章开头的一段环境描写，我有一些特别的感触：

"秋天的后半夜，月亮下去了，……什么都睡着"，"街上黑沉沉……可是一只也没有叫"，衬托出如此寂静，寂静、压抑得让人无法喘息。做过如此轰轰烈烈的革命事业的革命者，死得却如此的孤寂，这实在是一种莫大的悲哀。

其实夏瑜并不是在无人知晓的情况下离开人世的。"那三三两两的人，也忽然合作一堆"，"颈项都伸得很长，仿佛许多鸭"，可以说，他的死也称得上"热闹"了。但之所以说他是孤寂的，是因为这如此众多的旁观者投来的都是冷漠的目光，似乎在等待着一场好戏的开锣。没有人能够理解他曾为之奋斗的革命事业，甚

35

至没有人为他的死感到一丝的惋惜。而这些人大都是承载着中华民族未来希望的青年人，连他们都如此地麻木，中华民族的希望又在哪里呢？

夏瑜就在这喧闹的环境中，孤寂地死去了……

问题：

ＸＸＸ：（1）请大家帮忙解答一下：文章第一页写到老栓在街上走的时候"有时也遇到几只狗，可是一只也没有叫"。这样写有什么意义吗？为了表现什么还是暗指什么？（2）还有说："街上黑沉沉的一无所有，只有一条灰白的路，看得分明。"是不是说明老栓在这个时候已无路可选了，为了救儿子他只有这么一条路可走？还是有什么更好的理解呢？

刘梦阳：

那个时代的影视制作人

我觉得本文的细节描写很值得好好品味一下。有许多描写都画面感极强，比如很经典的"颈项都伸得很长，仿佛许多鸭，被无形的手捏住了的，向上提着"，"捏"字用得很形象，很准确地吻合了读者头脑中的样子。而且作者用"鸭"而不用鹅或别的动物，又切合了表象以外，某些精神层面的东西。再比如，"只见许多古怪的人，三三两两，鬼似的在那里徘徊"，是外表像鬼吗？还是心里有鬼？我似乎已经看到了几个人在窃窃私语着飘来飘去了。除了画面感很强外，作者还在这些画面上加上了不少特效。"站在老栓面前，眼光正像两把刀，刺得老栓缩小了一半"，虽然是在写那个人（站在老栓面前）但却刻画出了老栓的形态和心理，颇有点"狂风吹我心，西挂咸阳树"的感觉。如果让鲁迅生在现在，我想会是位不错的影视制作人。

第二节——吃药

问题：

1. 李巍："小栓撮起这黑东西，看了一会，似乎拿着自己的性命一般，心里说不出的奇怪。"他为什么奇怪？奇怪什么？

2. 郭新月："两人的眼光，都仿佛要在他身上注进什么又要取出什么似的。"如果说注进去的是希望与期盼，那又要取出来什么？

3. 王帅：为什么华大妈在处理刚得到的人血馒头时，不让小栓跟着去看呢？处理那馒头的味道真的如驼背所说是香的吗？还是说这样写有其他的表达意图？

第三节——谈药

孟竹：

本文在"谈药"这一部分最能体现出小说的主题——表现群众的愚昧落后，暴露国民性的弱点。作者通过语言描写，把人物性格鲜明地刻画出来。康大叔的残忍、肆无忌惮，花白胡子的两边不得罪，二十多岁的人的气愤（年轻人的思想尚且这样不开化，这个民族的希望何在），驼背的幸灾乐祸等，都表现出了这些人的愚昧无知、冷漠麻木。他们对革命毫不理解，奴性十足，是当时中国社会底层人民的真实写照。在那样一个民智未开的年代里，夏瑜的结局只有一死，这也是革命者的悲哀。忽然想起明末名臣袁崇焕，因多尔衮的反间计被凌迟处死。可怜一代忠臣，不能战死沙场，与敌人搏斗，却被自己誓死捍卫的皇帝而杀，更悲哀的是被自己拼命保护的百姓唾弃，竟落得个肉被百姓分吃的下场。历史总是有着惊人的巧合，300年前的人民愚昧落后、麻木不仁，300年后，国民的素质竟丝毫不见提高，只是从吃人肉变成了吃人血馒头而已，国民的劣根性显露无遗。要怎样防止悲剧的重演呢，实在发人深思。

问题：

1. 张蒂：夏三爷的银子，是什么意思？

2. 张莉：到底谁可怜？

3. 贺玥萌：（1）驼背五少爷说："疯了。"表现了什么？这个人物的设置有什么特殊作用？（2）文中设置茶馆中的众客人，二十多岁的人、花白胡子等，是为了全面地批判吗？（涉及各个年龄段的）

尹珊珊：我想是吧，通过各个年龄段的人的反应来表现整个社会。

4. 张然然：康大叔这个人物在群众中似乎很有号召力，其实也是最最愚昧无知的人。我只是不明白，为什么他一直不停地说："包好！包好！"这句话有什么深意吗？

张双双：他是卖血馒头的人，相当于政府的刽子手，他欺骗无知的老百姓，告诉他们"包好包好"，让他们吃革命烈士的鲜血而浑然不知。

第四节——上坟

张蒂：

文章的第四节，第一段的最后一句话："（坟冢）两面都已埋到层层叠叠，宛然阔人家里祝寿时的馒头。"这句话我认为是全文中最明显的讽刺了：穷人和无辜被抓起来的"犯人"的白骨，堆成了为富不仁者成山的财富。推而广之，清政府能够苟且偷生地活在世上，不也是以成堆的清醒者、英勇者和革命者的尸体堆积起来的吗？可悲可叹，讽刺得真狠呐。

王澈：

路

对于革命者脱离群众，批判辛亥革命不彻底这一观点我是持肯定态度的，鲁迅先生在文中也明确表达了这一观点。在文章的最后我们会发现鲁迅先生为我们设置了一个非常巧妙的意象"路"，通过对这一意象的剖析可以更好地理解这一观点。

　　文中写到坟墓群被中间的"细路"分明地分成了"左右"两边。左边的那是"犯人"的墓地，右边的就是群众的墓地。我认为这实际上寓意着夏瑜等资产阶级革命者并没有和普通群众站到一起，而是有着明确的界限，这实际上也就表达了鲁迅先生认为革命脱离群众这一观点。资产阶级脱离群众闹革命，最终成为一座座"坟墓"，象征了一种失败。而普通群众没有和革命者站到一起去，最终只能在路的另一边继续被封建落后所毒害。"路"的意象将文章的主题意义表达了出来。事实上，在小说后部分，华大妈（代表着广大群众）和夏四奶奶（代表着革命者的母亲）在上坟时也是向各自的那一条路上走去的。我们可以看出，华小栓和夏瑜两者的坟墓，中间仅仅只隔了这么一条小路，而就是这样一条小路却将华、夏两家分隔开来，成为一道屏障。但这道屏障在鲁迅的笔下并没有成为不可逾越的鸿沟，作为群众和革命者的孕育者，在同时忍受着失子的痛苦时，从素不相识到互相怜惜，最终能跨过这条小路，走到一起。我认为这实际上也表达了鲁迅先生对中国革命前途的一种美好憧憬。"路"作为华家和夏家最终走到一起的场所，将华家和夏家紧密交织在一起，构成了"华夏"的结局，也深深表达了鲁迅先生对中国革命的希冀。

张双双：想的妙，鲁迅给所有的人开了一条路，它指明方向，希望有更多的有识之士继续走下去，人民也能选择正确的道路。

方　昊：路，革命者的和群众的，希望有一天能交汇在一起……

问题：

　　1. 尹珊珊：文章结尾处的"一圈红白的花"代表什么？那会是谁

的坟?作者想说明什么?那些红白的花华大妈看到后为什么还会"感到一种不足和空虚"?后来二人离开时,听到乌鸦的叫声,为什么会都"悚然"?

王凯:……而夏瑜他妈也不见得有什么觉悟,儿子为革命而死,本是值得骄傲的,她却居然露出"羞愧的颜色",莫名其妙嘛?又不是什么丢脸的事,真是该吃药了。唯一的安慰,大概就是夏瑜坟前的几朵小花吧,反正小栓是没有的,周先生是否想借此来告诉读者只有上帝才为夏瑜献身的精神感动呢?只有天看到革命者的血是为谁流的呢?鲁迅又大概是不信上帝的吧?!

张沛霖:关于墓前的花环,据说鲁迅原本不打算加上去,只是因为当时没有消极的"战将",他才被迫改变其原意。花环是对希望的象征,有了她,至少说明当时的中国还有一丝希望。我更确信当时的政府是要灭亡的,这种文明失去了向前的动力,人人都麻木不仁,这并非是一两次革命所能解决的问题。而秋瑾等革命者,明知不可为而为之,更凸现出革命者壮烈之情怀。

2. 孟竹:乌鸦向着远方飞去到底预示着什么?

尹珊珊:我也有这样的疑问,为什么还要"箭也似的飞去了"?

张莉:还有,为什么选择用"乌鸦",而不用别的?

郭新月:是不是文章本想表现夏瑜他妈到这时候还是一脑子封建愚昧思想,以为会有灵魂回来什么的。这只乌鸦最后不是"箭也似的飞去了"吗?意思应该是没有所谓的灵魂存在的,让人们不要再如此封建了。

极有价值的思考分析

张沛霖:

这篇小说的明线是华老栓为儿子华小栓买人血馒头治病,暗线应是夏瑜的被害。暗线的设置太过于隐晦，读了几遍还是不太明白，不知道这是为什么？另外，这篇小说在人物姓名上颇下功夫。"华"与"夏"之死能否理解为"华夏之死"？

张　蒂：我认为这篇作者对于人物名字的设置，很有一些心意。比如夏瑜，就是作者以秋瑾为原型设置的名字。夏与秋，同是季节的名字，又都可以当作姓氏，瑜和瑾，都是代表美玉的字，两个字拼在一起，可以暗示给读者作者的意图。文章中的老栓一家，我认为是中国愚昧老百姓的真实写照，为了更加明确地给读者以暗示，作者让他们姓华。当时中华大地之上的苟且地活着的愚昧的老百姓，就是这样的。很低调的讽刺，很辛辣的批评，很清醒的认识。

钟　华：有顿悟之感！！

尹珊珊：同意，另外一点个人见解：一个"华"，一个"夏"，合起来便喻意中国；一个革命者，一个愚昧者，形成鲜明的对比。作者巧妙地运用了人物姓氏关系，从一个很小的点来支持文章的主题。不知分析合理否？

李　巍：茶馆人们聚在一起聊天。称杀人的是"大叔"，打人的叫"哥"，革命的却是"小家伙""小东西""贱骨头"，这些人物的称呼，完全揭露了人们的麻木、愚昧，是非黑白完全颠倒。真是可怜啊！"壁角的驼背忽然高兴起来"，完全是一副幸灾乐祸的样子，麻木不仁，让人心寒。这些人在茶馆的聊天体现当时整个社会的病态。他们需要药，真的需要一种很灵的药。

王　澈：深有同感，"华"家和"夏"家的悲哀不正是整个"华夏"的悲哀吗？

马梦宇：拨云见日啊！是啊！再看人物的名称，老栓，小栓，一个"拴"字寓意着中国百姓骨子里的愚弱与墨守成规、麻木不仁，这是泱泱中华自古至今的悲哀。

尖锐问题讨论

王近思：

　　一直很不理解鲁迅先生为什么那么热衷于隐喻、暗讽，费很多心思去写，更让人费很大心思去读，要是大多数的人，都和我一样，懒

41

得理解那么深，那他的文章有什么作用？不如明明白白地说，这样达到的效果可能更好。抑或是今天的人无中生有，强加了许多东西在鲁迅身上，也未可知。说实话，每当接触到鲁迅的文章，一分析总是有这几个字：讽刺，暗示，比喻，反喻。弄得我们都已经麻木了。我觉得鲁迅你太累，思想别那么复杂。

边　枫：走在时代尖端的人，都是孤独的。
　　　　也许他当时创作这篇文章的时候，是有想法，但没有如此复杂的想法。
　　　　可能由于我们的某些学习的方式，把鲁迅变成了一个更加复杂的人，而去排斥他写的文章，才会"弄得我们都已经麻木了"。
武萌萌：果然是见解独到啊。要是他真的写"革命女战士秋瑾惨遭不幸，反动派何其残暴，老百姓何其麻木……"，那多没意思啊，也许就失了老先生的水准。
王近思：鲁迅一味追求高境界，可是他心中有读者吗？文章是给鲁迅看的，还是给广大百姓看的？必然是后者。既然如此就不应该如此复杂。
腾远芳：顶！我也这样觉得！为什么要写得如此晦涩呢！毕竟是给人看的东西！
王思婧：鲁迅绝对没有追求高境界，说实话，心中有读者，只适用于那些在牢笼里写作的那些功利的商人，真正的作者不会在乎有多少人看到，他们只是写给那些懂得他们的人看。只要有人懂得他的笔墨血迹，就会有人感到振奋！这就是文字与鲜血的力量！其实，为什么会有太多的话来评论别人呢？那些说太多的人，有生之年都不会明白。
张　莉：我想是各司其职吧。如果喊口号，那是政治家的事；而写高深一点的文章，让其在有识之士中发挥作用，那是思想家的事。鲁迅，大概就在思想家之列吧。所以我不认为鲁迅的文章是要求每个老百姓看懂的。
　　　　PS[①]：我是老百姓。
　　　　多少也要照顾一下广大人民群众的智商啊！
王近思：懂他的人就不用读他的文章了，鲁迅文章是给那些愚昧的人看的，让他们能够斗争，不是吗？要深入浅出方是大境界。心中有读者是作者

---

① PS：备注，附言，后记。

写作的第一要义，并非是功利的表现，写文章就是为了让别人看的。

郭新月：我觉得啊，人吧，他似乎对那种比较有神秘感的东西感兴趣。这就像为什么有那么多人愿意看悬疑小说。鲁迅先生吧，他把文章写深奥一些，就会有一堆人被它吸引，就读啊读啊，就想读出个更深奥的意义，之后每个人的见解都会不同，这样才更有意思嘛~之后这样人们就把他的思想记得很深很深，毕竟费了很大脑子嘛，从而起到教育人民的作用~

贾　佳：大概或许可能没准是咱们智商太高了，才想出了一些鲁迅都没打算表现出来的"深意"。

问题是大多时候不受别人点拨明白不了呀。

王近思：我认为其实鲁迅本没有那么累，后人强加的东西多了，也变得很累了。尤其是广大的教育工作者。不得不叹一句：您思想太深刻了。

ＸＸＸ：出版的问题，当时社会你要是太直白别人就看不到啦！

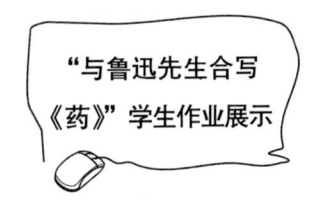

> "与鲁迅先生合写《药》"学生作业展示

|网络平台作业公告|《药》——不可多得的改创文本！（形式力求多样，神髓不可或缺啊！）

老师题联："今日扼腕：志士就义，华夏当同慨。历史存照：赤子赴难，天地竟齐喑。"

班级网络平台写作专区

［康大叔的昨天今天明天］——　王近思 2007/04/04 15：59：13

［天眼］——　张双双 2007/04/04 16：02：09

［阿义自白（代发肖菲作品）］——　边枫 2007/04/04 16：03：09

［谁来帮我起个名？］——　王凯 2007/04/04 16：04：24

［死］——　张莉 2007/04/04 16：04：43

［馒头断想］ —— 孟竹 2007/04/04 16：07：20

［茶馆惊现血馒头］ —— 李巍 2007/04/04 16：10：03

［药——人们叫我"路"］ —— 张蒂 2007/04/04 16：13：47

［红］ —— 方昊 2007/04/04 16：15：20

［不知道起什么名］ —— 腾远芳 2007/04/04 16：18：38

［冷月无声］ —— 向岚 2007/04/04 16：19：36

［这是我的领地］ —— 吴可嘉 2007/04/04 16：23：19

［药？］ —— 王帅 2007/04/04 16：23：44

［我是一株垂死的莲］ —— 钟华 2007/04/04 16：24：11

［我是一个来自茶馆的灯笼］ —— 何柳 2007/04/04 16：27：45

［我是夜］ —— 梁宵 2007/04/04 16：32：58

［那片黑色］ —— 刘梦阳 2007/04/04 16：34：42

［茶壶的自白］ —— 王澈 2007/04/04 16：38：23

［你以为我是药］ —— 郭新月 2007/04/04 16：38：45

［带血的灯笼］ —— 马梦宇 2007/04/04 16：42：59

［红红的那是我］ —— 尹珊珊 2007/04/04 16：43：29

［我们都是馒头］ —— 贺玥萌 2007/04/04 16：52：14

［一枚洋钱的记忆］ —— 李晓芸 2007/04/04 16：56：54

［我不情愿］ —— 张然然 2007/04/04 16：59：40

［红］* —— 方昊 2007/04/05 11：22：37

［灯之眼］ —— 吴双 2007/04/05 11：44：21

［白家三兄弟］ —— 边枫 2007/04/05 11：53：30

［阿义的故事］ —— 张沛霖 2007/04/05 12：00：24

［徘徊的乌鸦］ —— 贾佳 2007/04/05 20：03：46

---

* 方昊《红》重复发帖，为呈现写作专区活动原貌，不做改动。

姓名：王近思

昵称：潇湘夜雨

［楼主］2007/04/04 15：59：13

康大叔的昨天今天明天

　　他们都管我叫康大叔，其实我本不姓康，只是名字中有个康字，我还有个哥哥叫健，可惜五年前就死了，他是惨死在那些革命党人的手里的。哥哥的死不仅斩断了全家的生计，更夺去了全家的希望，爹娘二人一病不起，不久也死了，只剩下了孤苦伶仃的我。我本来也是要随他们而去的，可是听说衙门要招刽子手，心想与其毫无价值地去死，何不当个刽子手，杀几个革命者，为哥哥报仇。由于身体强壮，很轻松地就被选中了，从此开始了我的"杀手生涯"。

　　刽子手的生活远比我想象的要好得多。有不少的愚夫愚妇竟然认为，这些死囚的血混在馒头里可以治痨病，争相购买。虽然血馒头不值多少银两，但是聚沙成塔，我还是发了一笔横财。于是每次杀人之前，我就去散布消息，引人来买血馒头。

　　太好了，又要处决一个犯人了。他可真是吃了熊心豹子胆了，竟敢来刺杀巡抚大人，真是不要命了。名字起得不错，叫夏瑜，可是做起事情来却糊涂得不行，完全不似美玉那般光亮，而且他刺杀巡抚不说，还要鼓动红眼睛阿义造反，说什么"大清的天下是大家的"，这不是疯话吗？阿义是什么货色，岂能听你的胡言乱语，给你两个嘴巴算是轻的了。可是天下就有这么奇怪的事情，这小东西被打了以后，反而说阿义可怜，简直是害了失心疯了。他可真该多向他叔叔夏三爷学学，变得乖觉一点，一听说侄子是革命党人，立刻交银子举报，最后平安过关，只怨夏家这小子命苦了。最近听说华老栓家的小子得了痨病，我这就去给他报信。千万别说我贪财，这消息告诉他，他还得谢我哩！

　　终于把夏瑜这傻小子宰了，我赶忙把早就准备好的馒头扔在血

45

泊里，再裹好。今天来买的人真多呀。呦，那不是老栓吗，躲躲闪闪的干什么呢，这老东西还得让我亲自过去。"喂，一手交钱一手交货，怕什么，怎地不拿？"我一把抢过钱，一把将馒头塞在他手中。

哈哈！又有茶钱了，今天再去一次老栓茶馆吧，一来接受感谢，二来讲讲夏瑜的事。每次讲到犯人的事，那些茶客总会像对待大英雄一样对待我，感觉好极了。一口一个康大叔叫着，心里别提有多舒服了。对了，还要说说小栓，告诉他包好，让他死得也舒服点，顺便也可以告诉别人，这馒头确实有效。

在从茶馆回来的路上，我一直暗笑，那花白胡子就够笨的了，听半天没懂我的话，没想到驼背五少爷更傻，都换了话题了，他才琢磨过味儿来。小栓那孩子也太不配合了，我一边说包好，他一边就咳得更厉害，算了，看在他爹他妈这么恭敬地对待我的份上，就不追究了，反正他也没几天好活了。但愿那花白胡子、五少爷、华老栓都得上这痨病，我就又有的赚了，哈哈哈哈……

平台论坛

姓名：张双双

昵称：冰凝

[1楼] 2007/04/04 16：20：02

　　说到底康大叔也是一个可悲的人呀，你给他的恶行赋予了一种新的解释。

　　他也是无奈吧。

评价结果：★★★

姓名：钟华

昵称：牙膏

[2楼] 2007/04/04 16：32：11

　　写得很有趣味性～

姓名：郭新月

昵称：新废

［3楼］2007/04/04 21∶39∶07

小胖儿（注：王近思），你太油菜①了！！

评价结果：★★★★

姓名：王澈

昵称：

［4楼］2007/04/05 11∶23∶46

杀人魔鬼的另一面也能如此有趣！强！

评价结果：★★★★

姓名：王兴

昵称：冷月无声

［5楼］2007/04/05 11∶25∶47

你适合写黑色喜剧去。

评价结果：★★★★

姓名：贾佳

昵称：

［6楼］2007/04/05 11∶37∶28

"太好了，又要处决一个犯人了"，"终于把夏瑜这傻小子宰了"，极其赤裸裸却又真实的表白。

"但愿那花白胡子、五少爷、华老栓都得上这痨病，我就又有的赚了，哈哈哈哈……"好独特的视角～

评价结果：★★★

姓名：王凯

昵称：上杉

［7楼］2007/04/05 11∶38∶42

支持康大叔～～我不是反革命哦，小胖。

评价结果：★★★

姓名：方昊

昵称：Dolores_lolita

［8楼］2007/04/05 11∶41∶11

大焉（注：王近思）强哦～～～～哈哈。

评价结果：★★★★

姓名：贺玥萌

---

① 油菜："有才"的谐音戏称。

昵称：小哈

[9楼] 2007/04/05 11：45：33

　　岛主（注：王近思）写得不错，看来你起名字的造诣更深了。特别令我感慨的是，你的想象力太丰富了！

评价结果：★★★

姓名：孟竹

昵称：畅游天际

[10楼] 2007/04/05 11：46：19

　　小胖的文章让康大叔这个人物更加丰富了，每个人的选择都有他的理由，或许康大叔成为杀手的确是有苦衷的！那个年代的社会大环境就是那样，当一个刽子手要比革命者快乐得多，至少有那么多人愿意听他讲述杀人的快感，像听英雄报告似的；而革命者的思想却无人理解，甚至无人问津，这也算是众多"夏瑜"们的悲哀吧！

评价结果：★★★★

姓名：何柳

昵称：FreeSnipe

[11楼] 2007/04/05 11：59：15

　　康大叔的愚昧、可恶、可怜，等等，表现得好！结尾的笑很悚然。

姓名：向岚

昵称：jiesi

[12楼] 2007/04/07 14：48：00

　　用独特的视角诠释了一个有血有肉的无情的刽子手，从康大叔的昨天今天不难预料他的明天。

　　另这个题目很有戏剧风格。

评价结果：★★★★

姓名：边枫

昵称：小边儿～

[13楼] 2007/04/07 14：54：13

　　"但愿那花白胡子、五少爷、华老栓都得上这痨病，我就又有的赚了，哈哈哈哈……"

　　尤其喜欢题目和这个结尾。

评价结果：★★★

姓名：张蒂

昵称：

[14楼] 2007/04/09 22：46：55
《鸟岛》赋予你灵感，哈哈，小胖，人物刻画入木三分哪。
评价结果：★ ★ ★

姓名：张双双

昵称：冰凝

[楼主] 2007/04/04 16：02：09

天眼

秋天的后半夜，月亮下去了，太阳还没有出来，只剩"我"一个留在那里，俯瞰着大地上的一切。半眯着眼，忍受着凄冷而荒凉的夜。

突然一间破旧的屋子里亮出了青白的光，透过纸糊的窗户，隐约看见两个人在絮叨什么。不一会儿，一个人影左右张望着退到了门口。那个是茶馆的华老栓吧，儿子最近得了痨病，本来就穷困的家又多了一份负担。

"我"寻思着：大半夜的，他一个人跑到街上来瞎逛什么？顿时来了兴趣，目光追着他的身影望去。老栓低着头专心地赶路，左手握着拳头，右手使劲按住口袋，全身都绷得紧紧的。脚上的速度却越来越快，走着走着，突然一滞，抬起头来四处搜寻着，好似前方有几个夜游的东西，脸上满是惊慌的表情。他下定决心，顿了顿，继续低头前行。在这漆黑的夜里，只听他裤脚磨出"沙沙"的声音，像是阴风吹过，树叶的晃动。

不出一会儿，老栓又是一愣，畏缩地看着眼前的一堆黑影。几个人围成一圈，伸长脖子挤着往里看，嘴里发出着"啊""嚅嚅"的含糊不清的声音。"咔"的一声钝响，接着是"轰"的一下人群散开了。只见每个人的脸上都露出一副饶有兴趣的表情，眼睛里闪着骇人的光。

众人退去，一个全身黑色的壮汉走了出来。所有的目光随之移动，

"我"也使劲望去想一探究竟。老栓面对来人，手又加紧地按了按口袋，听出细微的金属碰撞声。大汉把手里的东西伸到老栓面前，粗声嚷道："一手交钱一手交货。"老栓慌忙地摸出洋钱，放在手里都抖地伸了出去。"赶紧拿来吧你！"说着就一把抢了过去。他不耐烦地把一个带着鲜红血色的馒头塞在了老栓手中："拿去拿去，可热乎着呢！"人群贪婪地盯着老栓手里的东西，迟迟不肯散去。老栓也好似被抽去了魂魄般呆在原地不动，只愣愣地盯着自己手中的馒头。他是那样专注，连周围的询问声都没有听到。"我"忽然在他脸上看到了希望的光芒，是什么呢？让他充满力量。

周围又恢复了一片寂静，只剩老栓匆忙赶路的"沙沙"声。唉，一阵困意袭来，半夜醒来看了一出戏，却不明白那馒头是干什么用的？"我"又眯上了眼睛，似乎刚才什么也没有发生。

都说苍天有眼，却也不尽然，或许老天也只是个看客。

平台论坛

姓名：孟竹
昵称：畅游天际
[1楼] 2007/04/04 16：34：26
  "都说苍天有眼，却也不尽然，或许老天也只是个看客。"
  这句实在经典！！！
  根本就不存在什么天眼，真正能明辨是非，看清一切的只有我们的心！
评价结果：★★★
姓名：向岚
昵称：jiesi
[2楼] 2007/04/04 16：38：15
  最后一句实在经典！！
  有一种"神已无能为力，唯有魔渡众生"的无奈、寂寞、悲愤与深沉。
评价结果：★★★
姓名：刘梦阳

昵称：

[3楼] 2007/04/05 11：25：51

有细节，有深度！强！！

评价结果：★★★★

姓名：李晓芸

昵称：塞壬与若的爱

[4楼] 2007/04/05 11：25：55

是不是可以把情节再向后推进一些，这样看着意犹未尽啊。

评价结果：★★★

姓名：张然然

昵称：然然

[5楼] 2007/04/05 11：26：51

最后一句着实精辟！"苍天有眼"绝对是无稽之谈，"公道自在人心"却是有道理的。所以一旦人心失去了公道，社会的黑暗与无序就可想而知了。

评价结果：★★★

姓名：尹珊珊

昵称：shanshan

[6楼] 2007/04/05 11：34：06

有同感！

原来苍天也有无能为力的时候，人只能自救啊～

评价结果：★★★

姓名：贾佳

昵称：

[8楼] 2007/04/05 11：41：48

连苍天都这么无情，我们只能被自己救赎。

评价结果：★★★

姓名：王近思

昵称：潇湘夜雨

[9楼] 2007/04/05 11：45：20

苍天无眼，可是苍天中的"我"是不是可以成为他的眼呢？

评价结果：★★★

姓名：张双双

昵称：冰凝

［10楼］2007/04/05 11：50：34
　　文中的"我"就是天，他看到了，也忘却了。
　　看客就是这样，他无能为力，只是一场戏。

姓名：王近思
昵称：潇湘夜雨

［11楼］2007/04/05 11：54：02
　　天啊，露怯了，我还以为是星星呢。

姓名：张双双
昵称：冰凝

［12楼］2007/04/05 11：58：19
　　呵呵，没事没事。
　　星星也可以，反正他们是只看不管。

姓名：吴双
昵称：

［13楼］2007/04/05 11：58：59
　　并不是所有人都能像鲁迅先生一样，敢于直面淋漓的鲜血。当看客一定是懦弱的表现吗？有时候心中涌起的一股悲凉也能意味很多，喜欢双双的最后一句。(怎么听着有点别扭)
评价结果：★★★

姓名：钟华
昵称：牙膏

［14楼］2007/04/06 17：14：06
　　客观的事，总是在旁观的角度。
　　当人人冷漠、自私，老天又能怎样呢？！

姓名：钟华
昵称：牙膏

［15楼］2007/04/06 17：14：37
　　忘了补分*～
评价结果：★★★

姓名：何柳
昵称：FreeSnipe

［16楼］2007/04/06 18：09：59
　　老天也有老天的无奈，他只能目视惨淡，却无力回天。也许这就是为

---

*　班级网络平台对于楼主发帖的评价打分功能。

什么"路，要自己走"。庆幸的是中国跟跟跄跄地走出来了。鲁迅等人也算是没白忙乎了。OH YEAH！

评价结果：★★★★

姓名：边枫

昵称：小边儿～

[17楼] 2007/04/07 14：58：02

  角度很独特。

  双双啊，细节描写真是厉害啊！天天坐你后边，我实在应该跟你偷学两手。

评价结果：★★★

姓名：贺玥萌

昵称：小哈

[18楼] 2007/04/08 17：36：19

  "'我'又眯上了眼睛。"

  天也只是一个无聊的看客呀，双双讽刺得不错。

评价结果：★★★

姓名：边枫

昵称：小边儿～

[楼主] 2007/04/04 16：03：09

阿义自白（代发肖菲作品）

  我是人称红眼睛阿义的一个小牢管。对于这个外号，我倒觉得起得挺恰当。谁叫我这双眼一看到那白花花的银子就泛红呢？这世道，有几个人不爱钱？有了钱就等于有了吃喝嫖赌的资本。虽然只是个小小的牢管，但这工作中的油水还真是不少。我日盼夜盼的就是天天出事，让这牢房里关满了人，我的荷包自然也就瘪不下去了。

  今天送进来一个浑身上下透着一股书生气的小子，听说是想组织革命，最后却被自家人揭了底，送了进来。这年头还真是怪事不断，连这种手无缚鸡之力的书生都想起来造反，这不是吃饱了撑的没事干，自寻死路吗？还是他家夏三爷机灵，想必这次是大大地赚了一笔吧！

　　我正盘算着这次能捞多少的时候，那个不要命的小东西竟然和我攀谈起来。我当然不能放过这个盘问底细的大好时机，便问道："你家里还有什么人啊？""只有一位老母。"听到这话，我的心不禁一沉，只剩个老婆子还能尝到什么甜头吗？但我还是不死心，继续问道："你家里还是有几个子儿吧？不然怎么闹革命？""我家虽然穷，但我决不会因此放弃革命的信念。"他说话的语气如此坚定，让我不禁打量起他来，一身破得不能再破的单衣，上面还有一片片血迹，想必进来前就吃了不少苦头吧？看来他家是真的没钱了，想到这我不由得火冒三丈，没想到这时他却大声对我说了一句："天下是我们大家的！"我的脑海中顿时一片空白，什么？这个不要命的兔崽子！竟然说天下是我们大家的！这明明是皇帝的天下，竟然有如此胆大包天的想法，果然是活得不耐烦了！真该好好教训教训他。"啪啪"两声，我狠狠地给了他两个耳光："真是个大疯子！满嘴的疯话！什么'天下是我们大家的'，谁和你是'我们'？这天下原来是，现在是，以后永远也还是皇帝老子的！你也该清醒清醒了！"

　　撂下这几句话，我转身就走，没想到却听到身后传来一阵大笑，一边笑还一边说："真是可怜啊！可怜！"真疯到无可救药了。

平台论坛

姓名：李晓芸

昵称：塞壬与若的爱

[1楼] 2007/04/05 11：29：43
　　把阿义的心理活动写得很生动，但看起来这个人物好像有点太简单了，可以再刻画得复杂点。

评价结果：★★★

姓名：张然然

昵称：然然

[2楼] 2007/04/05 11：34：06
抓了一个非常有代表性的场景，很有讽刺意味！

评价结果：★★★

姓名：张沛霖

昵称：

[3楼] 2007/04/05 11：49：21
立意可以再深入下去。

评价结果：★★

姓名：王近思

昵称：潇湘夜雨

[4楼] 2007/04/05 11：52：57
结尾的地方肖菲啥意思？

把我最想看的那段，阿义打夏瑜写出来了，美得很。

评价结果：★★★

姓名：钟华

昵称：牙膏

[5楼] 2007/04/06 17：17：11
其实夏瑜的话，阿义以后一定会想起。这本是深入刺痛阿义这种人内心的话。

阿义，名"义"。一点仁义都没有啊～

评价结果：★★★

姓名：何柳

昵称：FreeSnipe

[6楼] 2007/04/06 17：39：45
阿义写得不错，夏瑜会否有些太傻乎乎了？

评价结果：★★★

姓名：孟竹

昵称：畅游天际

[7楼] 2007/04/07 13：17：58
阿义的丑恶嘴脸表现得淋漓尽致！

评价结果：★★★

姓名：向岚

昵称：jiesi

[8楼] 2007/04/07 14：50：54

原来阿义的眼睛是红的原因是这样啊,很深刻。

评价结果:★★★

姓名:张蒂

昵称:

［9楼］ 2007/04/09 22:42:09

"我日盼夜盼的就是天天出事,让这牢房里关满了人,我的荷包自然也就瘪不下去了。"这句经典,真是愚昧啊,殊不知天下真的大乱,你岂能太太平平地吃喝嫖赌?

评价结果:★★★

姓名:王凯

昵称:上杉

［楼主］ 2007/04/04 16:04:24

谁来帮我起个名?

我的侄子夏瑜

我姓夏,人们都管我叫夏三爷,那是因为我在家里排行老三的缘故吧。要说我们夏家本是安分守己的良民,可谁知呢,老天偏偏让我们家出了个反革命,就是我的侄子夏瑜。这家伙幸亏死得早,否则夏家说不定就毁在这家伙手里了。

夏瑜这个孩子从小就爱惹事,有次竟然把隔壁钱庄武家的小少爷惹着了,害得我好说歹说还搭上了五十两银子才免了武家的一顿毒打。谁知那小崽子不但不领情,还说我没骨气,气得我愣是三天三夜没合眼。反了!

要说给别人那惹惹麻烦也就得了,可那小子越活越不像话,长大竟然跟大清作起了对,这还了得?衙门捕快三天两头地来夏家找人,没办法了,我只能大义灭亲。还是大清的衙门正直,大方地给我二十五两银子作为报酬,就凭这个我也得支持咱大清不是?唉,那崽子在牢里还要造反呢,喊什么"大清的天下是我们大家的",荒谬!普天之下莫非王土,连自己的国家都敢反?!该杀!该杀!该杀!简直一条疯狗,乱咬人嘛?

我的告白书

我知道自己将不久于人世,特写下此文以告来者。

现在的清政府是洋人的政府,官员是洋人的奴才,因此,我们就要推翻它。我始终无悔于革命,无悔于流血,无悔于献身,只是悲痛于人们的麻木。上次与牢头阿义说到大清的天下是我们大家的,他竟然给了我两个嘴巴。其实脸上的痛真的无所谓,心痛才是无法忍受的。

我很想继续战斗下去,去拯救处于水深火热之中的人民,但我看到,真正应拯救的,是人们的思想。我们不能无痛于现在的生活,不能无感于身边的一切,不能为那些吃人的恶魔继续充当无数人民大众中的奠品。所以站起来,推翻它,就是新的明天。

今当远去,只希冀于更多的人将站起,踩着我的尸体战斗下去。若此,死而无憾矣。

平台论坛

姓名:王兴
昵称:冷月无声
[1楼] 2007/04/05 11:21:54
　　名字:《本是一家子》。
评价结果:★★★

姓名:贾佳
昵称:
[2楼] 2007/04/05 11:24:46
　　喜欢夏三爷的那段。
评价结果:★★

姓名:李鼎熙
昵称:
[3楼] 2007/04/05 11:25:06
　　承继着几千年的苦难的记忆,又亲身经受了一百多年的持续的沉沦,二十世纪的中国人仍然不能正视自己的命运,仍然只能用形形色色的乐观

主义——没有对立物的挑战，这些乐观主义都不免沦为肤浅，来鼓舞和麻痹自己，以致到了这个世纪快要结束的时候，我们仍然不清楚自己是处在怎样的境遇中，仍然在精神的旷野上茫然无措；我想，这大约也正是我们自己的"命"，是你我首先应该正视的吧。

评价结果：★★★★

姓名：李晓芸

昵称：塞壬与若的爱

[4楼] 2007/04/05 11：32：59

更喜欢夏三爷的部分，可以再写写他得了银子之后的感想。

评价结果：★★★

姓名：李巍

昵称：V

[5楼] 2007/04/05 11：39：16

我也喜欢夏三爷的部分。

夏三爷说话的口吻有意思。

评价结果：★★

姓名：钟华

昵称：牙膏

[6楼] 2007/04/05 11：43：55

同是一家人，差异怎么就这么大呢……

姓名：方昊

昵称：Dolores_lolita

[7楼] 2007/04/05 11：50：28

爷？爷也。

评价结果：★★

姓名：张双双

昵称：冰凝

[8楼] 2007/04/05 11：57：02

疯狗，他自己吧！连自己的亲人都不放过。

夏三爷的内在性格很突出，那样一个谄媚、粗鲁、愚昧的人。

评价结果：★★★

姓名：何柳

昵称：FreeSnipe

[9楼] 2007/04/06 17：43：48

"我的倒霉侄子"是个选择。(注：帮楼主起名)

评价结果：★★★

姓名：王近思

昵称：潇湘夜雨

[10楼] 2007/04/07 11：38：45

　　有这么个叔叔，侄子觉得倒霉；有这么个革命的侄子，叔叔还觉得倒霉呢。本是处在异面的两个人非要相交，结果只能是你死我亡。

评价结果：★★★

姓名：孟竹

昵称：畅游天际

[11楼] 2007/04/07 13：10：20

　　夏三爷那段更精彩！

　　题目:《叔侄俩》。

评价结果：★★★

姓名：边枫

昵称：小边儿～

[12楼] 2007/04/07 15：01：29

　　"该杀！该杀！该杀！简直一条疯狗，乱咬人嘛？"

　　很符合夏三爷的特征。

评价结果：★★

姓名：张莉

昵称：墨驰

[楼主] 2007/04/04 16：04：43

死

　　望着他那身上唯一透着点精神的地方——那双充满孩子气的双眼，我懊悔极了，也绝望极了。我真的想大声告诉他："一切都是假的！"而我却说不了话。这种感觉，像是造了什么孽一样。我来到这个世界上，或许就已命中注定会作孽。和人一样，我也期待不平凡的一生，能够吸引众多的目光。我知道我的结果，无疑是死。然而如何去死，如何实现我的价值，我也思考了很久。我曾希望自己也能和一些极其幸运的同类一样，能在生命的最后时刻被供于祭台之上，看着无数人朝我膜拜，然后跳入大海英勇地死去——那是最荣耀的死法。而当我预感到自己要迎接的是一种更为神奇的死法时，我真的无法抑制内心的兴奋。我感到了自己命运的与众不同。我，注定不平凡！回想当时的情景：在我昏昏欲睡之时，一只操控我命运的大手罩在了我的头上。我当时只有一个想法：就是希望自己能死得辉煌些。我被大手抓到一个小黑屋里。我只能听到人说话的声音。"把那东西给我。"然后是一阵走动……

忽然，我身上被泼了一层东西，感到一阵冰冷。那是一种光滑液体，带着莫名的味道。疑惑中，又听到另一个声音："现在就去？""那是！有银子还怕晚吗？就这么一个馒头，又够咱吃半年的了。这东西如今就是他的命根子！"大手攥着我来到街上。我赶紧察看自己身上。这到底是什么？借着月光，我感到满眼红色。这是……

是血！没错，是人血！我的心忽然颤了一下。又忆起了同伴的话：虽然我们只是最普通的馒头，但如果能被涂上点人血，那么别人就会把你当作救命稻草，当作稀世珍宝。如今，我这个最普通的面团，摇身一变，也成了宝贝了！这真是难得的福气。我，就是不平凡！而现在，躺在他面前，刚才的那股神气劲儿，被他的眼神一扫而空。从他的眼神中，我读到了纯真、渴望，或许还有点疑惑。我多么希望他能一直疑惑下去，不要相信我。我知道，自己只是个普通的馒头，根本无法治愈他的病！他把全部希望，甚至生命都压在我的身上，而我，求得了自己的理想，却在牺牲一个无辜的人！我的行为，不是在害人吗！而被害的人，却还要感激我，这种感激，只会加深我的罪恶感。

我恨自己，恨自己不能说话，不能告诉他们：这一切——都是骗局！而这究竟是谁的错？此时，他又在咳了，我分明感觉到他父母那发烫的目光正烙在我的身上。我知道，结果已无法改变了。或许在死之前，我才真正活明白：作为馒头，无论是被供奉在祭台上，抑或是被当作起死回生的妙药，都是害人。只有本本分分地当个最为普通的馒头，才能实现自己的真正价值。

来世，若还是个馒头，我希望能平凡地死去。

平台论坛

姓名：李巍

昵称：V

[1楼] 2007/04/04 16：30：11

一个善良的馒头的内心独白。本本分分地作为一个普通的馒头，实现自己真正的价值。以一个馒头的角度，替万恶的人类赎罪。

姓名：王思婧

昵称：飓镜

[2楼] 2007/04/05 11：29：27

最痛苦的也许不是想大声告诉别人"一切都是假的！"却说不了话；最痛苦的也许是大声告诉了别人，却没有人愿意相信你……

最浓黑的悲哀是血液迸溅出来却没有人为之惋惜，最浓黑的悲哀是血液迸溅到人们的脸上却没有人为之感到敬畏……

比黑暗更黑的是血，比血更红的是黑暗，于是，这世界上就又多了一份鲁迅先生的悲哀。

姓名：李晓芸

昵称：塞壬与若的爱

[3楼] 2007/04/05 11：37：29

血竟然都已冰凉！这世界应是无望。

评价结果：★★★

姓名：张然然

昵称：然然

[4楼] 2007/04/05 11：43：39

一个馒头尚有如此的良知，那个时代的人真该找个地缝钻进去。世上有两种痛：一种是有苦难言，像那个馒头；另一种是把黑暗当作光明，像那些愚昧的人们。在那个时代中，两种痛都有了，怎样一段不堪回首的记忆啊！

姓名：钟华

昵称：牙膏

[5楼] 2007/04/06 17：20：37

  我想起了"小当家"(注：漫画《中华小当家》)，馒头最后都是抛到河里的。

  有些话，还是有些直白。应该再有些符合馒头特性的语言。

姓名：何柳

昵称：FreeSnipe

[6楼] 2007/04/06 17：50：23

  多可爱一馒头啊！

  把老百姓的"可怜"侧面描摹得淋漓尽致。

姓名：王近思

昵称：潇湘夜雨

[7楼] 2007/04/07 11：46：52

  馒头本就是干干净净的，只因为人血，扭曲了。

评价结果：★★★

姓名：孟竹

昵称：畅游天际

[8楼] 2007/04/07 12：58：44

  馒头尚有如此良知，国民岂可继续麻木？

  我若身处那个时代，宁愿做一个平凡普通的馒头，也不要做一个愚昧无知的所谓的人。

评价结果：★★★

姓名：边枫

昵称：小边儿～

[9楼] 2007/04/07 15：05：00

  "作为馒头，无论是被供奉在祭台上，抑或是被当作起死回生的妙药，都是害人。只有本本分分地当个最为普通的馒头，才能实现自己的真正价值。

  "来世，若还是个馒头，我希望能平凡地死去。"

  很有深度的思考。一句"都是害人"，发人深省。

评价结果：★★★

姓名：孟竹

昵称：畅游天际

[楼主] 2007/04/04 16：07：20

馒头断想

我本是一个再普通不过的馒头,除了能做人的口粮,没有什么别的功用。可是,偏偏有人看得起我,认为蘸过人血的馒头可以医治肺结核病。这日又处决了一个犯人,一个叫华老栓的人便向那个浑身黑色的刽子手买了我——去给他的儿子治病。

话说我被灯笼裹着,被华老栓一路紧抱着来到了茶馆——华老栓的家。我被闷得几乎喘不过气,刚想放松一下,忽然听到华老栓和他的女人嘀咕,说什么他们的儿子吃了我就会好云云。我不禁倒吸一口凉气,心想:在下何德何能,竟有如此功效,人血又怎么能做药?不及细想,我已被华老栓用荷叶重新包好,连同一个红红白白的破灯笼一齐塞进了灶里。大火烧得我着实难受,周身围着的红黑色的火焰也的确吓人。然而,这些都不是最恐怖的,最恐怖的要数我在刑场蘸的那层人血。它仿佛不安于依附在我身上,就是不肯凝固。伴随着它的翻涌,我似乎听到了一声声叹息,凄厉缠绵,经久不绝。听说这血的"主人"叫夏瑜,犯的是"造反"罪,莫非这其中另有隐情……

不多时,我便被华大妈从灶里取了出来,那层鲜血也终于凝固,但叹息声依旧不息。我已变成一个带有异香的乌黑的圆东西。华大妈招呼小栓进到里屋,把我端到他的面前,道:"吃下去罢,——病便好了!"那语气里满是希望。小栓撮起我,盯着看了一阵,似乎拿着自己的性命一般。他一脸疑惑,十分小心的把我拗开了,突然,从我烧焦的皮里窜出了一道白气——我知道,那是夏瑜的叹息。白气散了,就只剩下我的两半身子。——不多工夫,我便被小栓吃进肚里,确切地说是吞进肚里,因为他还没来得及把我嚼烂,细细品味一番。说来也怪,我竟能透过他的身体,看到外面的情况,大概是有"鲜血"护体吧。

只见小栓的旁边,一面立着他的父亲,一面立着他的母亲,两人的眼光,都仿佛要在他的身体里注进什么又要取出什么似的;小栓禁不住心跳起来,按着胸膛,又是一阵咳嗽。

"睡一会儿罢,——便好了。"我看着华大妈虔诚的面容,听着她坚定的话语,竟产生一种莫名的伤感了。我多想跳到她面前,告诉她:"我只是一个馒头,蘸了人血也不会变成仙药!"我多想让她一家听见那经久不绝的叹息声,感受到那不肯屈服的奔腾的血液。我蓦地明白,我所以被烧成带有奇香的乌黑色,皆因浸透着深深的无奈与悲哀。

平台论坛

姓名:尹珊珊

昵称:shanshan

[1楼] 2007/04/04 16:47:29

"突然,从我烧焦的皮里窜出了一道白气——我知道,那是夏瑜的叹息。"很不一样,让我一看便觉一亮!好!

评价结果:★★★

姓名:张莉

昵称:墨驰

[2楼] 2007/04/05 11:33:11

"我蓦地明白,我所以被烧成带有奇香的乌黑色,皆因浸透着深深的无奈与悲哀。"赋予了颜色生命,结尾一句细节描写,意味深长。

评价结果:★★★

姓名:王帅

昵称:yuki

[3楼] 2007/04/05 11:38:05

顶~

"突然,从我烧焦的皮里窜出了一道白气——我知道,那是夏瑜的叹息"与"我蓦地明白,我所以被烧成带有奇香的乌黑色,皆因浸透着深深的无奈与悲哀"这两处的联想太精妙了,把文中的事实赋予了新的理解,回味无穷啊!因为我写的也是馒头的视角(注:王帅作《药?》),所以格外能理解~

评价结果:★★★

姓名:向岚

昵称:jiesi

［4楼］2007/04/05 11∶38∶20

　　同意上面的发言，小游（注：孟竹）的思想一向很深刻！

评价结果：★★★

姓名：刘梦阳

昵称：

［5楼］2007/04/05 11∶38∶45

　　要怎么说呢，你是一个非常不普通的"馒头"！！！

评价结果：★★★★

姓名：李晓芸

昵称：塞壬与若的爱

［6楼］2007/04/05 11∶40∶37

　　"在下何德何能，竟有如此功效"怎么有种幽默的感觉？还有馒头都被吞进肚了，竟然还有感觉，真是不可思议啊！不过在结尾部分还是很深刻的。

评价结果：★★★

姓名：张双双

昵称：冰凝

［7楼］2007/04/05 11∶45∶05

　　悲哀的气息笼罩着全文，不仅因为它有被吞的命运，更是那深到骨子里的无力与叹息。

评价结果：★★★

姓名：王澈

昵称：

［8楼］2007/04/05 11∶47∶58

　　最后一句经典！太经典了！深刻！一语中的！

评价结果：★★★

姓名：张然然

昵称：然然

［9楼］2007/04/05 11∶49∶59

　　神奇的馒头，在那黑色岁月里革命者为数不多的知音！馒头的叹息和结尾的自白意味深长。

评价结果：★★★★

姓名：钟华

昵称：牙膏

［10楼］2007/04/06 17：24：21

"馒头"和夏瑜的"血"描写得很好。

咱们的立意还有些相似呢。

你文中的"白气"——让我看到了另一层深意。

评价结果：★★★

姓名：何柳

昵称：FreeSnipe

［11楼］2007/04/06 17：54：04

太有深度了！这个馒头简直是个哲人（或是哲馒头）啊～

评价结果：★★★★

姓名：王近思

昵称：潇湘夜雨

［12楼］2007/04/07 12：01：23

"'我只是一个馒头，蘸了人血也不会变成仙药！'我多想让她一家听见那经久不绝的叹息声，感受到那不肯屈服的奔腾的血液。我蓦地明白，我所以被烧成带有奇香的乌黑色，皆因浸透着深深的无奈与悲哀。"

我想馒头的无奈，也是鲁迅的无奈。

评价结果：★★★

姓名：边枫

昵称：小边儿～

［13楼］2007/04/07 15：09：05

不愧是小游儿～

"夏瑜的叹息"尤其精彩，也尤其深刻。

评价结果：★★★

姓名：贺玥萌

昵称：小哈

［14楼］2007/04/08 18：20：26

"我竟能透过他的身体，看到外面的情况，大概是有'鲜血'护体吧。"

这里鲜血是不是也隐含着深意呢？

评价结果：★★★

姓名：李巍

昵称：V

［楼主］2007/04/04 16：10：03

茶馆惊现血馒头

我一直生活在这里,在这个又脏又破整天热热闹闹的茶馆里。

每天我的工作不外乎在炉子上煮煮水,给客人们沏沏茶之类的,之后就静静地坐在桌子上听听喝茶的人聊天,看看茶馆里形形色色的人们表演一出出精彩的默剧。这样的生活似乎很悠闲也很自在,但着实地让我觉得空虚,觉得无聊。

不过,最近茶馆掌柜儿子得了痨病,弄得一家上下不得消停;没病的为此整日操心熬得也够呛,眼眶都围着一圈黑线。就连我也被他日夜不停的咳嗽声吵得脑袋痛。

今天一大早茶馆里就很热闹,人们大都聊小栓的病和他刚吃过的那个馒头。说到那个馒头了,我告诉你们,它可不一般呀。昨天夜里我睡得正香呢,却被老栓推门的动静吵醒了,见他神神秘秘的一个人从茶馆里出去了。也不知道这大夜里头他能干什么去,我瞥了一眼又继续睡觉。谁知他到今天早上才提着个红红白白的破灯笼回来,而且回来时脸上的表情还很奇怪,似乎很高兴。接着老栓和华大妈在桌上捣鼓了一会儿。天啊,他从破灯笼里掏出了一个还滴着红汤儿的馒头。有一股腥味刺激着我的鼻黏膜。那红色的液体不会是……不会是血吧!不容我多想,他们已经拿荷叶重新包了那个馒头,然后就把这碧绿的包连同破灯笼塞进灶火里了。不一会儿,一股奇怪的香味扑鼻而来,烤血馒头的味吗?真恶心,他们这是在做什么呀?

后来……后来……小栓……居然……居然撮起这黑馒头给吃了。简直把我看得一愣一愣的,都病成这样的小栓居然还吃了一个血馒头。他吃馒头的时候,我听他们说什么吃了病就好了。莫非,这血馒头是……给小栓治病的?哼哼,我冷笑了两声,真是荒唐,怎么可能是治病的呢?一定又是从哪里听来的什么"偏方"吧,唉,把你们骗了吧。不过这到底是什么血呢?猪血,牛血,还是人血?想到这儿我不

67

禁打了寒颤，不敢再想了。

不知不觉间，茶馆里又来了很多客人，人们聊得更欢了。康大叔刚跟华大妈说了这样一句话："包好，包好！这样的趁热吃下。这样的人血馒头，什么痨病都包好！"我一下吓变了脸色，居然是人血，一定是人血。他们，太可怕了。真庆幸我只是一个世世代代只知埋头烧水沏茶的大铜壶。

平台论坛

姓名：王兴

昵称：冷月无声

[1楼] 2007/04/05 11：34：34

　　恶搞[①]得厉害。

评价结果：★ ★ ★

姓名：向岚

昵称：jiesi

[2楼] 2007/04/05 11：36：09

　　鲁迅先生将人世间多种丑态压缩到这个小茶馆里，而见证了这一切的茶壶也耳濡目染，被熏陶成"一个世世代代只知埋头烧水沏茶的大铜壶"！

　　巍巍，很厉害啊！

评价结果：★ ★ ★

姓名：李晓芸

昵称：塞壬与若的爱

[3楼] 2007/04/05 11：43：34

　　结尾点明身份——大茶壶，整体有种平淡中的无奈。赞[②]！

评价结果：★ ★ ★

姓名：钟华

昵称：牙膏

[4楼] 2007/04/06 17：26：02

　　茶壶——也染上了那个时代的习气。

　　冷漠自私啊！

---

① 恶搞：恶意搞笑，指事物或动作行为出乎寻常、很搞笑。
② 赞：好，值得称赞、夸耀。

评价结果：★★★

姓名：何柳

昵称：FreeSnipe

[5楼] 2007/04/06 17∶56∶41

　　最后一句好！

评价结果：★★★

姓名：孟竹

昵称：畅游天际

[6楼] 2007/04/07 13∶20∶19

　　"真庆幸我只是一个世世代代只知埋头烧水沏茶的大铜壶。"——结尾给人眼前一亮的感觉。

评价结果：★★★

姓名：王近思

昵称：潇湘夜雨

[7楼] 2007/04/07 13∶54∶03

　　"真庆幸我只是一个世世代代只知埋头烧水沏茶的大铜壶。"

　　宁做太平犬，不做乱离人。

评价结果：★★★

姓名：张蒂

昵称：

[楼主] 2007/04/04 16∶13∶47

药——人们叫我"路"

　　秋天的后半夜，月亮下去了，太阳还没有出，只剩下一片乌蓝的天和我在黑暗中对视。他低声告诉我一会儿华老栓可能要去买药。我不明白，他却闪着那鬼魅似的眼睛要我等着看好戏。微冷的风吹过，我的身体开始慢慢变冷。老栓一步一步地挪出来了。他稍微有点跛，打了补丁的棉鞋踏在我身上，一深一浅，蹒跚地走向更黑的远处。他一颠一颠地一直走，却始终走不出我的手掌心。我看他好欺负的样子，就特意绊了他一跤。他骇了一跳，在黑暗中竟念起佛来："阿弥陀佛，千万要保佑儿子病好。"

69

天渐渐亮了,东方露出一层青白的光。突然,辘辘地传来一阵车响。我知道,这么急,一定是囚车了。囚车的木轮子硌得我生疼,抬头看要结果的犯人,竟是个文弱的书生,他不流泪也不嚷嚷"二十年后又是一条好汉",更不像前阵子的那个阿Q还唱段戏。只是不住地摇头说"可怜可怜"。哼,早知如此,何必当初,年纪轻轻竟干出这等忤逆之事。兵们的脚步越来越近,步伐倒整齐,人也出奇地多。可知这犯人不是一般的恶了。

他们到了刑场,那个刽子手凶神恶煞地举着刀。但不知为什么,他好像很看不起这犯人,竟有点"砍他都污了我的刀"的意思。但他终于不敢不砍,刀挥头落。血,溅得我满身都是。

已近晌午。老栓回来好久了。一路上他好像很高兴,连脚步都踏得踏实了许多。不久,我就觉得那个黑衣的刽子手来了,外八字的脚铿锵地走进了老栓的茶馆。我远远地听着,茶馆里仿佛传出了一阵笑。

半年后的一天,老栓的茶馆走进了一位陌生人。他是个英俊的后生,脑袋后面也没有那一根油酥大辫。匆匆地出来,我这才看清他手里拿着一个很寒酸的花圈,叹着气走远。他踏着我的四肢走向了坟场,刚才想必是在问路了。

不多时,华大妈也走了出去,手臂上挎着一个破竹篮,蹒跚地也走向了坟场。

我在坟场又见到了那个问路的年轻人,他看见华大妈朝这边走过来,就匆匆地放下花圈跑了。华大妈摆出几盘小菜,烧了一叠纸钱,立着哭了一会儿,还念念叨叨说着些什么。眼泪掉在我身上,温热而冰凉。我恍然发现这是小栓的墓,那天的药竟没有用?我不明白,算了,今晚问问老天吧!

平台论坛

姓名：吴可嘉
昵称：

[1楼] 2007/04/05 11：36：37

具体的东西是容易想到的，但路这个贯穿始终的角色却最容易被忽略——很独特的角度。"他一颠一颠地一直走，却始终走不出我的手掌心。"这是我最欣赏的一句，也是我认为全文的点睛之笔。让踏在这上面的人心甘情愿地依附、服从，而毫无知觉，并最终引领他们走向吃人的，就是这条路。

姓名：王近思
昵称：潇湘夜雨

[2楼] 2007/04/05 11：38：55

"他好像很看不起这犯人，竟有点'砍他都污了我的刀'的意思。但他终于不敢不砍，刀挥头落。血，溅得我满身都是。"
刽子手懒得砍？还是对夏瑜有所敬畏，不敢砍？

姓名：刘梦阳
昵称：

[3楼] 2007/04/05 11：46：17

于平凡处显神奇，我最喜欢"那一根油酥大辫"。

评价结果：★★★

姓名：李晓芸
昵称：塞壬与若的爱

[4楼] 2007/04/05 11：50：14

"今晚问问老天吧！"独特的角度，独特的构思！最后更是点明了那个时代的普遍主题：听天由命！但似乎对于"药"情节叙述的多，而从"路"自己的角度描写的略少。

评价结果：★★★

姓名：钟华
昵称：牙膏

[5楼] 2007/04/06 17：28：01

问问老天，老天大概也和这条路一样吧~
苍天无眼。

评价结果：★★★

姓名：何柳
昵称：FreeSnipe

［6楼］2007/04/06 18：00：00

和阿Q联系起来了！神！

评价结果：★★★

姓名：孟竹

昵称：畅游天际

［7楼］2007/04/07 13：14：55

苍天无眼，路无止境。怎一个悲字了得？

评价结果：★★★

姓名：边枫

昵称：小边儿～

［8楼］2007/04/07 15：11：07

根据双双的理论（注：张双双作《天眼》），老天也只能是个看客。

评价结果：★★★

姓名：方昊

昵称：Dolores_lolita

［楼主］2007/04/04 16：15：20

红

是谁在我的床边？朦胧中我望见了一个模糊的背影——我的父亲——华老栓。您要去做什么？我想问他但我已不能动弹，只发出两声木柴似的干咳。"小栓，你不要起来……店么，你娘会安排的。"我望着他蹩出门去，又睡下了，心里推测着他的去向。醒来像往常一样，照样吃着白水兑的冷饭，一点点咸菜，一块干瘪的馒头，胸口的疼痛已让我无力去面对这苍白的一切，忍着痛，咽下一口口干瘪的馒头。

突然，爹的影子从窗户上透进来，外面隐约能望见黄灿灿的太阳带着点红歪斜地挂在天边，像死人未熄灭的灯。爹慌张地跨进门来，头上汗津津的，脸上挂着一种久违的微笑。突然我注意到了他抱在胸口的东西——用破灯笼罩包着的什么，一角被洇成了血红色。爹没有看我，他跟娘慌张地走到灶下，脸上闪烁着喜悦，似乎怀里的东西比我更为重要。不一会儿，一种奇特的香味从灶中飘飘乎进入我的嗅觉器官，是什么？我有点迷惑——那东西是什么？"小栓，你进来吧！"我木讷地踱到灶下，只见一张凳子立在中间，像刑场上的刑具，透着一种冷冷的阴气，只是鼻子里香香的。我坐定，娘端来一个盘子，里面躺着一团黑乎乎的东西，香味就是从它身上发出来的。"吃了它吧孩子，吃了病就好了！"母亲在我的右手，父亲在我的左手，他们的眼光中充满了火，那是经历了无数次治病失败后重新点燃的希望的火。我看看他们，又望望盘中的"药"，慢慢伸手，碰触到它微微发热的黑黢黢的身体，一使劲，它便成了两半，一股白气从中窜了出来，在屋中弥漫开来——不一会儿，它就全在我肚中，忘了是什么味道。回头望望爹娘，他们相视而笑，突然我不禁觉得胸口剧痛难忍，我的咳声似乎给他们一个重重的打击。

　　回到房中睡下，朦胧中听到外屋人在吵吵闹闹地谈论什么，"包好包好……人血馒头……活该……傻小子……"他们在谈论什么？我从床上爬起来，把耳朵贴在门上细听，终于明白了这药的来历，原来是一个叫夏瑜的人的血染红的馒头。真的像他们说的那么神奇吗？真的可以治好我的病吗？这么多人都说定会治好，嗯，我要对自己有信心，要是连这人血馒头都治不好这病，世上还有什么可以治好呢？什么时候才会起效果呢？虽然现在我胸口还痛得厉害，相信不久便会好吧。不一会儿，我就陶醉在大人的津津乐道中了，听他们讲一个"疯子"的故事……

　　荒凉的季节，几把枯草是我的伴，我的身上不再是留着补丁的棉被，而是一层层黄土。我再也不会觉得胸口疼痛，我自由了，但我不能再说话，而是要永远活在黑暗的世界里，只有我的心陪着我。那馒头果然有效，这不，我不痛了，病全好了，我再也不会痛苦……

　　荒烟蔓草的年头，一个老女人立在坟头，默默地，默默地流着泪，似乎在悔恨什么。一只乌鸦，箭一般的，头也不回地唱着凄惨的歌，朝着那夕阳的方向飞去，那阳光中，渗着一点红……

平台论坛

姓名：张双双

昵称：冰凝

［1楼］2007/04/04 16：27：36

　　结尾很赞，情节自然地进行，也很具讽刺意味。

　　"那馒头果然有效"，却也命丧黄泉。

评价结果：★★★

姓名：王近思

昵称：潇湘夜雨

［2楼］2007/04/05 11：34：58

　　这就是你开始写的那篇吗？没有感觉离鲁迅有多远。

　　"嗅觉器官"一词用得很搞笑，小栓知道啥叫"嗅觉器官"吗？

评价结果：★★★

姓名：李晓芸

昵称：塞壬与若的爱

［3楼］2007/04/05 11：53：35

　　"木讷"这个词好像不能用来形容自己吧？把小栓的无知与单纯刻画得很生动！

评价结果：★★★

姓名：何柳

昵称：FreeSnipe

［4楼］2007/04/05 11：57：20

　　忽地想起了"平谷一点红"（注：电视剧《武林外传》中的角色），哈哈，玩笑话。

　　结尾不错。

姓名：腾远芳

昵称：虫子小姐

［楼主］2007/04/04 16：18：38

不知道起什么名

　　我横躺在这里——西关外靠着城根的地面，已经很久了。记不清我是何时被人造出来的，只知道有一天一具尸体侵占了我原先待着的地方，我于是被从地下翻了上来，由泥土变成了一座坟。我的生活很单调，每天只是蹲在地上，静静地看着过往的人。

又是一天的后半夜，月亮下去了，太阳还没有出，只剩下一片乌蓝的天。人们都认为这会儿除了夜游的东西，什么都睡着了。然而，他们不知道，这个时候绝不缺少夜游的人，我不晓得这些神色慌张的人在这个时候出门上城去做什么，但是观察他们的确算得上是挺有趣的消遣。

看，远处急急地走来一个人，个头不高，精瘦得像根被榨了水的蔫黄瓜。衣服薄薄的一层罩在他干巴的身体上，仿佛给他添了重量，使得他走起路来摇摇晃晃的，风儿一吹，就要倒了似的。枝头枯叶落到他身上，他像被扎了一下，差点儿跳起来，猛地回头张望，发现没人，继续加快步子往前走。没走几步，忽地又回头去看，一只手紧紧地按着衣袋里一个鼓鼓的东西。看到我，他愣了一下，眼里闪过一丝恐惧，但只是一瞬。马上，他似乎又想到了别的什么，狠命地摇了摇头，竟向我啐了一口，方迈开大步，抬头看着远处渐明的天，从我的身边走过去了，那样子分明是得了神通了。

他再次从我身边经过的时候，天已大亮。我注意到，这时的他和去时不大一样。他衣袋里鼓鼓的东西不见了，两只手捧着个馒头样的东西，我不太确定，因为那东西是红色的。他不再慌慌张张地左顾右盼，而是，两只眼睛死死地盯着手中的东西，那双眼里分明迸射着两道明亮的光，好像只一秒不看的工夫，那东西就会飞走似的。

新近，我听两个上坟的人说蘸了人血的馒头是包治百病的。我总算弄明白，那个我总是看到的人们拿着的红色的东西是什么了，的确是馒头，只不过蘸了人血。人哪，多么奇特，他们总是能想到许多稀奇古怪的点子。看他们的样子，对人血馒头的功效是深信不疑。然而，我不知道他们说的对不对。因为，前两天，我的旁边又多了一座坟。正是那个得了人血馒头的人立的，里面躺着的是他的儿子。他像是已经疯了，扑倒在坟前，嘴里不停地念叨着："怎么可能？怎么可能？你把馒头吃掉了，我看见的，我看见的！吃掉了，吃掉了……

"血，血不够，是血不够，对不对？一定是，一定是这样！血不够！应该多些的，应该多些的……"

平台论坛

姓名：钟华

昵称：牙膏

[1楼] 2007/04/04 16：30：30

　　华老栓的形象描写很好～

姓名：王兴

昵称：冷月无声

[2楼] 2007/04/05 11：23：06

　　名字：《坟里》。

评价结果：★★★

姓名：李鼎熙

昵称：

[3楼] 2007/04/05 11：40：37

　　很有一种阴森的鬼气啊，不过正是这种气氛似乎削弱了主题。

评价结果：★★

姓名：张莉

昵称：墨驰

[4楼] 2007/04/05 11：43：52

　　结尾很经典，至死不悟的样子～～

　　华老栓的形象描写很细致。

　　挺逗，又挺悲哀。

评价结果：★★★

姓名：郭新月

昵称：新废

[5楼] 2007/04/05 11：47：31

　　"怎么可能？怎么可能？你把馒头吃掉了，我看见的，我看见的！吃掉了，吃掉了……

　　"血，血不够，是血不够，对不对？一定是，一定是这样！血不够！

应该多些的，应该多些的……"

经典啊，太经典了，正如奶奶（注：张莉）所说一副至死不悟的样子，我喜欢对华老栓的描写，生动、传神。

评价结果：★★★

姓名：李晓芸

昵称：塞壬与若的爱

[6楼] 2007/04/05 11：56：43

细节描写很精彩！对于原文的扩展也很成功！

评价结果：★★★★

姓名：何柳

昵称：FreeSnipe

[7楼] 2007/04/06 18：15：59

我也觉得细节写得好！"蔫黄瓜"很生动。

评价结果：★★★

姓名：孟竹

昵称：畅游天际

[8楼] 2007/04/07 12：52：50

好长！

细节描写很到位，生动又传神。文字很符合楼主[①]的性格。

评价结果：★★★

姓名：向岚

昵称：jiesi

[楼主] 2007/04/04 16：19：36

冷月无声

一

秋天的上半夜，我爬上了天穹。

今夜，我将清辉独洒给一个叫夏瑜的人。

今夜，是他最后一次见我，明朝天亮，他，竟要死了。

"月，是你吗？"

---

① 楼主：论坛中发主题帖的人。

77

我见到他吃力地扭过头,冷漠的白光下,他嘴角的血迹已凝结,我昨晚看见了,那是红眼睛阿义的杰作。

"月啊,为什么你如此的残忍?在我临死前来看我的人只有你,你来,是为了嘲笑我将要死了吗?

"可你的愿望要落空了,我并不后悔,只是觉得大家很可怜,很可怜,阿义可怜,明天杀我的人可怜,我的母亲一样很可怜。"

是的,我见过他的母亲,无数个黑夜中,我见过那个衣衫褴褛的妇人——坐在家徒四壁的屋里求神拜佛,保佑她的儿子平安归来。今夜,她正呆呆地坐在门槛上,傻子一般念着:"冤枉,我的儿子是冤枉的,他被人骗了啊!"

此时此刻,我又将光聚在夏瑜身上,苍寒的夜色中他是那样的瘦弱,无力,孤独。

"月啊,代替我凝望着这片大地吧!守望着这千疮百孔的华夏吧!你就在这里长长久久地看着,总有一天,长夜会过去,黎明就要到来了。代替我,看着这片名为华夏的土地走出长夜,迎来新时代吧!"

黎明前的寒冷的霜气凝在他的眉毛上,为这个年轻人添上一丝成熟,一丝悲壮。冷风穿过那扇牢房里唯一的小小的窗,穿透他身上唯一的一件衣服,打在他那看似文人的瘦弱的身体上。现在的他,什么也没有,阿义榨光了他的一切,包括他那双破了个窟窿的棉布鞋,但他有我,有我这个无声的而永恒的朋友。他的目光深邃,望着我,少了年轻人的轻率,多了成熟者的深沉。

"我不是去死,而是去一个新时代。"他抬起头来,坚定地说。

漫漫长夜即将过去,我不忍离去,然而,我又怎能说出来呢?我是天上的一轮孤月,没有人听得懂我的声音!正如这个时代听不懂夏瑜的声音一样。

冷月无声退去,夏瑜无声死去。

姓名：向岚
昵称：jiesi

[1楼] 2007/04/04 16：20：51

二

　　清明节的前夜，我独自照着一座孤城，它延伸出去的一条路，以及城外路边数以千计的荒坟。死一样寂静的夜，伴着空气中无数的悲叹，加之我的沉默，一切都那么的阴森。

　　什么人，在这条路上停下脚步，径直走向其中一个孤坟，那是夏瑜的坟。他在坟头上放上了什么，哦，原来是一圈红白相间的花圈。

　　"同志，安息吧，冷月为证，黎明不久就会到来。到那时我也会到那里去与你相伴。不会让你一个人在这里孤独。"

　　我胸中涌起一种深深的悲哀——没有人能听懂夏瑜及他的同志的话，除了我。可我的声音又有谁能听得懂呢？我只是天上一轮孤月，一轮冷月，只能站在高空看着人世间的悲剧一幕幕上演，却无能为力。

　　数万年来，月忠实地记录着每时每代的英雄壮歌，多少年来，朝代更替，歌词泛黄，而曲音依旧。都是为了这片大地及上面数万生灵吧。也许，有朝一日，我能再听到这样的壮歌，来打破这个愚朽麻木的现状。

三

　　我渐渐沉落，却看到远方，路的尽头正在被清晨第一道曦光照亮。

平台论坛

姓名：王兴
昵称：冷月无声

[2楼] 2007/04/05 11：28：23

哦，和我的网名[①]一样……

评价结果：★★★

姓名：张双双

昵称：冰凝

［3楼］2007/04/05 11：37：41

通过对话展现人物的性格，独白使月的角色丰满。

冷月无声，是无奈或是寂静，无声的消亡。

评价结果：★★★★

姓名：李巍

昵称：V

［4楼］2007/04/05 11：45：39

开头就感觉很棒。

月亮高高的在静谧的夜空中，看着人间表演的一出出默剧，却无能为力。于是冷月无声。

评价结果：★★★

姓名：张蒂

昵称：

［5楼］2007/04/05 11：53：43

"冷月无声退去，夏瑜无声死去。"写得太好了，夏瑜的死也许真的没有触动人们麻木已久的神经。

评价结果：★★★★

姓名：刘梦阳

昵称：

［6楼］2007/04/05 11：57：23

冷月无声，向岚有意。

评价结果：★★★★

姓名：李晓芸

昵称：塞壬与若的爱

［7楼］2007/04/05 11：59：39

冷月的心情谁能解？写得太好了！

评价结果：★★★

姓名：钟华

[①] 网名：在网上使用的名字。网络是一个虚拟的世界，为了避免使用真实姓名带来的麻烦，故使用网名。

昵称：牙膏

［8楼］2007/04/06 17：30：47

文章侧重描写夏瑜，想象也很合理。

评价结果：★★★★

姓名：何柳

昵称：FreeSnipe

［9楼］2007/04/06 18：46：18

把文章的灰暗的气息释放了出来，很有共鸣！

如此瘦弱的身体，却可以拥有这么惊人的精神力量，不禁让人对夏瑜敬佩已极。

评价结果：★★★★

姓名：孟竹

昵称：畅游天际

［10楼］2007/04/07 12：43：52

"冷月无声退去，夏瑜无声死去。"

寥寥几语，却让我陷入了一种深深的绝望。无论如何，我宁愿相信，夏瑜的死，是有意义的。

评价结果：★★★★

姓名：吴可嘉

昵称：

［楼主］2007/04/04 16：23：19

这是我的领地

这里是我的地盘。

地上被人踩出的小路，路两旁界限分明的坟堆，一棵草，一粒沙，都是我的！

又是一年清明。往年这个时候新绿的树枝，现在还是光秃秃的。这样也好，可以让我更清楚地审视感知每一个踏进我领地的不速之客。

天还没大亮，已经来了第一个扫墓人，是个头发半白的妇人，深色的衣裙洗得发了白，单薄得似乎一阵风就能把她吹倒。她颤巍巍地走到一座新坟前停下。这是华大妈，才死了儿子——小栓，是个倒霉的痨

81

病鬼，吃了人血馒头都没能活过来。她轻轻地俯下身，抚着坟上的土，一如摸着儿子的头，面前地上湿了一大片。白发人送黑发人，也不算稀奇。好容易止住了哭声，才小心翼翼地从一个破旧篮子里取出四碟菜，一碗饭，排在坟前，嘴里念念叨叨，眼泪还是扑簌扑簌的不住地落。微风吹起她散乱的白发，四十多岁的人，看上去已经像花甲的老太。

小路上又来了一个女人，也是半白头发，褴褛的衣裙，挎着个破旧的篮子，显得畏畏缩缩，不敢抬眼看人。知道敬畏，这很好。这是夏四奶奶，也是才死了儿子，他儿子夏瑜可"了得"，乱党，是被本家叔叔告发的。这小东西真不简单，还敢劝牢头造反，居然说"大清的天下是我们大家的"，这是什么混账话？！就该诛他九族！这天下自古就是皇帝的，就如同这片坟是我的一样。

夏四奶奶一抬头正遇上华大妈的目光，赶紧避开，踌躇地立在原地，惨白的脸上显出羞愧的神色。终于硬着头皮走到与小栓的并排的一座坟前，但是在小路的另一侧——埋的都是死刑和瘐毙的人。也是码上四碟菜，一碗饭，然后哭一阵念叨一阵。

华大妈看着旁边这个人，并不认识。其实这两家是有渊源的。小栓吃的人血馒头，蘸的就是夏瑜被处决时的血。华家人可怜，倾其所有买来这么个人血馒头，也没救了这根独苗。可谁叫他们糊涂，谁的血不好，偏要这个乱党的，原本就是害人的东西，不死才是怪事。我为什么知道这些？当然，不管坟里边的还是外边的，我都要了解清楚，因为这是我的领地。

夏家的哭够了，徘徊观望了一阵，突然手脚有些发抖，踉跄几步，瞪着两只混浊的眼睛直直的发怔。

华大妈以为她是伤心得快要发狂了，便起身跨过小路低声对她说："人死不能复生，不要伤心了，咱们回罢。"那人却一把抓住华大妈的胳膊，瞪大了眼睛结结巴巴地说："你看……看，这是什么？！"

那分明是一圈红白的花环，显然是新放上去的。

华大妈看看自己儿子的坟，空空的，心里一沉，甩开夏四奶奶的手，皱起了眉。

　　哈，愚蠢的女人！谁多一串花环又有什么关系呢，左右不过是为我祝寿的一个馒头。

　　夏四奶奶兀自琢磨着花环的来历："这是怎么一回事呢？这种地方孩子不会来玩，亲戚本家巴不得躲得远远的……"忽然，她眼里溢满了泪："瑜儿，娘知道了，你是冤枉的！你是来告诉娘，是有人坑了你！——瑜儿，我的好孩子，你安心吧，他们迟早要遭报应的！会的！你显灵了，是不是，我的儿？你若真的在这，——"她四下里一望，只看见一只乌鸦站在枝头，"便叫乌鸦飞上坟顶告诉娘！"

　　这时候上坟的人大都回去了——穷人家的祭奠，没什么形式，也不讲排场，简单得很。四周一片死寂，回荡着凄厉的哀号。

　　哈，真是愚蠢的女人！你们不过是给我的祭品。你们的儿子是，你们将来也是！

　　她们抬头望那树枝，那乌鸦像铁铸一般立着。夏四奶奶脸上显出痛苦的哀求的神色，她旁边的女人却悄悄地舒了一口气，如同卸下了一个沉重的包袱。

　　突然，那乌鸦张开翅膀，疾速地贴着她们的头顶掠过去。两个老妇人吓得一抖，几乎瘫坐在地上。对，就是要这样！我要她们知道，这是我的领地！你们要充满敬畏！

　　我是坟场——官家的一块地！

平台论坛

姓名：钟华

昵称：牙膏

[1楼] 2007/04/05 11：29：03
　　　　写了很多"坟"的语言。以官家"坟"的角度重述了《药》的故事。有新意。再写些心理活动可能会使"坟"的形象更活灵活现。

评价结果：★★★

姓名：王思婧

昵称：飓镜

［2楼］2007/04/05 11：52：09

残忍不过真实的故事。

评价结果：★★★

姓名：马梦宇

昵称：

［3楼］2007/04/05 12：00：06

顶王（注：王思婧），所以有人说"人不能接受太多的真实"。

姓名：何柳

昵称：FreeSnipe

［4楼］2007/04/06 18：50：05

我觉得这块坟地很有种统治者的蛮横意味。

姓名：孟竹

昵称：畅游天际

［5楼］2007/04/07 12：35：19

举双手双脚狂顶楼上[①]的！

评价结果：★★★

姓名：向岚

昵称：jiesi

［6楼］2007/04/07 15：40：53

我连头上每一根头发都立起来顶楼上的！比你（注：［5楼］孟竹）多吧！

评价结果：★★★

姓名：王帅

昵称：yuki

［楼主］2007/04/04 16：23：44

药？

我是一个馒头，豪放的北方人的最爱。我们的族群通常寿命很

[①] 楼上：在论坛中先于自己回复同一主题帖的人或帖子。因其帖排在自己的上面，故称。

短,因为人们总是在我们刚出生,还冒着热气时就迫不及待地把我们吃掉。但是由于我们口味香甜,又很容易让人有饱足感,而使得人们总是对我们不离不弃,让我族群的历史随着中华民族绵延近五千年。穷人把我们视如珍宝,富人把我们一个个叠起来祝寿。我本以为自己的命运也必然是那两者之一,可这儿的人们却把我用作了别的用途:药。我很纳闷。从来没有听说过我们还有治病的功效啊!可我又很开心。想不到自己短暂的生命还能减轻人类的病痛,顿时觉得自己尊贵了不少。

其实刚出生时,我与同类没什么两样,大家都在一个大笼屉里降生,只是我被分配到的地方不太好——牢狱。狱卒端着我和一小撮炒菜往监牢里走,只听"啪啪"两声,像是扇耳光的声音。我被端到被扇耳光的人面前。这个人面色憔悴,脸颊有些红肿,眼神却不屈服。端我的狱卒对扇耳光的狱卒说:"头儿,这是夏瑜的饭。"那个"头儿"火冒三丈地说:"饭?他还配吃饭?还说什么'大清是我们大家的'这种鬼话!反正他晚上就行刑了,这疯子就让他当个饿死鬼吧!""唉,那我把饭端给别的犯人去。""慢着!""头儿"又说,"搁这儿!不是有人要买他的血当药吗,馒头留着蘸'药'使!"说着便拿起我,走开了。

我们历来都是就着菜肴被吃掉的,蘸了人血,先别说能不能当药,能不能吃都是个问题!我虽不求能对人有多么大的好处,但是也不想无故害了别人……我这么想着的时候,发现自己被带到了外面。身旁一个彪形大汉赤裸着上身,熟练地磨着刀。边上是那个叫夏瑜的囚犯,绑着胳膊站在那儿。"跪下!"拿着我的牢头说。夏瑜不理。"我让你跪下!"牢头一脚狠狠踢向夏瑜的膝后,夏瑜失去重心而双膝着地,却不低头。牢头又不好按着他的头,只得让刽子手就这样砍下去。我不忍心看,闭上眼,只感觉一阵冷风刮过,然后听见热血喷射到地上的声音。炽热的液体抹在我的身上,流来流去挣扎着。我睁开眼,全是殷红。

随后我被带离刑场，以高于正常身价几百倍的价钱卖给了一个老头。老头双手颤抖着接下我，小心翼翼地带回家，交给他的老婆，两人一起把我塞进了灶里。这种热度让我仿佛回到刚刚诞生的时候。不知道其他同伴的命运是什么呢？我又将成为谁的"药"呢？想着想着，便在这热度中昏昏睡去。

醒来时我已经被端出炉灶，盛在碟子里放在一个病怏怏的青年面前，被他小心地撮起，仔细打量着。他的两侧分别站着刚才的老头和他老婆（想来是这青年的父母），他俩目不转睛地看着那青年。他把我掰开，一口一口正常地吃着，好像只是在填饱肚子，并不像在吃药。

我一进到他体内，便开始随着他的咳嗽一下下地颤动：病得真是不轻啊！我期待着自己的大显身手、妙手回春，却并没有像树叶遇到火一样在他体内产生剧烈的作用，只是慢慢地被消化着，消化着——其他的什么都没有。而这个人咳嗽发作的频率却越来越高，同时一次比一次咳嗽得厉害。我是真的想帮他做些什么，但我什么都做不到。

终于有一天，他咳得地动山摇，天崩地裂，然后身体一僵，就再也不咳了。连气都没了。

我随着他入土。弥留之际，我回想自己的一生：我是馒头吗？可是吃我的人没有享受到饱足的愉悦；我是药吗？可是吃我的人病痛并没有减轻。——我究竟是什么？

只盼来世做一个普普通通的馒头。

平台论坛

姓名：王兴
昵称：冷月无声

[1楼] 2007/04/05 11：33：28

　　太逗了，你写同文①也这么逗吗？

评价结果：★★★

姓名：郭新月

昵称：新废

[2楼] 2007/04/05 11：57：10

　　"我随着他入土。弥留之际，我回想自己的一生：我是馒头吗？可是吃我的人没有享受到饱足的愉悦；我是药吗？可是吃我的人病痛并没有减轻。——我究竟是什么？

　　"只盼来世做一个普普通通的馒头。"

　　经典，连一个馒头都不知道自己究竟是什么，更别提那个时代的民众了。

评价结果：★★★

姓名：马梦宇

昵称：

[3楼] 2007/04/05 11：57：26

　　"我是馒头吗？可是吃我的人没有享受到饱足的愉悦；我是药吗？可是吃我的人病痛并没有减轻。——我究竟是什么？

　　"只盼来世做一个普普通通的馒头。"

　　在那个时代做一个普普通通的馒头都困难，何况人呢。既然注定是时代的牺牲品，当人当馒头，什么都无所谓了。

姓名：张惜

昵称：zx

[4楼] 2007/04/05 12：01：03

　　怎么看小栓都像是被"你"噎死的。

姓名：何柳

昵称：FreeSnipe

[5楼] 2007/04/06 18：52：48

　　"我究竟是什么？"引人深思。

评价结果：★★★

姓名：孟竹

昵称：畅游天际

---

①　同文：同人文，指把某部甚至某些原创作品里的人物放在新环境里而创作出来的作品，以此表达新的思想感情，揭示新的道理。

87

[6楼] 2007/04/07 12∶31∶24

　　"我究竟是什么？"在那个时代，这恐怕不是"我"自己能够决定的。这也是一种悲哀。

评价结果：★★★

姓名：向岚

昵称：jiesi

[7楼] 2007/04/07 15∶33∶24

　　一个馒头引发的血案也就如此吧！那年头，人不是人，馒头做不了馒头，悲哀！

评价结果：★★★

姓名：钟华

昵称：牙膏

[楼主] 2007/04/04 16∶24∶11

我是一株垂死的莲

　　我，就要死了。曾经碧绿的叶也变得枯黄，我不想随着这黑暗的时代走向衰亡，碧蓝的湖水啊，你今日怎么也变得这样混浊？难道我们要沉睡在这黑夜，还没为社会贡献什么就死去？

　　鉴湖女侠啊，请你摘走我的花瓣，放进你的香囊。忘不了你在湖边练剑的飒爽英姿，忘不了你独步时眉宇间的哀愁，呼喊着"浊酒不销忧国泪，救时应仗出群才。拼将十万头颅血，须把乾坤力挽回。"这声声呐喊，在我听来比男儿更英雄！濂溪不在，我也愿以你为知己，在漫漫的革命路上分享你的孤寂，可是"中通外直，不蔓不枝"的你从不考虑索取，你希望用我的清芬去净化更多的淤泥。终于，在一个清晨，一双长满茧的手折走了我的老叶。她匆忙地带我上路，我好奇地打量着灰白路两侧的街市，都是些奇怪的人：衣服前后都画着大白圆圈，鬼似的徘徊。来不及细细观察，我就被拖进了一家茶馆，被随意地摊在桌上。一位满脸皱纹的老头颤颤地打开了一个红红白白的破灯笼罩。"马上就该我发挥作用了吧！"我期待地望着他的手，像要执行命令的士兵，激动而不安。

"哦！不！这一定是血的味道。"一个硕大的馒头突然压在我的身上，我想要挣扎却又无力呼喊，碧绿的叶脉上很快浸漫着鲜红的液体，如阵阵洪流，冲击着我的心。怎么会这样？曾经净化过肮脏泥土的我，怎么不能忍受馒头上的几滴鲜血？这是谁的血？让我这样心痛。这味道是你吗？不错，这种热度，这种刚毅只有你才拥有，自从不见你在湖边练剑，我就害怕这一天的来临。

黑色的灶炉升起蓝色的火焰。那红黑的火舌侵吞着我的肉体，你的鲜血。你我竟然以这样的方式结伴。看着身躯一丝丝化为灰烬，我竟不感到疼痛，而从心底升起一丝悲哀。里排桌前有一位瘦小的男子在吃饭，我怀中的馒头也将是他盘中餐吗？我存在的价值，就在于用我的香气掩盖血的腥气来美化这道残忍的菜吗？一直与文人侠士为友的我，今日怎会参与这种吃人的勾当？

侠女啊！你留我在湖中净化淤泥，你以你的清芬去解救世人的愚昧，可是连我们的牺牲也不能净化人们思想中的泥沼，只有眼睁睁地看着愚蠢闹剧的发生。

空气中散满了奇怪的香味，那便是你我在世上最后的印记——只是一团终将散去，飘渺的气体。

平台论坛

姓名：张双双
昵称：冰凝
[1楼] 2007/04/04 16：31：44
  经典，语言很精美，视角独特。
  莲是一种象征，她迫切希望自己能被重用，即使牺牲也无畏。
  却仍去除不了世人愚昧的思想，可悲。
评价结果：★★★★

姓名：梁宵

89

昵称：

［2楼］2007/04/04 16：35：38

    莲，多么的纯洁，是花，是人。

    有着独特的韵味。

评价结果：★★★★

姓名：向岚

昵称：jiesi

［3楼］2007/04/05 11：42：02

    语言很唯美，描写很细腻，视角很独特。莲，伴着高雅、纯洁。垂死的莲，怀着无奈与悲哀。

评价结果：★★★★

姓名：方昊

昵称：Dolores_lolita

［4楼］2007/04/05 11：43：11

    联想的魅力～

评价结果：★★★★

姓名：郭新月

昵称：新废

［5楼］2007/04/05 11：43：52

    "侠女啊！你留我在湖中净化淤泥，你以你的清芬去解救世人的愚昧，可是连我们的牺牲也不能净化人们思想中的泥沼，只有眼睁睁地看着愚蠢闹剧的发生。"

    经典，以莲的角度，真的是别具一格，本是一个充满了血污的主题，却写得如此清新。

评价结果：★★★

姓名：王思婧

昵称：飓镜

［6楼］2007/04/05 11：48：38

    丑恶愚昧的人有时候是另一种"智者"，他们知道用笑声蒙蔽心灵，知道用鲜血覆盖纯洁，知道用善良遮盖残忍。

    而善良智慧的人有时候是另一种"愚人"，他们竟用悲哀书写希望，竟用呼喊诉说正义，竟用鲜血歌颂向往。

    究竟谁是谁非呢？人要活得明白。

评价结果：★★★★

姓名：吴双

昵称：

[7楼] 2007/04/05 11：49：15

这视角真好，腐烂的世界怎能玷污莲的清雅。

评价结果：★★★★

姓名：张惜

昵称：zx

[8楼] 2007/04/05 11：49：57

视角独特，行文流畅自然。有一种纯澈的凄美。带着无奈的叹息，引人深思。

评价结果：★★★★

姓名：吴可嘉

昵称：

[9楼] 2007/04/05 11：50：19

莲浸在血污里，仍不失高洁；勇士跌入深渊，依旧奋力呐喊。

姓名：马梦宇

昵称：

[10楼] 2007/04/05 11：50：31

连莲这样清雅高洁的花都沾上了血，不知还有什么是干净的。

越是干净的东西就越容易被玷污，革命者、历代的思想先驱、不容于世的人都如此。

好像统治者向来以摧残这些人为乐。

评价结果：★★★★

姓名：钟华

昵称：牙膏

[11楼] 2007/04/05 11：51：14

发现大家的评论，比我原想的都深刻。特别是思婧……看你的文字，顿悟啊！

姓名：王帅

昵称：yuki

[12楼] 2007/04/05 11：54：27

"莲"的视角很独特，同时又拥有不同于其他视角的美感与内涵。

莲的高尚与那个时代、那些事的结合，悲哀而讽刺……

评价结果：★★★★

姓名：孟竹

昵称：畅游天际

[13楼] 2007/04/05 11：54：40

  "黑色的灶炉升起蓝色的火焰。那红黑的火舌侵吞着我的肉体，你的鲜血。你我竟然以这样的方式结伴。看着身躯一丝丝化为灰烬，我竟不感到疼痛，而从心底升起一丝悲哀。里排桌前有一位瘦小的男子在吃饭，我怀中的馒头也将是他盘中餐吗？我存在的价值，就在于用我的香气掩盖血的腥气来美化这道残忍的菜吗？一直与文人侠士为友的我，今日怎会参与这种吃人的勾当？"

  实在是视野开阔啊，在下佩服！

  我只想到用馒头表达一种悲哀，却没发现其实荷叶更适合表现这浓黑的无奈与悲凉！没有什么比本质纯洁的东西被玷污更让人悲哀了！

评价结果：★★★★

姓名：王澈

昵称：

[14楼] 2007/04/05 11：56：20

  莲花的视角，独特！

  唯美的语言，经典！

  以如此美妙的视角讲述一个如此血腥的故事更能衬托出其丑恶！让人在感慨之余更多了一份悲凉和沉痛！

评价结果：★★★★

姓名：何柳

昵称：FreeSnipe

[15楼] 2007/04/06 18：56：32

  幽怨的小荷叶。角度很新！与主人公微妙的关系引出了微妙的文字。

评价结果：★★★★

姓名：边枫

昵称：小边儿～

[16楼] 2007/04/07 15：13：03

  唯有视野足够开阔的人，才能写出如此大气的文章。

  想不到别的词了：

  经典！

评价结果：★★★★

姓名：何柳

昵称：FreeSnipe

[楼主] 2007/04/04 16：27：45

我是一个来自茶馆的灯笼

夜里可真冷啊！我皱缩着身子，尽量地减少点儿周身的蒸发量。这破屋子，从我进来第一天起门就没合拢过！哼！我真是倒霉催的，怎么竟进了这么个破户！想当初我在灯笼界也混得不错，可现在我那几个哥们儿，不知走了啥子狗屎运，居然不是进了阔老爷家，就是进了大官家，一个个小身段保养得……唉！不想了，还是早点儿睡吧。

我刚闭上眼，忽地周围亮起闪烁的光——灯又要上工了。这小东西也可怜，半夜里还经常加班。"嘿，兄弟！"我使劲儿探过身子，想要吸点热乎气，可探了半天的腰，觉着还不如我这儿焐得暖和呢。我赶紧缩回来，伸着脖子冲他问："你咋地又被点起来了？""哎呀！"他哭丧了脸，"咱小少祖宗不定又怎么着了，尤其最近这段儿，你没听这半夜可了劲儿地咳嗽吗！你倒是说说，这有病咋地也不治啊？！"猛地门缝中挤进一阵冷飕飕的风，我赶紧缩回了脖子。"你真是傻，就他华老栓哪有那钱！"耳听得华大妈低低的声音，我忙闭了嘴听着。——两人说话那叫一个小心，我竖起耳朵愣是一点也没听清，倒是小栓的咳嗽声听了个一清二楚。真是没劲透了！我刚要继续我的周公之旅，蓦地脖颈一紧，一股热气直灌下来，然后我就被提起来了。娘啊！我真是走了背字儿，这回换我加夜班了。

一出门——哗！冻，冻死人了！我的神啊，华老头脑袋莫不是进水了吧，还是这人神经系统没长好？这么冷的天他居然出来待着！是个正常人不都在家睡着呢。我抬头很费解地看着他——呵？！他怎么还一副要去白领银票的兴奋劲儿啊？看他整个人像要娶媳妇儿的样子，我真是想破脑袋也搞不懂，难道他……疯了？疯了……噢！我知道了！原来他疯了！这么明白的道理我怎么一直没想通！依我看，这帮

93

穷户一个个估计都是疯的。看他们成天聚在茶馆子里谈谈哪家又死了个犯人，一帮子人谈笑风生，不亦乐乎，瞧那傻劲儿——绝对疯了。

　　虽然周围冷得要死，可我也不能盯一晚上活啊，太亏了。于是我闭上了眼，随着老栓的手前后颠簸着，倒也自在。渐渐地，我中间那点小小的火光暗了下去，终于熄了。又过了一会，周围忽然热闹起来，我睁开迷茫的眼睛，向身旁瞅去。四周俨然是一根根的细杆，我揉揉眼睛——嘻！原来是一条条腿。也不知这帮疯子又在做什么。我伸了脖子看啊看，却只能瞧见密密麻麻的竹竿。真是人到用时方恨矮！老栓这老东西，也不知提起我来让我也看看！无奈之下，我只好缩在竹竿之中，巴着缝向里看去。——前面的竹竿猛地向后一挤。嗷！我的脸立时被挤扁了。这人，怎么这么不守秩序！我正要再骂出声来，猛然间前面的竹竿们一齐向后压来——呃……这回可真是毁容了啊！我伤心地抬起头来，眼中的泪花顿时被吓了回去——立在面前的赫然是一个沾满了鲜血的大馒头！我的娘啊！再抬眼看那撮着馒头的人——满脸横肉，面露狰狞，双眼就像无数把刀子直射过来……然后，我就失去了知觉。

　　再醒来时，已经是在下边儿了。

平台论坛

姓名：张蒂
昵称：
[1楼] 2007/04/04 16：35：08
　　　　很生活很生动。

姓名：方昊
昵称：Dolores_lolita
[2楼] 2007/04/05 11：26：05
　　　　心理描写很生动哦，视角选得不错，但似乎没写完……
评价结果：★★★

姓名：孟竹

昵称：畅游天际

[3楼] 2007/04/05 11：34：19

  晕①个，今天是论坛疯了。我一点评完就"该页无法显示"。

  呵呵，言归正传，文章的角度很新颖！语言也够生动，典型何柳风格！打滚②等着要下文！

评价结果：★★★

姓名：尹珊珊

昵称：shanshan

[4楼] 2007/04/05 11：40：50

  一个灯笼原来也可以有如此鲜活的生命！

  结尾一句话有点调侃意味～

评价结果：★★★

姓名：钟华

昵称：牙膏

[5楼] 2007/04/05 11：54：45

  马梦宇也是写灯笼（注：马梦宇作《带血的灯笼》），但你们俩的视角、语言完全不一样啊。

  明显的……灯笼，也再次反映了你的"幽默"性格。

  一些口语化语言很通俗，却很生动。

评价结果：★★★

姓名：王近思

昵称：潇湘夜雨

[6楼] 2007/04/07 13：59：45

  人才呀，幽默风趣，我就喜欢。

  子曾经曰过："你太有才了！"

评价结果：★★★

姓名：向岚

昵称：jiesi

[7楼] 2007/04/07 15：25：59

  何柳，女生中的幽默巨匠！强！

评价结果：★★★

姓名：张蒂

---

① 晕：表示稀里糊涂、意想不到、难于理解和接受等多种情感，带有夸张的意味。

② 打滚：躺着滚来滚去，用于网络表急切心情。

昵称：

[8楼] 2007/04/09 22：32：55

"在下边儿了"，让人联想，换个世界，愚昧是否还统治这只灯笼的心灵？

评价结果：★★★

姓名：梁宵

昵称：

[楼主] 2007/04/04 16：32：58

我是夜

黑暗笼罩了大地，我的故事就要开始了。人们一提到我，总想到凄冷，恐怖。好吧，那么就配合这个气氛，就讲那个故事吧。

那还是半年前，月亮似乎知道要发生什么，把我一个撇下了。我四处游荡着，来到了华老栓的家，小栓还是一个劲地咳嗽，一日比一日厉害了。只听屋里，有人在小心地说着什么，然后，老栓走了出去。

我跟着他，因为今天只有我，没有月亮的点缀，人们大概不敢出门了，街上实在是冷清。但老栓不知道在担心什么，生怕别人看到他，他只是溜着边走，只是看着路，似乎顾不上张望。突然有个人从他面前走了过去，他吓得打了个哆嗦。然后小心地按一按衣袋里的东西，继续向前走，他越走越快，似乎在赶时间。

他的脚步更快了，我差点跟不上他，有什么好事在等着他？他来到了那个路口，围着些人在看着什么，议论着什么。老栓完全不在乎，他只是摸着他兜里的东西。

一个黑衣人走了过来，老栓有些慌忙，有些恐惧，但还是毕恭毕敬的。他踌躇了一下，还是把兜里的东西交给了黑衣人，黑衣人抖了抖那个袋子——是钱，很多的钱。华老栓究竟要什么？黑衣人手里的东西有股奇怪的味道，我凑近些，是馒头，不，还有红色的东西。"老东西，这可是新鲜的，包好，你就偷着乐吧……"老栓捧着那红色的馒头，像捧着宝贝，那红色的东西即将赋予他新的生命吗？老栓只是一个劲地向家走去，他忘记了我的存在，他眼里只有光，那光带着他回家。

我还停留在那里，不知道那红色的东西究竟是谁的，我好奇地凑近刑场。地上的血还未凝固，果然是新的，是那么的红，红得透彻，汩汩地，还在流淌。躺在那儿的那个人是个小伙子，跟小栓年龄相仿。"这小东西，说什么'大清的天下是我们大家的'。呸，真是不知道天高地厚……"

天要亮了，我要抓紧把这个故事讲完。我到了华家的门口，灯依旧点着，似乎温暖了许多。小栓已经在吃着什么了。华大妈和老栓露出了期待之情，小栓一个劲地吃，头上冒了汗，不知道是不是那个人的血在他的身体里重生了。小栓吃完了，又咳了一阵，后来又睡下了。

小栓吃那灵药后，还是时断时续地咳嗽，咳着就睡着了。半年还不到吧，那个晚上，小栓咳了一口血，睡了，再没有醒来。那口血，究竟是谁的……

天真的要亮了，华家的夜结束了，我的故事讲完了。新的一天就要开始了，阳光即将冲淡我，明天这个时候会发生什么？而夜，还会依旧的黑着……

平台论坛

姓名：钟华
昵称：牙膏
[1楼] 2007/04/04 16：35：06
　　讲故事的形式很好～

姓名：马梦宇
昵称：
[2楼] 2007/04/05 11：37：34
　　"而夜，还会依旧的黑着……"
　　如果革命者的死能唤醒一些人，就让鲜血把黑夜染红吧，也算值得。

姓名：何柳

昵称：FreeSnipe

[3楼] 2007/04/06 19∶06∶21

那口血还真不好说是谁的。革命者是否注定要牺牲些什么呢？

评价结果：★★★

姓名：王近思

昵称：潇湘夜雨

[4楼] 2007/04/07 12∶08∶33

黑永远是主色调，论理确实如此，但论情，我实在不喜欢这个颜色。

评价结果：★★★

姓名：孟竹

昵称：畅游天际

[5楼] 2007/04/07 12∶27∶16

我倒是很喜欢黑色呢，黑暗来到了，光明还会远吗？夜依旧会黑，然心却可永远明亮。

评价结果：★★★

姓名：向岚

昵称：jiesi

[6楼] 2007/04/07 15∶23∶30

我没有把你抛下啊？小霭姐（注：梁宵），你是夜（注：梁宵作《我是夜》），我是月（注：向岚作《冷月无声》），都是被人认作无情的事物，可谁能体会我们只能看着，却无力插手人间的悲哀啊！

评价结果：★★★

姓名：刘梦阳

昵称：

[楼主] 2007/04/04 16∶34∶42

那片黑色

我们是黑，那片黑色，色彩世界中极不显眼的那一种。没有色比我们更常见，这里的人们，无论是趾高气扬的刽子手，还是唯唯诺诺的老百姓，我们都占据他们的头顶。我们的身影，弥漫在世间的每一个角落。随着夜幕的降临，我们每日的聚会就要开始了。

我是黑，那片黑色中的一点，我像孩子期待糖果一样期待着夜幕的降临,因为在这时,我又可以听到爷爷的故事了,它总是那样吸引我,像小鸟抓住树枝一样紧紧抓住我的心。

我是黑,那片黑色中的一点,我来赴今晚的聚会,我不能不来,孙女要听我的故事,你瞧,她是那样急切而兴奋地向我奔来,她在月光的照耀下笑得那样灿烂。我的好孩子,故事要开场了,我的故事还要从那个夜晚讲起……

那一夜,我无所事事地在空中游走,我看着下面,街上空空的很少有人,可就在这个时候冷不丁地走出一个人来。只一眼,我就注意到他了,那是个上了岁数的人,头发已有些花白,可走起路来却仿佛少年一般,像是得了神通,他走得很专心,一步一步跨步格外高远,一只手下意识地捂着衣袋。我十分好奇,便费了九牛二虎之力挤到他的头顶。这是一个饱经风霜的老头,一条条深深的皱纹记录了岁月的痕迹。大冷的天,他竟出了些汗,头皮上的臭味一阵一阵地飘过来。他就这样一步一步地走,街上渐渐出了三两个人,他竟忽地站住,身上紧张得一抖,显然是被吓到了。我心中一阵奇怪,难不成他是要去干什么见不得人的勾当?

走着走着,前面立着一群人,只见那里一个银色的闪着亮光的东西在动,我看不清楚那是在干吗。又过了一会儿,一个黑衣人走了过来,叫嚣地嚷着些话,手里拿着一个红色的东西走到那个老头面前。我急忙跳到那个黑衣人身上,这下我的行动方便多了,我看了个分明。那是血,红说的,红告诉我那是蘸了人血的馒头,人们说吃下它可以治病,红说着露出轻蔑的神色:"那真是太可笑了,真是天方夜谭!"我看了看那个老头,他竟像是得了宝似的,眼中流露出说不尽的喜悦……

天渐渐亮了,黑的聚会要结束了,看着那个远去的老头,我心中只有一个词——愚昧,我无奈地笑笑,离开了这里……

我是黑,爷爷的故事讲完了,我想,那片黑的故事记载了过去,见证着现在,昭示着未来。

平台论坛

姓名：张双双

昵称：冰凝

[1楼] 2007/04/05 11：32：16

  开头写得很精彩，有韵味。

  黑色笼罩在人们的头顶，同时也存在人们的心里。

评价结果：★★★

姓名：方昊

昵称：Dolores_lolita

[2楼] 2007/04/05 11：36：52

  角度选择很棒，但是觉得对文章的中心揭示得稍有欠缺，加油哦～～

评价结果：★★

姓名：钟华

昵称：牙膏

[3楼] 2007/04/06 17：33：31

  用三段写了"黑"的家族。

  而故事内容太短。

  详略要考虑一下啊。要不，这个故事就没有吸引力了。

姓名：何柳

昵称：FreeSnipe

[4楼] 2007/04/06 19：09：02

  描写得再详细些就更好了。

评价结果：★★★

姓名：王近思

昵称：潇湘夜雨

[5楼] 2007/04/07 12：04：28

  《我的名字叫黑》？用这个题目咋样？

姓名：孟竹

昵称：畅游天际

[6楼] 2007/04/07 12：20：56

  呵呵，《我的名字叫黑》，嗯，这个题目确实不错。小胖就是小胖啊！

  建议楼主改成这个。

评价结果：★★★

姓名：向岚

昵称：jiesi

[7楼] 2007/04/07 15∶09∶18

看来《我的名字叫红》很受欢迎啊！这篇文章也是啊！

评价结果：★★★

姓名：王澈

昵称：

[楼主] 2007/04/04 16∶38∶23

茶壶的自白

一

夜凉凉的，风也刮得嗖嗖的，我白胖的身体不禁在这冰冷的夜色中打了个寒颤。看看周围兄弟早已进入了甜蜜的梦乡，整个茶馆里死一般的寂静，处处映着惨白的光。可我睡不着，因为小主人那短促如撕裂般的咳声让我发毛，我害怕听到这种声音，这种近乎死亡的声音。听，一阵咳声又响起了，老板娘忙提着我给小主人倒了碗茶，我伺机看了看那张可怕的脸，满是豆大的汗珠，在煤油灯的映衬下蜡黄中透着灰白。

老板叹着气起身出门了，我注意到他衣袋里似乎揣着一包洋钱，我挺着身子，靠着窗根，使劲朝他走的方向望，却看到了丁字街头破匾上"古□亭口"四个金字，在夜色中显得黯淡却又抖出一种犀利的锐气，显得格格不入。白天恍惚听到茶客们嚷嚷今早要处决犯人，好像是夏家的孩子，镇上的人都显得很高兴的样子，也许老板也去看热闹了吧，也许还去……

不想了，一天的点头哈腰，乏了，该睡了。"杀得好，该杀！"外面好是一片热闹。

二

不知什么时候，我被老板和老板娘的对话吵醒了。

"得了没。""得了。"我有些奇怪，得什么了？欠身一看，小主人正坐在桌前吃饭,灰白脸色中露出些红润了,但仍旧满是豆大的汗珠。再看老板娘神情紧张的样子,我对自己的猜测更加确信了,一定是它!人们都说人血馒头最管用了!不多久,店里散满了一种奇怪的香味,让人闻了顿觉神清气爽,没病也觉得轻省了很多!

老板娘小心翼翼地将盘子托到小主人面前,仿佛捧着新生的婴儿一般。小主人,快吃下去吧,病快些好吧!我身体里的液体也好像随着我心脏的剧烈跳动而沸腾涌出来了。余光一瞥,老板老板娘的目光死死地盯在了小主人身上,仿佛要注入些什么,又要取出些什么。

咳,咳,咳,小主人又是一阵狂咳。这到底是为什么呢?

姓名:王澈

昵称:

[1楼] 2007/04/04 16:39:14

三

自从小主人吃了药,店里也显出了些许生气,弟兄们也比平日谨慎了许多,客人也似乎比平日多了些许,老板提着我乐此不疲地给客人们沏茶倒水,我也不停地点头哈腰,将水注入碗中,忙得很是快活。

不一会儿,花白胡子,驼背五少爷,二十多岁的年轻人和熟悉的茶客们都陆陆续续地来了,他们忙着调侃老板,店内又热闹了许多。"吃了么?好了么?老栓,又是运气了你!你运气,要不是我消息灵通。"一个满脸横肉的人夺门而入,店内顿时静了下来。客人都恭敬地听着,老板也一手提着我,一手恭恭敬敬地垂着。"包好,包好!趁热吃,这是包好。"我心里也一阵感激,多亏了康大叔,便深深地鞠了一躬,将满满的一杯茶注入了康大叔的碗中。

"原来你家小栓碰到这样的好运气了,病一定好。"众人又忙着祝贺,又是一阵热闹,客人们谈论着今天处决的那个夏家的孩子,气氛很是高涨，仿佛处决一个罪大恶极的杀人犯。杀了他，众人们心里的石头都落了地一般。又听得康大叔说义哥打了夏家的，他却还骂义哥可怜。他才可怜哩！我愤愤地想。

"阿义真可怜。"花白胡子说道。

又过了须臾，二十多岁的人恍然大悟："疯了。"

"疯了。"驼背五少爷又过了许久说道。我要是能说话，也一定大声应和的！谁知道，小主人又是一阵狂咳，这到底是为什么呢？

四

又是一年的清明，老板娘去坟场看望小主人了，店里依旧是冷清得很，镇上的人们依旧每天忙忙碌碌着在街上晃来晃去。仿佛掉了线的木偶一般游荡，毫无目的，老板娘心里总感觉不平，为什么夏四奶奶的儿子坟上有红白的小花，而我家的孩子却没有呢？自从上次回来，老板娘心里就一直这么想，我也这样愤愤地认为，他是一个犯人，而我的小主人呢？为什么呢？

"哑！"一直黑得发亮的乌鸦落在了门槛上，头笔直地抬着，直冲云霄望着，目光又好像直勾勾地望着"古□亭口"这四个大字，老板像见了瘟疫一样将它赶走了。"哑！"又是一阵大叫，它径直飞向了丁字街头，头也不回地走了。

我又要去给人们点头哈腰倒水了，可是，为什么呢？

平台论坛

姓名：马梦宇
昵称：

[2楼] 2007/04/04 16：56：25
　　"可是，为什么呢？"太经典了！

姓名：李巍
昵称：V

[3楼] 2007/04/05 11：22：32

茶壶也晕菜[①]了……细节描写很精彩。

评价结果：★★★

姓名：梁宵

昵称：

［4楼］2007/04/05 11：34：37

对每个人物刻画得很细致。

"可是，为什么呢？"不由得让人有所思考。

评价结果：★★★★

姓名：钟华

昵称：牙膏

［5楼］2007/04/05 11：38：22

语言很自然，不是纯粹引书上的话。

故事很完整。四个"为什么"出自茶壶之口，也让我们有所反思。

评价结果：★★★★

姓名：张蒂

昵称：

［6楼］2007/04/05 11：38：23

茶壶点头哈腰，既有拟人效果，又有讽刺意味。妙！

姓名：何柳

昵称：FreeSnipe

［7楼］

将那个时代的愚昧的气息发挥得很到位。

评价结果：★★★

姓名：王近思

昵称：潇湘夜雨

［8楼］2007/04/07 11：56：13

太厉害了，开写之初，我也曾想过写茶壶，但总觉得没的写，楼主文章让我大开眼界。

评价结果：★★★★

姓名：孟竹

昵称：畅游天际

［9楼］2007/04/07 12：08：15

"我又要去给人们点头哈腰倒水了，可是，为什么呢？"

---

① 晕菜：晕。

经典！人们只知道，"人类一思考，上帝就发笑"。可惜的是，却没有人知道，人类不思考，上帝就该哭了。连茶壶都能问句为什么，作为人类的我们是否也该若有所悟了呢？

评价结果：★★★

姓名：向岚

昵称：jiesi

[10楼] 2007/04/07 15：06：14

鲁迅先生将人生百态融入这个小茶馆里，而大姐（注：王澍）的这茶壶可算继承了茶客、主人的麻木愚昧。而四个"为什么"，不仅茶壶不明白，茶客呢，主人呢？

评价结果：★★★

姓名：郭新月

昵称：新废

[楼主] 2007/04/04 16：38：45

你以为我是药

我是血。在我流出主人体内的几分钟前，有人告诉我，我要自由了。于是在这短短的几分钟里我早已无法抑制住自己的激情，在主人夏瑜的胸腔中，汹涌澎湃着。透过他的眼睛，我看到了一束明晃晃的白光，一把大刀向上挥着。我努力撞击着主人的血管，企图找到一个出口……突然，一种清凉的感觉，"我自由了！"我大笑着飞溅出去，见到那些同样大笑的围观人的脸，那些扭曲到狰狞的脸。我流出来，慢慢地，沿着主人的身体，流成一大滩。那些本就扭曲的脸更加扭曲，血红色，他们的眼睛瞪着，满是鲜红的颜色。无数双疯了的手伸向我，"不……"我的声音被淹没了。无数海绵样的白东西进入了我的身体，他们是圆的……风吹过来了，夹带着一些泥沙，一只破布鞋踩过去，地上早已没有了特别的色彩。

我被吸得满满的，握在一个浑身黑色的人手里，他大步向前走着。我企图逃走，使出浑身力气，一点一点，向下滴着……突然，那个人停住了，停在一个畏畏缩缩的中年男人面前。"喂！一手交钱一手交货！"他嚷着，把我递给那个男人。那个男人被刺得仿佛缩小了一半，抖抖地接过我，又抖抖地掏出一袋洋钱。

一路上，这个瘦小苍老的男人捧着我，仿佛抱着一个十世单传的婴儿。"这给谁治病的呀？"街上有人问他。"什么？给人治病，哈哈哈，拿我去治病，多么荒谬？我什么时候变成药了？"我疯狂地大笑着，这简直是自主人出生以来，最好笑的笑话。"不，主人？哈哈，我已经没有主人了，他刚刚死了，不是吗？"

很快我被带走了……"可恶！好热！"难以忍受的痛苦，我似乎被烤干了。"不！"我正一点一点地变成黑色！突然，一阵红黑色的火焰过去，我被一个骨瘦如柴的小男孩撮了起来。他看着我，似乎拿着自己的性命一般。我瞪着他，他要夺走我的自由！"不！"……

不多工夫，我睁开眼，四周一片漆黑。想必我是在新主人的肚子里了。哼，我早已感觉到了这个新身体的虚弱，为了自由，我努力地撞着，向上涌着。每个夜晚，从未停歇过挣脱。越是听到"包好"二字，仿佛越是对我能力的亵渎。终于男孩咳出一小股鲜红色的血，我身体的一小部分成功地逃了出来。我笑着，看着那对中年夫妇惊恐的神色，身体里便仿佛充盈着潺潺不竭的能量。"咳咳咳！"他咳得更厉害了，一口又一口，我大笑着，一点一点地从他身体里涌出来……

终于，我又自由了！我疯狂地笑着，慢慢地沿着地面，流走了……

"儿子啊！！！"我的背后，甩下了那个中年妇女撕心裂肺的惨叫……

平台论坛

姓名：马梦宇
昵称：
[1楼] 2007/04/04 16：53：45
很震撼！

姓名：郭新月

昵称：新废

[2楼] 2007/04/04 21∶36∶26

感谢婧（注：王思婧），这篇文章是她帮我打（注：录入）的。

姓名：王近思

昵称：潇湘夜雨

[3楼] 2007/04/05 11∶26∶13

我觉得标题写得特别有意思，尤其是接着读文章的第一句，很不错。

而且写得很传神。

评价结果：★★★

姓名：李巍

昵称：V

[4楼] 2007/04/05 11∶27∶53

很好。血的感觉很生动。

姓名：王兴

昵称：冷月无声

[5楼] 2007/04/05 11∶38∶24

视角……真是真实……把呕吐的场景再细腻描写一下……

评价结果：★★★

姓名：方昊

昵称：Dolores_lolita

[6楼] 2007/04/05 11∶47∶52

真正可以挽救心灵的药，是人的思想。

评价结果：★★★

姓名：钟华

昵称：牙膏

[7楼] 2007/04/05 11∶48∶24

这血真是疯狂，而自由。

只是有点疑问：血，为什么渴望自由，逃离人的身体……

评价结果：★★★

姓名：郭新月

昵称：新废

[8楼] 2007/04/05 11∶54∶25

有道理，真是深刻的问题啊！我想，应该是由于它出自夏瑜体内吧，所以跟它的主人一样，都渴望自由，只是两种自由的方式不同罢了。

姓名：何柳

昵称：FreeSnipe

［9楼］2007/04/06 19：15：25

　　血，很残忍的美。

　　整体风格很棒，赞！

评价结果：★★★★

姓名：孟竹

昵称：畅游天际

［10楼］2007/04/07 11：58：49

　　奔腾的热血，渴望自由，是他主人的真实写照——偶[①]的理解。

评价结果：★★★

姓名：向岚

昵称：jiesi

［11楼］2007/04/07 14：55：53

　　你太有才了，郭姐（注：郭新月）！

　　《你以为我是药》，这个题目很经典，很讽刺。

评价结果：★★★

姓名：张蒂

昵称：

［12楼］2007/04/09 22：30：29

　　把血写得带点邪恶，很新颖的视角，而且"你以为我是药"，带点轻蔑的色彩，很强。

评价结果：★★★

姓名：马梦宇

昵称：

［楼主］2007/04/04 16：42：59

带血的灯笼

　　我是一只灯笼，也许结局注定，我将在烈火中化作灰烬。我却有一个小小的梦想，希望自己能消失得有价值。

[①] 偶："我"的方言谐趣形式。

秋天的某晚，后半夜，我的主人华老栓装了一袋洋钱，点亮我，小心翼翼地出了家门。走了没几步，他下意识地摸摸口袋，长吁一口气道："哦，好，还在。"我很奇怪，他是个老实巴交，甚至有点懦弱的老人，平日里很少出门，只在茶馆端茶倒水陪笑脸，到万不得已出门时，他也总是低头慢慢地沿街走，可是今天，他的脚步格外稳健，跨步也格外高远，好像被注入了新的活力。

我还依稀记得，自从他的独子小栓患病至今，他和老伴华大妈就一直愁眉不展，小栓可是他们今生唯一的希望啊！难不成是小栓的病好了？不对啊，出门时我还听到一阵咳嗽呢。是去请大夫吗？……我正想着，突然主人一个踉跄，险些把我摔到地上。

我一惊，忙定睛看时，一个浑身黑色的人就立在面前！那胡乱捆在腰间的玄色腰带、散开的纽扣和那张油腻的满是横肉的黑脸都令我心惊。努力抬头向上看时，那人的目光正像两把刀，把我可怜的主人刺得缩小了一半。

主人似乎平生第一次见到这样可怕的人，顿时发抖得不知说什么好。哦，我可怜的主人！那是谁？真是可怕！我惊恐地望着主人发抖的双手慢慢地伸向他的衣袋……

"一手交钱，一手交货！"那人等得不耐烦，竟然一把抢过我！我一头撞进那只大手中。啊，浓烈的血腥扑面！我一阵恶心，努力想要挣脱，他居然一把扯下了我的身子——纸罩！在一阵撕心裂肺的疼痛中，我隐约看到他竟然用它——我洁白的身体，裹住了一个鲜血淋淋的馒头！

之后发生的事我已记不清，主人怎样交的钱，怎样哆嗦着双手把纸罩裹住的那个血馒头像捧珍宝一样捧回家，他那双浑浊的眼睛里怎样又绽放出了新生的光彩……我一路上，或者说是那个被撕得七零八落的纸罩一路上，都呆呆地望着自己身上的鲜血和怀里那个同样鲜血淋淋的馒头，不敢相信我老实巴交的主人也会做出吃人血这样丧尽天良的事来！而且，我听路人议论说，那个被杀的人是为了救包括我主人在内的许多人而被杀的！可是，他们却在吃他的血！

我的结局就像我所预料的一样，在烈火中化作灰烬。但不一样的是，我的身边多了一个沾着革命者鲜血的馒头！

在被塞进灶火的刹那，我在心里对自己说："烧吧，烧吧，最好再旺些！烧尽一切的无知和罪恶，烧尽黑暗将是黎明！"

平台论坛

姓名：钟华

昵称：牙膏

[1楼] 2007/04/05 11：34：17

  开头与结尾照应，又形成反差。"但不一样的是，我的身边多了一个沾着革命者鲜血的馒头！"

  结尾给人以希望，很奋进。

评价结果：★★★

姓名：方昊

昵称：Dolores_lolita

[2楼] 2007/04/05 11：46：08

  与阿柳的灯笼（注：何柳作《我是一个来自茶馆的灯笼》）不一样，但都很有趣～～

评价结果：★★★

姓名：梁宵

昵称：

[3楼] 2007/04/05 11：48：32

  "烧吧，烧吧，最好再旺些！烧尽一切的无知和罪恶，烧尽黑暗将是黎明！"

  结尾写得很深刻。

姓名：何柳

昵称：FreeSnipe

[4楼] 2007/04/05 11：54：52

  我也觉得结尾写得很好！爽呆了。这是一个灯笼所能有的思想高度！

姓名：孟竹

昵称：畅游天际

[5楼] 2007/04/07 11∶50∶09

"我的结局就像我所预料的一样,在烈火中化作灰烬。但不一样的是,我的身边多了一个沾着革命者鲜血的馒头!

"在被塞进灶火的刹那,我在心里对自己说:'烧吧,烧吧,最好再旺些!烧尽一切的无知和罪恶,烧尽黑暗将是黎明!'"

顶楼上的,结尾实在太妙了!

评价结果:★★★

姓名:王近思

昵称:潇湘夜雨

[6楼] 2007/04/07 11∶52∶31

灯笼如此结束远比惨淡地待在这个世界上好。

评价结果:★★★

姓名:向岚

昵称:jiesi

[7楼] 2007/04/07 14∶59∶42

烧吧,烧吧!灯笼的呼唤!有一种暴风雨前的海燕的大义凛然。

评价结果:★★★

姓名:边枫

昵称:小边儿~

[8楼] 2007/04/07 15∶17∶55

也令我想起了《海燕》……

很有气势的结尾。

评价结果:★★★

姓名:尹珊珊

昵称:shanshan

[楼主] 2007/04/04 16∶43∶29

红红的那是我

西关外的坟地,总是那样荒凉,鲜有人来。中间歪歪斜斜一条细路,是贪走便道的人,用鞋底造成的,有点潮湿,有点泥泞,但却包含了一些人的满足与惭愧。路的两旁,层层叠叠地摞起一个又一个鼓鼓的坟包,宛然没什么区别。清晨的风冷冷的,吹得我不禁打了一个寒颤,看着身边的伙伴们,还在酣酣地睡着。好几天了,我们像哨兵一样围在坟顶上,守护着地下熟睡的主人。经过几天风的侵蚀,我们都已不再像起初那样血般鲜红,但谁也不曾离开,一步不离地守护着主人。

天刚蒙蒙亮,便看见不远处的便道上走来一个女人,半白头发,褴褛的衣裙,径直朝路的那边去了。在一个很新的坟前,坐定哭了好久。小路上又来了一个女人,也是半白头发,褴褛的衣裙,提着一个破旧的朱漆圆篮,外挂一串纸锭,三步一歇的走,脸色有点惨白,充满了羞愧;有些踌躇地向这里走来。一直被冷落惯了的主人,今天竟有人来拜祭,让我惊讶不已,伙伴们也都兴奋起来,望着这位满面愁容的老妇人。

她摆好四碟菜,一碗饭,立着哭了一通,然后化起纸锭。她的手一直是那样抖着,眼神里充满不安,夹杂着悲伤与惭愧,伤心与徘徊。那种眼神,是所有来这里拜祭的人所没有的。我望着她,低头看看主人——虽然对主人的所有情况并不完全了解,但也略知一二——想必她是他的母亲吧,但她的眼神里为何流露出那样的感情?我正诧异,路的那边的女人走了过来,将手伸进了她的腋下,想要将她扶起,低声说了句:"您不要伤心了,我们还是回去吧。"她点一点头,眼睛仍然向上瞪着;瞬间,我感觉她的眼神捕捉到了我,刚才的羞愧与不安一点不见了,取而代之的是深深的疑惑和惊异,对她身边的女人痴痴说道:"你看,那、那是什么?"眼珠不错地盯着我。顺着她的手指,女人也看到了我,还有我的伙伴——我们整齐围着那尖圆的坟顶。那女人看了看我们,又瞟了一眼刚刚上过的坟,眼神里充满一种不足与空虚,但女人不愿深究。她的眼睛仍然瞪着我,朝着我走了几步,仔细地打量着我,和我的伙伴,自言自语地说:"这没有根,不像自己开的。——这地方有谁来呢?孩子不会来玩;——亲戚本家早不来了。——这是怎么一回事?"忽然她的眼神便模糊了,几行眼泪夺眶而出:"瑜儿,他们都冤枉了你,你还是忘不了,伤心不过,今天特意显点灵,要我知道吗？"她四面一看，只见一只乌鸦，站在一株没有叶的树上，便接着说，"我知道了。瑜儿，如果你真在这里，听到我的话，便叫这乌鸦飞上你的坟顶，给我看罢。"她那样疯狂地喊叫着，让这片阴森的坟地更显得惨痛悲绝。我的心头紧紧的，伙伴们有的转过头去拭掉了眼里的泪水。那只乌鸦铁铸一般站着，许久之后，仍然不动。她叹了口气，无精打采地收拾起饭菜，慢慢地走了。那只乌鸦终于挪了挪地方，"哑——"的一声大叫，向着远方的天空，箭也似的飞去了。

我低下头，看着主人，心里有着一种说不出的痛，深深地刺着我。感觉有一块巨石压在心头，想卸又卸不下，脑子里全是刚才她悲伤与羞愧的神情。但同时也感受到了一股力量，要从心中迸发出来；回头看看身边的伙伴，收起了悲伤，表情坚定，似乎也被一种力量包围着。便纷纷整理好"衣装"，笔挺地站在坟顶，守护着地下熟睡的主人。不远的天空中，乌鸦又飞了回来，同时衔来了一个新伙伴：一枝血一样鲜红的小花。

平台论坛

姓名：方昊
昵称：Dolores_lolita
[1楼] 2007/04/05 11：44：46
　　鲜红的，不仅仅是血，也可以是花，生命的花……
评价结果：★★★

姓名：腾远芳
昵称：虫子小姐
[2楼] 2007/04/05 11：49：05
　　花是乌鸦衔来的？有意思。

姓名：尹珊珊
昵称：shanshan
[3楼] 2007/04/05 11：54：57
　　回答1楼："血一样鲜红"，照应第一段中的"已不再像起初那样血般鲜红"。

113

回答2楼：花不都是乌鸦衔来的，那一圈花是革命者放上去的。乌鸦衔来一枝新的花，表现出又多了一份对革命者的崇敬与惋惜。

姓名：钟华

昵称：牙膏

[4楼] 2007/04/06 17：37：55

第一段"我"是夏瑜的血？还是送来的花？还是有点不明白。

姓名：何柳

昵称：FreeSnipe

[5楼] 2007/04/06 19：19：26

不错，若是再突出一些祭花的特点就更好了。

评价结果：★★★

姓名：孟竹

昵称：畅游天际

[6楼] 2007/04/07 11：36：14

乌鸦衔来一枝新的花——偶的理解是，革命又多了一些希望！

评价结果：★★★

姓名：王近思

昵称：潇湘夜雨

[7楼] 2007/04/07 11：50：34

我就总觉得坟上的花与乌鸦有很大的牵连，如今终于释疑。

评价结果：★★★

姓名：贺玥萌

昵称：小哈

[楼主] 2007/04/04 16：52：14

我们都是馒头

我是一个馒头。

那天，我刚被王二婶从笼屉上拿到笸箩里，康大叔就来了。

"二婶子给我拿个馒头，包好，包好啊，我得带走。"

王二婶把我拿了起来，包在荷叶里，递给康大叔："今天又是谁啊，真走运……那个，今儿又结果哪个犯人？听人说，是夏四奶奶的儿子？"

"可不是，现在这小年轻也跟着造反，活该！"

"对，他原还和我家孩子说，这大清天下是……是……咱们大家的，这不是疯话吗？活该！"

我被康大叔揣在怀里，出了馒头铺。他走得很快，像是去参加喜筵，颠得我头晕眼花。慢慢地，眼前的人渐渐多了起来，有衣服上画大白圈的，也有挎着菜篮子的。我看见人群中间围着一个人，身上插块板子，穿着破烂的衣服，浑身都污浊不堪，两颊还高高肿起，可头却直直地扬着，双目炯炯地望着前方。

我听得头顶上冒出了"哼"的一声，便看康大叔举刀就要朝那人砍去，我赶紧往后缩了缩，生怕那刀锋划到我洁白美丽的外衣上。那人却看也不看，突然张口大喊："这大清天下是我们大家的，革命吧！""吧"字还未出口，脑袋便落了下来，鲜红的血马上溅了出来，人群向后展了展。

又听得脑袋上冒出"哼"的一声，我却被康大叔从怀中拿出，撕去荷叶，便去蘸那刚溅出来的鲜血。我下意识地往后躲了躲，可没有躲过，那灼热的鲜血瞬时浸入我的身体，一寸寸地，我感到浑身充满了力量，像是获得了新生。

这会儿工夫，我好像被换到了另一个人的手里，周身围着一层破灯笼纸，喘不上气来。又过了一会儿，我似乎到了一个茶馆，没有客人，只听得一个老婆子急切地问："拿到了吗？"听声音，像是常去馒头铺的华大妈。那带着我的一定是华老栓了。听他们在我头上商量了一阵，然后，我就被华大妈拿进了厨房。

一阵红黑的火焰过去，我感到灼热难耐，我被端上了桌。面前是老栓的儿子小栓，他得了痨病，我听二婶说过。他拿起了我，像是拿起了他的性命一般，一下子，他把我撕了开来，我感到撕心的痛苦，一阵白气过后，我感到一阵眩晕，晕了过去……

115

我是那个馒头的兄弟。

这一年的清明格外的热闹，前几天，好多人都来这片坟地祭奠。我是王二婶新蒸出来的馒头，前几日，我的一个兄弟刚被康大叔买走，我就被别人买了送来这里当祭品。那天晚上，我兄弟突然来给我托梦，说他被康大叔带走之后，被人蘸血吃了下去。我想不通，那些人真是愚蠢，这蘸了血的馒头怎么会比雪白的馒头好吃呢？

我正愣神，却看见夏四奶奶和华大妈来了，她们正盯着一个花圈出神。我认识那个花圈，那是三天前，一个小青年送来的，他还向左边的那座新坟恭恭敬敬地鞠了三躬，说了些什么"革命"呀，"胜利"呀之类的话。我转过头又看了看夏四奶奶，她嘴里一直叨叨着："我们瑜儿是冤枉的，冤枉的……"猛听得一声乌鸦叫，一直蹲在树上的乌鸦突地飞了起来，箭一般地冲向了远方，坟场里，只剩下呆呆的夏四奶奶。

看到这儿，我不禁笑了，这些人，真是疯了，没事什么革命呀，造反呀的瞎弄什么呀，像我这样安静地待着不好吗？真是疯了。

平台论坛

姓名：张沛霖

昵称：

[1楼] 2007/04/05 11：38：51
　　第二个角度选得更有意思，更能体现其神髓。

评价结果：★★★

姓名：王凯

昵称：上杉

[2楼] 2007/04/05 11：42：48
　　角度新颖。

评价结果：★★★

姓名：腾远芳

昵称：虫子小姐

[3楼] 2007/04/05 11：43：38
　　"又听得脑袋上冒出'哼'的一声，我却被康大叔从怀中拿出，撕去

荷叶，便去蘸那刚溅出来的鲜血。我下意识地往后躲了躲，可没有躲过，那灼热的鲜血瞬时浸入我的身体，一寸寸地，我感到浑身充满了力量，像是获得了新生。"

为什么获得新生？不很理解。

姓名：梁宵

昵称：

[4楼] 2007/04/05 11：46：04

想法好妙，很具有讽刺的寓意。

评价结果：★★★

姓名：贺玥萌

昵称：小哈

[5楼] 2007/04/05 11：48：16

我的意思是它浸染了革命者的鲜血，被他的革命意志所感染了。

姓名：钟华

昵称：牙膏

[6楼] 2007/04/06 17：41：28

啊，我想问同样的问题，但不解于你的回答。

馒头染人的血，是多么残忍的事。

作为馒头，还是先为革命者感到悲痛啊……要死了啊……

结果要新生。那有种邪恶的感觉。——我的一点感受。

评价结果：★★★

姓名：何柳

昵称：FreeSnipe

[7楼] 2007/04/06 19：22：41

那馒头蘸了血都要新生了，这小栓咋地一点动静都没有！难道革命者与群众就那么的无法相容吗？

评价结果：★★★

姓名：王近思

昵称：潇湘夜雨

[8楼] 2007/04/07 11：29：40

你要是把他们的坟堆也当作一个馒头，再和那两个馒头连上亲，说不定更有意思。

"二婶子给我拿个馒头，包好，包好啊，我得带走。"

此"包好"非彼"包好"也，然则双关。

评价结果：★★★

姓名：孟竹

昵称：畅游天际

[9楼] 2007/04/07 11：32：34

　　"看到这儿，我不禁笑了，这些人，真是疯了，没事什么革命呀，造反呀的瞎弄什么呀，像我这样安静地待着不好吗？真是疯了。"

　　倘若人人皆有此想法，则中华民族无望也！

评价结果：★★★

姓名：贺玥萌

昵称：小哈

[10楼] 2007/04/08 17：44：47

　　回答小钟（注：钟华）的问题，你那样理解我觉得也很有道理，不过我的原意是馒头在蘸血之前是像国民一样不理解革命者的（如它向后躲），但蘸了之后被革命者感染了，仿佛血和它宣传了什么似的，因而获得了新生。

姓名：李晓芸

昵称：塞壬与若的爱

[楼主] 2007/04/04 16：56：54

一枚洋钱的记忆

　　我已睡了好久。

　　朦胧间记得曾有一双粗厚的手将我和几个兄弟归拢到一起，细细抚摸了几遍，弄得我浑身痒痒的，然后用布将我们包住了。尤其令我记忆犹新的，是那几道灼热的、恨不得吞我们进肚的视线和周围一片清冷、苍白的月光。

　　然后就是无尽的黑暗。渐渐能感觉到，我们被压在了枕头底下：腐旧暖热的气息，还有老俩口的床笫私语。无非是说些"今天店里的进账""栓子的病情"一类的琐事。我是不屑于听这些的，毕竟，白花花、银亮亮的洋钱可是用来办大事的。我应该被握在优雅的美妇手里，换来一盒胭脂；或在肥胖乡绅的衣袋中，与同伴们碰得叮当响。而不是像现在这样，满身污渍，挤在床角的枕头下，无人知晓我的荣光,真恨不得比一个铜子儿还不如!但又能怎样呢?我只得无可奈何地睡了。

"小栓的爹,你就去么?"是那个老女人的声音。"唔,你给我罢。"男人应着。

我惊醒了,心里有一丝期待。

果不其然!那双厚实的手终又伸了过来,许久,似乎隔着布袋又将我们数了,不,是捏了一遍。另一双手接过了我们,颤抖着,把我们放入了衣袋,依然是腐旧的气息,周围却寒冷了许多。一只手轻轻按了我们几下,在小栓的一阵抑制不住的咳嗽声中,老栓带着我们出了门。

一路上,黑而冷。但老栓的步幅很大,想必他心里着实爽快,连连按了我们几次,时轻时重,嘴里还喃喃道:"好了!这下一切都会好的!"我也跟着高兴起来,欲想着今后能到个富贵人手中,过过舒坦日子。

突然,老栓猛地停住了,似乎退了几步,呆立着。"哼,老头子。""倒高兴……"几个瘦长的黑影在我眼前徘徊。人声远了,一阵脚步声却又近了,黑影越来越多,静了一会,似乎有点声音,又轰的一声。老栓像要被拥过来的人群挤倒,几乎站立不稳,我们哥几个在口袋里被撞得叮当响。老栓人似乎用手紧紧捂着我们,我甚至能感到他手掌传来的汗湿的热度。

"喂!一手交钱,一手交货!"一个低沉却刺耳的声音。老栓颤抖的手慌忙将我们摸出。终于重见天日了!灰蒙蒙,快亮的天,灰白的路,四周模糊不清的人群,一个遍身黑色的男人,手里拎着个血淋淋的东西,正对着老栓。我感到莫名的恐惧。黑衣男人粗鲁地抓过我们,用力捏了捏,那刺耳的声音再次响起:"这老东西……"

来不及最后望一眼老栓,我只闻到手里有一股浓浓的血腥气……

平台论坛

姓名：钟华
昵称：牙膏
[1楼] 2007/04/05 11：21：50
　　觉得应该再往下写一些。
　　第三段写得很好，写出了钱的铜臭。

姓名：郭新月
昵称：新废
[2楼] 2007/04/05 11：30：11
　　唉，我也觉得应该再往下写写，写得真生动，尤其是捏来捏去，传神啊！
评价结果：★★

姓名：方昊
昵称：Dolores_lolita
[3楼] 2007/04/05 11：30：53
　　如果再写些钱以后的命运也许会更好～～

姓名：梁宵
昵称：
[4楼] 2007/04/05 11：39：21
　　老栓的动作很细致，还有关于钱的自白的那部分，从文章一开始就将人带入了一个沉郁的气氛。
评价结果：★★★★

姓名：何柳
昵称：FreeSnipe
[5楼] 2007/04/05 11：52：11
　　文章内容与选择的角度结合得很好。

姓名：孟竹
昵称：畅游天际
[6楼] 2007/04/07 11：00：54
　　强烈建议继续写下去，我可要等着看连载啊！
评价结果：★★

姓名：王近思
昵称：潇湘夜雨
[7楼] 2007/04/07 11：23：45
　　"我应该被握在优雅的美妇手里，换来一盒胭脂；或在肥胖乡绅的衣

袋中，与同伴们碰得叮当响。而不是像现在这样，满身污渍，挤在床角的枕头下，无人知晓我的荣光，真恨不得比一个铜子儿还不如！但又能怎样呢？我只得无可奈何地睡了。"

感觉写得很有意思。

评价结果：★★★

姓名：张然然

昵称：然然

［楼主］2007/04/04 16：59：40

我不情愿

一、我是一个馒头

我是一个馒头，一个普普通通的馒头。我以为，我的一生该是很普通的：从一个面团到被整得白白的出锅，然后为某个饥饿的人填饱肚子。就是这样平凡却有意义。那是个很寂静的夜晚，我也静静地等待着去完成我的使命。突然，一只黑黑的手抓住了我，我知道到了献身的时候了。虽然不喜欢这个弄脏我衣服的人，但又有什么办法呢？认命吧！奇怪的是，那个黑手把我带到了刑场。在这一片黑暗的寂静中，这里显得好热闹；一群人聚在一起边笑边等待行刑。我想那要死的人要么是流氓要么是强盗，不然那些人怎么那么高兴呢。不多工夫，人已处决。仿佛听到那人拼上最后一口气高喊："大清是我们大家的！"我被蒸熟前面团一定揉得不好，以致气孔没有通开而影响了我的听力，怎么会有人说这种疯话呢！一定是我听差了。未待我回过神来，我已被那黑手扔进了血泊中。"好烫！"我尖叫道。一股血流涌进我嘴里，血腥味呛得我不敢再开口。唉，我一个雪白雪白的馒头竟满身血污，是什么恶人啊，连大清一个清清白白老老实实的馒头都不放过。我不情愿啊！

二、我是一个舌头

我是一个舌头，长在一个叫华小栓的人的嘴里。做他的舌头还真倒霉啊,这个老病号,一天到晚吃一些稀奇古怪的药,那滋味一个比一个苦;动不动就咳嗽,咳急了还要害我被我的牙齿咬到。命运不济啊!今天的药又来了,小栓张开嘴,我急忙向外看:啊呀!竟是个黑乎乎的馒头。还未等我回过神来,那黑乎乎的家伙就一堆堆地涌了进来。好难吃!那家伙一边被唾液分解着,一边向我诉苦:"你说我原本一个白白净净的馒头怎么就被糟蹋成这种模样,我不情愿啊!"哼,我还不情愿呢,吃这么难吃的东西!我刚要冲出去把那些家伙扔出去,上下牙紧忙闭了起来挡住了我的去路。我只好继续不情愿地品尝那个自称"血馒头"的家伙。

三、我是一条路

我是一条路。不是马路,是坟场上一条被扫墓的人硬踩出来的路。左边是死刑犯人的墓,右边则是穷人家的墓。说句心里话,在我看来它们真没什么分别,不都是被一个个大馒头包着嘛!可那些上坟的人分得可清楚了:给穷人们上坟的人从不踩我的左边;要是有死刑犯的家属不注意踩到了右边来,准有穷人要奚落他们一番。久而久之,死刑犯的家人们也只好灰头土脸小心翼翼地踩着我的左肩去看他们的亡亲。所以你看看我,本是一条平坦的路,却被他们踩成了如今这副两边低中间高的德行,天知道我有多不情愿!让我心烦的还不止这些上坟的人,我两边的那些死人们也让我不得清静。最近死了两个人,恰被埋在我的一左一右。右边那个穷人的舌头真是不消停,非说埋在我左边那个人的血不干净,害它主人吃了蘸有他血的馒头而丧命。咳,还从没听说过喝了人家的血还这么振振有词的!左边的人也挺委屈,不过他似乎并不为他的血被喝而气愤,只是不住地骂那个舌头愚昧。我的生活就在他们一天到晚的吵吵闹闹中度过。真是不情愿啊!不过,听说有个富人买了这里的地皮在这里建房子。哼!看那些上坟的人还怎么为了划清他们心里那个莫名其妙的界限而把我踩成高低不平的丑样子;至于那两个不安分的死人,等他们变成无家可归的野鬼,想必也就没有力气瞎折腾了吧。这样想来，没有了这些困扰，我的未来还是很美好的呢！

平台论坛

姓名：向岚
昵称：jiesi
[1楼] 2007/04/05 11：22：34
非常生动的描写啊！想象力很丰富哩！
评价结果：★★★

姓名：腾远芳
昵称：虫子小姐
[2楼] 2007/04/05 11：25：54
太有创意了！
顶！
评价结果：★★★

姓名：尹珊珊
昵称：shanshan
[3楼] 2007/04/05 11：28：16
一连写出了三个，佩服！！
评价结果：★★★

姓名：方昊
昵称：Dolores_lolita
[4楼] 2007/04/05 11：28：21
很像童话故事，视角选得很棒呢！！！
评价结果：★★★

姓名：腾远芳
昵称：虫子小姐
[5楼] 2007/04/05 11：31：09
我最喜欢你当馒头的时候～写人们在刑场观看杀人："一群人聚在一起边笑边等待行刑。"以为是十恶不赦的坏蛋，结果却是个要拯救整个民族的人。大悲哀啊～

姓名：王近思
昵称：潇湘夜雨

[6楼] 2007/04/05 11：48：35

刚看开头，实在是震撼了我一下。

评价结果：★★★

姓名：贺玥萌

昵称：小哈

[7楼] 2007/04/05 11：55：45

很像《我的名字叫红》的叙述形式呀，舌头的那个角度太妙了。

"连大清一个清清白白老老实实的馒头都不放过"，这句话很有讽刺意味。

评价结果：★★★

姓名：钟华

昵称：牙膏

[8楼] 2007/04/06 17：43：22

"我是舌头"那一段——可以再深入。

评价结果：★★★

姓名：何柳

昵称：FreeSnipe

[9楼] 2007/04/06 19：28：24

写得很生动！角度也很独特。

只是一点："我不情愿"可以表现出什么？是想说受到黑暗社会压迫而无法反抗吗？还是什么别的？没太搞懂。

评价结果：★★★

姓名：孟竹

昵称：畅游天际

[10楼] 2007/04/07 10：55：42

强人，一气儿写三个。不过偶最喜欢的是"舌头"那段。如果再长一点，效果更佳！

评价结果：★★★

姓名：张蒂

昵称：

[11楼] 2007/04/09 22：25：15

全文都在用一种抱怨的口气来写，很符合当时人们的生活状态：不情愿、不满意，却又无力改变。

评价结果：★★★

姓名：方昊

昵称：Dolores_lolita

[楼主] 2007/04/05 11：22：37

红*

  是谁在我的床边？朦胧中我望见了一个模糊的背影——我的父亲——华老栓。您要去做什么？我想问他但我已不能动弹，只发出两声木柴似的干咳。"小栓，你不要起来……店么，你娘会安排的。"我望着他蹩出门去，又睡下了，心里推测着他的去向。

  醒来像往常一样，照样吃着白水兑的冷饭，一点点咸菜，一块干瘪的馒头，胸口的疼痛已让我无力去面对这苍白的一切，忍着痛，咽下一口口干瘪的馒头。突然，爹的影子从窗户上透进来，外面隐约能望见黄灿灿的太阳带着点红歪斜地挂在天边，像死人未熄灭的灯。爹慌张地跨进门来，头上汗津津的，脸上挂着一种久违的微笑。突然我注意到了他抱在胸口的东西——用破灯笼罩包着的什么，一角被洇成了血红色。

  爹没有看我，他跟娘慌张地走到灶下，脸上闪烁着喜悦，似乎怀里的东西比我更为重要。不一会儿，一种奇特的香味从灶中飘飘乎进入我的嗅觉器官，是什么？我有点迷惑——那东西是什么？"小栓，你进来吧！"我木讷地踱到灶下，只见一张凳子立在中间，像刑场上的刑具，透着一种冷冷的阴气，只是鼻子里香香的。我坐定，娘端来一个盘子，里面躺着一团黑乎乎的东西，香味就是从它身上发出来的。"吃了它吧孩子，吃了病就好了！"母亲在我的右手，父亲在我的左手，他们的眼光中充满了火，那是经历了无数次治病失败后重新点燃的希望的火。我看看他们，又望望盘中的"药"，慢慢伸手，碰触到它微微发热的黑黢黢的身体，一使劲，它便成了两半，一股白气从中窜了出来，在屋中弥漫开来——不一会儿，它就全在我肚中，忘了是什

---

* 方昊《红》重复发帖，两帖段落划分略有不同。

125

么味道。回头望望爹娘，他们相视而笑，突然我不禁觉得胸口剧痛难忍，我的咳声似乎给他们一个重重的打击。

回到房中睡下，朦胧中听到外屋人在吵吵闹闹地谈论什么，"包好包好……人血馒头……活该……傻小子……"他们在谈论什么？我从床上爬起来，把耳朵贴在门上细听，终于明白了这药的来历，原来是一个叫夏瑜的人的血染红的馒头。真的像他们说的那么神奇吗？真的可以治好我的病吗？这么多人都说定会治好，嗯，我要对自己有信心，要是连这人血馒头都治不好这病，世上还有什么可以治好呢？什么时候才会起效果呢？虽然现在我胸口还痛得厉害，相信不久便会好吧。不一会儿，我就陶醉在大人的津津乐道中了，听他们讲一个"疯子"的故事……

荒凉的季节，几把枯草是我的伴，我的身上不再是留着补丁的棉被，而是一层层黄土。我再也不会觉得胸口疼痛，我自由了，但我不能再说话，而是要永远活在黑暗的世界里，只有我的心陪着我。那馒头果然有效，这不，我不痛了，病全好了，我再也不会痛苦……

荒烟蔓草的年头，一个老女人立在坟头，默默地，默默地流着泪，似乎在悔恨什么。一只乌鸦，箭一般的，头也不回地唱着凄惨的歌，朝着那夕阳的方向飞去，那阳光中，渗着一点红……

平台论坛

姓名：李巍

昵称：V

[1楼] 2007/04/05 11：34：15

  结尾充满讽刺意味。

  文章的确很红。

  "荒烟蔓草的年头，一个老女人立在坟头。"经典。

评价结果：★★★

姓名：张沛霖

昵称：

[2楼] 2007/04/05 11∶36∶16

　　字字看来皆是血。

评价结果：★★★

姓名：腾远芳

昵称：虫子小姐

[3楼] 2007/04/05 11∶37∶08

　　没有觉醒的民族等待她的就只有死亡。

评价结果：★★★

姓名：贺玥萌

昵称：小哈

[4楼] 2007/04/05 11∶38∶23

　　"外面隐约能望见黄灿灿的太阳带着点红歪斜地挂在天边，像死人未熄灭的灯。"

　　这个比喻不错，倒数第二段解释馒头有效也很有特色，不过最有特色的要算是你对颜色的运用了，看得我满眼鲜红。

评价结果：★★★

姓名：梁宵

昵称：

[5楼] 2007/04/05 11∶43∶17

　　红色，是血，是生命。有种特殊的韵味。强～～～

评价结果：★★★

姓名：钟华

昵称：牙膏

[6楼] 2007/04/06 17∶47∶17

　　小栓看来到最后也没明白那馒头为什么没用。

　　最后一段环境描写很好～

评价结果：★★★

姓名：孟竹

昵称：畅游天际

[7楼] 2007/04/07 10∶49∶38

　　字字看来皆是血。

　　和沛霖君有同感！

评价结果：★★★

姓名：吴双

昵称：

[楼主] 2007/04/05 11：44：21

灯之眼

"噗——"

一根火柴点亮我的世界。

洞穿着黑暗，青白的光环弥漫开来。

忽地，一双苍老的眼睛游离着，进入我的视线。眼角的皱纹那么深，皮肤那么粗糙衰老，也许摸起来会很像窗外那棵老树的皮。这双眼睛似乎暗淡得很，甚至有些污浊。瞳孔张得很大，泛着黑暗的光，轻微地闪烁，不，是颤抖着。我知道他在害怕。然而那浑浊的颜色后面，似乎深藏着一抹微弱的光采，隐隐约约，难以捕捉。我只看到几根迸溢的血丝，一突一突地，也许我是听到了汩汩的声音，连着他的心脏，咚咚地。他看了看衣袋，一抹忧虑夹杂着欣慰；又转眼望了望床上干咳的弱小身影。顿时，方才复杂的一切消失了，只有一股怜爱充满这苍老的双眼。然而马上，他消失在这片青白的光影了，走进另一片黑暗。我只记得那最后的一瞥充满莫名的坚毅与希望。

一个老女人守在我的身边，一夜没睡。她呆滞的目光如同身后的光影，惨白，空洞，深邃。

天亮了，可是破旧的茶馆依旧昏暗。突然，这老女人腾地站起来，迎上前去。是他回来了！奇怪的，几个时辰后那双昏沉的老眼，此时竟不停地闪着兴奋的光点，我仿佛从中看到了一股振奋人心的力量。那力量是如此强大，快要燃烧了，可那火焰却总是显得虚无。那孩子被唤起来，吃了一盘乌黑的圆东西，脸上突然泛出诡异的光。他低垂的眼睑，此刻竟迸发出一种欢喜的神色，然而瞬间消失，换作了眉头莫名其妙的一皱。我的眼睛已经够麻木的了，却被一股更加强烈的白色光线刺痛了——那是两个老人的目光！复杂得令我恐慌，仿佛要在那孩子身子里注入些什么又要取出些什么，既有怜爱更有贪婪。我是一盏油灯，只听得懂器物的语言，却实在难以弄懂人在说些什么，只能看着他们的嘴一张一合，眼神忽明忽暗。可我急切地想知道到底是什么能让那两双老眼像中了邪一般奇异，便问那躺在桌子上的空盘，他只冷冷地吐出两个字："馒头。"

下午了，人们并没有注意到墙角依旧亮着的我。是他们忘了，还是可以留下我，以我那点儿微弱的光把他们的心温暖？照亮？

天已经很亮了，我的光被衬得暗淡下来。透过模糊的视线，我只能看到茶馆里人多了，热闹非凡。有个结实的大块头一直在人群中叫嚣，洋洋得意。而周围满是时而敬仰，时而艳羡的目光。其中昨夜那双昏暗的老眼，此刻是那么欢喜，那么轻松。血丝淡去了，却有一圈黑线垂在眼眶下，可那眼袋中分明都透着喜悦！一会儿，他们似乎谈起了什么别的，人人眼里射出一道憎恶的光，那么恶毒……那大汉激动地说着什么，疯了一般，一把把我打落在地。

眼前什么也没有了，一片浓黑。

……

"噗——"

一根火柴再一次点亮了我的世界。

我想是久不睁眼的自己迟钝了很多。一股阴风吹过，我用青白的目光打量着周围的一切：好一片乱坟堆。我眯着眼，看到面前有一个满脸泪水的老妇，那昏暗的眼睛如此熟悉——是她——而此时却布满绝望！她的喜悦哪儿去了？忽地，她瞥了一眼对面瘦毙的人的坟堆，一个小小的红白花圈刺痛了她本已绝望的眼，一道憎恶的光掠过她泪水未干的眼。这目光，在哪里见过？

她点亮了我，是怕儿子在阴间没有光亮，派我前去照明？我知道，这是习俗。可哪里有阴间呢？她的希望，是多么虚无甚至愚蠢啊？我抬起眼，望望身旁的丛冢，蓦地想起两个字：馒头。

老女人绝望地走了。

一阵强风吹过，好大的风啊！灯灭了。

一片绝望的黑暗。

平台论坛

姓名：张双双

昵称：冰凝

[1楼] 2007/04/05 11：48：49

佩服，开头通过灯的视角的描写精妙。

并且前后两次对比，看到主人脸上的表情顺带着事情的发展。

最后，灯还是没能带来希望。

评价结果：★★★★

姓名：梁宵

昵称：

[2楼] 2007/04/05 11：54：41

对于那双苍老的眼刻画得细致入微。

结尾与开头的呼应引人深思：光明在哪里？希望在哪里？

评价结果：★★★★

姓名：张莉

昵称：墨驰

[3楼] 2007/04/05 11：57：44

灯的亮与暗与情节的推动自然融合，妙哉！

灯的亮与暗与人世间的亮与暗相融合，妙哉！

评价结果：★★★★

姓名：钟华

昵称：牙膏

[4楼] 2007/04/05 11：57：46

两次点亮火柴，两个场景，而完整地体现文章内涵。

细节描写太棒了！

评价结果：★★★★

姓名：贺玥萌

昵称：小哈

［5楼］2007/04/05 12：00：13

　　　　"'噗——'
　　　　"一根火柴再一次点亮了我的世界。"
　　　　这个过渡很有特色。
　　　　细节，细节真不错。

评价结果：★★★★

姓名：何柳

昵称：FreeSnipe

［6楼］2007/04/06 19：35：59

　　　　由灯光的明暗转换着细节，整篇文章都弥漫着一抹青白灰暗的气息，营造了一个冰冷的氛围，也体现出了时代的荒凉感。很深入，很棒。

评价结果：★★★★

姓名：孟竹

昵称：畅游天际

［7楼］2007/04/07 10：41：28

　　　　"一片绝望的黑暗。"
　　　　顶这句！读完此文最大的感觉就是如此。
　　　　PS：细节描写太棒了！在下佩服！

评价结果：★★★

姓名：王近思

昵称：潇湘夜雨

［8楼］2007/04/07 11：15：34

　　　　读起来感觉特别顺畅，很舒服，佩服佩服。

评价结果：★★★★

姓名：边枫

昵称：小边儿～

［9楼］2007/04/07 15：15：33

　　　　怎么说呢？体会到了细节的力量。

评价结果：★★★★

姓名：张蒂

昵称：

［10楼］2007/04/09 22：20：31

　　　　题目是"灯之眼"，文章又是通过灯的视角来用大部分文字描写人物

131

的眼睛，很强。

评价结果：★★★

姓名：张然然

昵称：然然

［11楼］2007/04/14 12：08：55

描写细致入微，文字很有感染力。

结尾"一片绝望的黑暗"，实在妙极！

评价结果：★★★★

姓名：边枫

昵称：小边儿～

［楼主］2007/04/05 11：53：30

白家三兄弟

一

我是老三，人们叫我灰白。

平日在家，哥哥们总躲着我。因为我没有家族纯正的血统，从出生开始，就是这样一副灰不溜秋的样子。无奈之下，只好每天在大街上闲晃，艰难度日。

但近来几天，我的心情真的相当不错。那天夜里一个叫华老栓的老头在灰白的路上看到了我，他那布满皱纹的脸上居然浮现出少年般的神情，而且变得愈发清晰和明朗了。我第一次意识到，即使我没有哥哥们那样纯洁的血统，但我的身上依然有家族的烙印。我们身上的那种明亮，是能够照耀进人的心中，带给人希望的。

二

我是老二，你可以叫我青白。

从生下来第一天起，我就是这个样子，因此从没什么人注意过我，不知不觉中，也养成了我闲散懒惰的性格。平时，我总是居无定所，到处漂泊。

这几天，我总是待在一个姓华的人家的屋子里，我的心情有些沮丧。其实他们一家都是好人，尤其是小栓。但那可怜的孩子得了痨病，总也好不了。我总是想多在他们的屋子里走动走动，把那屋子弄得亮堂一点，也好给他一些温暖。但不知为什么，我越是靠近他，他越是咳得厉害，身子也蜷得越紧。连老栓和华大妈也这样，见了我就没精打采，还总把脖子往衣服里缩一缩。为什么我的热情带不给他们温暖？为什么我的心情他们无法理解？不知道我的这种颜色是不是注定无法带给人温暖的感觉，我很郁闷。

三

我是白色，我是家中血统最纯正的，我也是老大。

弟弟们还小，家中的大小事务都只有我来处理，每天为了家事到处跑，成了我的工作。

最近遇上了一户姓华的人家，我的生活变得有点混乱。那天晚上，我待在一个血淋淋的馒头里的时候，那个叫华老栓的人居然看着我发抖，实在是莫名其妙。他那个儿子就更古怪了，这个小伙子先是望着我发呆，然后不知怎么的我就跑到他肚子里去了。最巧的是，几天后我待在郊外坟地里一些花环上的时候，居然遇见了华大妈。她和另外一个老太太一起盯着我瞧了半天，呆呆地也不说话，看得我都出了一身冷汗。

我拥有家族最纯正的血统，我也拥有我们家族共有的一颗善良与宽厚的心。我们的存在，就是希望带给人们希望与光明。而这姓华的一家人，却总是对我充满了恐惧，实在古怪！

平台论坛

姓名：梁宵
昵称：
［1楼］ 2007/04/05 11：57：17
角度很新颖～～～

上篇　创新——从失败走向成功

评价结果：★★★★

姓名：钟华

昵称：牙膏

［2楼］

　　　　有人写黑色，红色。

　　　　选白色……也很有特色。

　　　　"却总是对我充满了恐惧，实在古怪！"

　　　　认为：有的时候——也不是恐惧。

评价结果：★★★

姓名：何柳

昵称：FreeSnipe

［3楼］2007/04/06 19：39：58

　　　　立意好！用白三儿的地位来反映那个时代人的精神境界，角度也很奇异。

评价结果：★★★

姓名：孟竹

昵称：畅游天际

［4楼］2007/04/07 10：35：10

　　　　顶一个，角度确实新颖！！！偶是看了两遍才明白滴[①]。

评价结果：★★★

姓名：王近思

昵称：潇湘夜雨

［5楼］2007/04/07 11：08：05

　　　　怪不得邓老师花那么多时间，要求大家读文章，果然收获奇大呀。想象力势不可挡。

评价结果：★★★

姓名：贺玥萌

昵称：小哈

［7楼］2007/04/08 18：15：31

　　　　角度很新颖，你课文一定读得很仔细，这三个颜色都能找出来！

评价结果：★★★

---

① 滴："的"的谐趣形式。

姓名：张沛霖

昵称：

[楼主] 2007/04/05 12：00：24

阿义的故事

　　我是来自绍兴的阿义，人们给我起了个绰号叫红眼睛阿义。这是因为我小时候玩耍时不小心弄伤了一只眼睛，没能及时处理，才落得这么个绰号。

　　现在已是民国的光景了。几年前，还是"大清国"的时候，我在绍兴的一个衙狱看牢。那时是光绪末年，我经历了一件令我终身难忘的事。而今我已经病入膏肓，眼下看来没有多少日子，所以我觉得应该把这件事记录下来。

　　公历的1907年，那时的绍兴正赶上有一拨人"造反"，说是要推翻清朝，那还得了！没过几天，他们就被捕了，其中的一个人叫夏瑜，正好归我看管。起初我以为他会很有钱，革命，不就是为了赚钱吗？于是我在夏瑜第一天下狱时，对他进行了一番拷问，想从他身上捞点钱。可谁知道我完全错了，事实上夏瑜是个穷孩子，他们家有些钱但他动不了。一开始我怀疑他在骗人，于是有一次我趁别人不在的时候走近了他。

　　我打开他的牢房门，走了进去。我凝视着他，喝道："夏犯，你老老实实地回答，你到底有没有钱？"谁知道夏瑜斩钉截铁地回答道："没有。"

　　"那你们造反不需要钱吗？"

　　夏瑜不屑地转过脸去，一语不发。

　　看到他不出声了，我就转换了话题。我轻轻地走近他，轻声道："兄弟，这个地方不是人待的地方，咱们不妨交个朋友，只要你告诉我幕后的指使者是谁，我保证你以后会有享不尽的荣华富贵。你不是穷得很吗？这不正是你想要的吗？再说，你家里只有你的一个老娘。"

夏瑜反而铿锵有力地答道："哼，你无知，这大清的天下不是我一个人的，是我们大家的，我们大家都有责任来拯救这个民族，这也包括你。"

听到这话后，一股股火气不住地涌上我的心头。"啪！啪！"我重重地打了他俩耳光。接着说道："小子，死到临头还嘴硬。"

"可怜，可怜！"他冷笑一声。

我心想：臭小子，说我可怜，他才可怜呢。死到临头，居然想跟皇上分天下，真不知这种幻想是哪儿来的。

于是我把他身上的衣服扯了下来，径直走出牢房。那便是我最后一次见他了……

现在回想起来，真正可怜的人是我。自从民国创立以来，我有幸进入了新学堂，认了几个字，读了些书。我们也已经废除了"皇帝""大人"的称号。现在各地都在纪念革命先驱，夏瑜只是千千万万革命者中的一员，是无名英雄。为了纪念他，我还特意为他上了一束花环。

前几天我刚读完了鲁迅先生的一部作品，大家都知道他是一位文化战将。读了他的文章，我被唤醒了。现在我最担忧的并非我的身体，而是袁世凯的种种复辟行为。我们已进入了一个新的时代，我们不想走回头路，我们不想！

平台论坛

姓名：孟竹
昵称：畅游天际
[9楼] 2007/04/07 10：25：28
　　如果人们都能像阿义这样有自省精神，能够最终觉悟，夏瑜以及众多革命者的牺牲就是有价值的。为了中华民族的前途，呼唤众多阿义的重生！
评价结果：★ ★ ★

姓名：王近思
昵称：潇湘夜雨
[10楼] 2007/04/07 10：58：17

红眼睛的来历很有个性。如果鲁迅见到这时候的阿义，说不定还要为他描写一番呢。

评价结果：★ ★ ★

姓名：吴双

昵称：

[12楼] 2007/04/08 11：19：57

阿义的告白与悔恨读起来很能打动人心，思想的转变也让我们对他刮目相看，沛霖君为我们塑造了一个很真实的人物形象！有个小小的问题，最后的顿悟是不是稍稍唐突了一点？再分析一下他的心情，也许阿义的形象会更饱满。呵呵。

评价结果：★ ★ ★

姓名：钟华

昵称：牙膏

[13楼] 2007/04/08 17：12：11

同意楼上观点。思想改变很难的，阿义还是一成年人，经过几年的教育，就推翻了以前几十年的思想，有点难。

不过，这样的故事，给人以希望，很美好。"自从民国创立以来，我有幸进入了新学堂。"联想到了《三毛流浪记》，那时候的学堂，大多也是青天白日旗；学校的教员，严厉又古板……当然是题外话。想得有点远。

评价结果：★ ★ ★

姓名：贾佳

昵称：

[楼主] 2007/04/05 20：03：46

徘徊的乌鸦

我是一个到死也不能解脱的人，也可以说是死不瞑目的人。所以我的灵魂化作了一只乌鸦，徘徊踯躅，不知何去何从，不知哪里才是我的归宿。

回家去看看吧，那片土地，生我养我让我魂牵梦绕。我是多想让那里的人们获得真正的幸福啊，可是我失败了，在那个杀我毁我让我痛不欲生的地方。

站在村口老栓家茶馆的屋脊上，嘈杂、麻木的声音又一次灌入了我冰冷的耳中。

"吃了吗？好了吗？老栓，你真是好运气，要不是我消息灵，取了那小东西的血给你裹馒头，咱小栓的病什么时候才能好啊！"

是那满脸横肉的康大叔的话，这可恶的刽子手，他那肮脏的清政府的刀上，不知滴着多少革命战友的血！

"真的呢，要是没有康大叔照顾……"可怜的华大妈啊，你怎么傻到了这种地步！且不说那人血馒头哪里来的治痨病的功效，你可是在用一辈子的汗水去换一个愚昧的回报啊！可怜的小栓啊，你咳得越来越厉害了，在他们"包好包好"的允诺中。

"你要是晓得红眼睛阿义是去盘问底细的，他却和他攀谈了。他说，这大清的天下是我们大家的。你想，这是人话吗！"

我的脸颊突然一阵剧痛，那是阿义两个嘴巴的疼痛，但此刻，我的心更痛，大清的天下是我们大家的，这话有错吗？！

"疯了！""疯了！""一定是疯了！"众人"恍然大悟"。从花白胡子到二十多岁的人到驼背五少爷，每一个人都说我疯了。因为我说了阿义可怜。难道不是吗？他甘当封建统治者的走狗。而如今，我终于知道了，一屋子的可怜虫啊！你们才是真正的疯了！

飞啊飞啊，没有目标，没有方向，只有辛酸、苦楚和可怜。我徘徊在我的家的天空，眼中常含着泪水。

小栓终于还是死了，穷人与犯人的界限，到死还如此分明。可笑，不过都是富人家祝寿的馒头罢了。

夏四奶奶，你来了，来看你的儿子了。您看到我坟上的红白花圈了吗？那是向往自由民主平等的人对我的褒扬，您看看吧，您应该高兴啊，您的儿的死还是得到了回报的，哪怕只有一丁点。可是您的脸上为什么尽是羞愧和害怕？还有——

"瑜儿，他们都坑了你，你还是忘不了，特意显灵给我看吗？他们冤枉了你，对吧！如果是的话就让这乌鸦飞上你的坟顶，给我看吧!"

母亲啊,我无知的可怜的母亲。我还有什么可以说?

"哑——"我飞走了,一挫身,直向着远处的天空,箭也似的飞去了,逃离了我的家,我曾经深爱的土地。

我是一个永远无法解脱的人,我的灵魂将化作一只乌鸦,等着看这片土地的埋葬,或者,重生。

平台论坛

姓名:何柳

昵称:FreeSnipe

[1楼] 2007/04/06 19:44:41

  后面一段好!立意新!
  我来了,我又走了。
  我带着辛酸来,我不带希望走。

评价结果:★★★

姓名:孟竹

昵称:畅游天际

[2楼] 2007/04/07 10:16:15

  "我是一个永远无法解脱的人,我的灵魂将化作一只乌鸦,等着看这片土地的埋葬,或者,重生。"
  灵魂化作乌鸦,好联想!给了读者无限的遐想空间。

评价结果:★★★

姓名:王近思

昵称:潇湘夜雨

[3楼] 2007/04/07 10:48:24

  确实,结尾的亮点给了我很大的启发。想象能力非同小可。

评价结果:★★★

姓名:钟华

昵称:牙膏

[4楼] 2007/04/07 17:56:57

  开头与结尾照应。文章层次分明。结尾精彩~

评价结果:★★★

姓名：张蒂
昵称：
［5楼］2007/04/09 22：06：36
  强悍，一个革命者的心愿不能实现，他将永远徘徊。
评价结果：★★★

> 《药》剧本创编

网络平台作业公告 爱好戏剧的同学，不妨尝试将经典小说《药》改写为剧本吧！

药

第一幕

（郭新月）

地点：茶馆

人物：老栓，华大妈，小栓

布景：窗外一片漆黑，微微露出一点点白光；窗内漆黑一片，一张土炕，上面满是补丁的一床被子，两个油腻的灰枕头。炕下，两双露出棉絮的棉鞋，并排整齐地放着。

配音：蟋蟀零零星星的微弱的叫声

老栓：（忽然起身，但动作要较为缓慢，驼背，伸手在炕旁的桌子上摸了摸，摸到一个火柴盒和几根零星的火柴，凑近，划开，另一只手护着火，点燃了桌上遍身油腻的油灯）

［屋内稍稍亮了一些］

华大妈：（困倦地）小栓的爹，你这就去么？

小栓：（在里屋，从肺深处发出一阵咳嗽）

老栓：（一面穿衣）[衣服灰色，上有油腻、磨损的痕迹，稍稍露出里面的棉絮] 唔。（一边系扣子，一边伸过手去）你给我吧。

华大妈：（起身，拿起枕头，掀开破旧的床褥，露出一个白布包的布包，隐现一些大洋的形状。小心地用双手拿起布包，拿给老栓）

老栓：（接过，抖抖的装入衣袋，又在外面按了两下；便点上灯笼，吹熄灯盏，走向里屋子去了）

小栓：（在里屋发出小的响动，之后一通咳嗽）

老栓：（待小栓平静下来，低低地说）小栓……你不要起来。……店么？你娘会安排的。

[屋内一片寂静]

老栓：（定住听了听，确认小栓安心睡了，向门外走去）

[途中经过茶馆正间，他背后，几张桌子并排码好，桌上一层油腻，筷筒里，零星地插着几支筷子，几张长条凳子倒扣在桌上，更多地在桌子旁任意摆着]

地点：街上［黑沉沉的一无所有，只有一条灰白的路，看得分明。灯光照着他的两脚，一前一后的走。路上时不时有几只狗趴在那里，看着老栓，一只也没有叫］

人物：老栓，路人甲、乙、丙，浑身黑色的人，兵甲乙丙丁，三三两两的人群

老栓：（提着灯笼，呵着白气，跨步格外高远，显得比较高兴）

[天渐渐有些鱼肚白]

老栓：（正在专心走路，忽然吃了一惊，远远里看见一条丁字街，明明白白横着。他便退了几步，寻到一家关着门的铺子，蹩进檐下，

靠门立住了。好一会,身上觉得有些发冷)

路人甲:哼,老头子。

路人乙:倒高兴……

(两人一边谈论,一边从老栓身边走过,路人甲回头看老栓,样子像久饿的人见了食物一般,眼里闪出攫取的光)

老栓:(吃了一惊,睁眼看这两个人走远了,猛回过神。按一按衣袋,硬硬的还在。看看灯笼,已经熄了。仰起头两面一望,只见许多古怪的人,三三两两,鬼似的在那里徘徊,定睛再看)

兵甲乙丙丁:(在街上走动,从老栓身边走过)[衣服前后的一个大白圆圈,走过面前的兵甲号衣上暗红的镶边]

三三两两的人群:(忽然合作一堆,潮一般向前进;将到丁字街口,便突然立住,簇成一个半圆)

老栓:(也向那边看,却只见一堆人的后背,颈项都伸得很长,仿佛许多鸭,被无形的手捏住了的,向上提着)

三三两两的人群:(静了一会,似乎有点声音,便又动摇起来,轰的一声,都向后退;一直散到老栓立着的地方,几乎将他挤倒了)

浑身黑色的人:喂!一手交钱,一手交货!(站在老栓面前,眼光像两把刀)

老栓:(被刺得缩小了一半,背更加驼了)

浑身黑色的人:(一只大手,向老栓摊着,一只手撮着一个鲜红的馒头,那红的还是一点一点的往下滴。面露凶光)

老栓:(惊恐不已,慌忙摸出洋钱,抖抖的想交给他,却又不敢去接他的东西)

浑身黑色的人:(焦急起来,皱眉,瞪眼,冲着老栓,更加凶悍地嚷)怕什么?怎的不拿!

老栓:(踌躇,有些被吓呆的表情)

浑身黑色的人:(抢过灯笼,一把扯下纸罩,裹了馒头,塞与老栓；一手抓过洋钱，捏一捏，转身去了。留下彪悍的背影，迈着大汉似的步子，嘴里哼着说）这老东西……

路人丙：（好奇无比地）这给谁治病的呀？

老栓：（回过神来，似乎听得有人问他，并不答应，聚精会神地盯着那个滴血的包，扔了灯笼，双手捧着，眼神由于过于专注而有些呆滞，仿佛抱着一个十世单传的婴儿。陷入幻想：小栓病好了，小茶馆里金光闪闪，老栓抱着小栓，边笑边转）

［太阳出来了，在老栓面前，显出一条大道，直到他家中，后面也照见丁字街头破匾上"古□亭口"这四个黯淡的金字］

第二幕

（郭新月）

人物：老栓（小栓的父亲），华大妈（小栓的母亲），驼背五少爷（茶馆常客，每日在茶馆里度日，来得最早，去得最迟），小栓（身患痨病，急需治疗）

情景：老栓买完"药"回到家，店面已经收拾干净。店里没有客人，只有小栓坐在里排的桌前吃饭，间或有几声急促的咳嗽，大粒的汗从他的额头上滚下。华大妈从灶下急急走出，睁着眼睛，嘴唇有些发抖。

华大妈：（急切地）得了吗？

老栓：（轻声地）得了。

［两人一起走进灶下，商量了一阵，华大妈便出去了。不多时，拿着一片老荷叶回来，摊在桌上。老栓也打开灯笼罩，用荷叶重新包了那红的馒头。小栓也吃完饭，正欲起身］

华大妈：（慌忙地）小栓——你坐着，不要到这里来。

老栓：［一边整顿灶火，一边把一个碧绿的包，一个红红白白的破灯笼,一同塞在灶里]你小点声,别让人听见了。

小栓:(疑惑地)爹,娘,你们弄什么呢?这味道好奇怪啊。(又一阵急促的咳嗽)

老栓:(神秘地)你好生坐着,药马上就好了。

驼背五少爷:[叼着烟袋踱进店里](惊讶地)好香,你们吃什么点心呀?

[蹩到临街的壁角的桌边,坐下问话,然而没有人答应他]

(没趣地)炒米粥吗?

[仍然没有人应。老栓匆匆走出,给他泡上茶]

华大妈:(激动地)小栓进来罢!

[华大妈叫小栓进了里面的屋子,中间放好一条凳,小栓坐了。华大妈端过一碟乌黑的圆东西]

华大妈:(充满希望地)吃下去罢——病便好了。

小栓:(奇怪地)可是……

老栓:(轻声地)快趁热吃罢,吃了就好了。

小栓:[撮起这黑东西,看了一会,似乎拿着自己的性命一般,十分小心的拗开了,焦皮里面窜出一道白气,白气散了,是两半个白面的馒头。——不多工夫,已经全在肚里了,却全忘了什么味;面前只剩下一张空盘]

(仍旧疑惑地)爹,娘,这到底是什么药啊?能治好我的病吗?

老栓:(喃喃自语地)吃下去就好了……

华大妈:[没有回答儿子的问题,只盯着他看](虔诚地)菩萨保佑,吃下去便好了!

小栓:[小栓的旁边,一面立着他的父亲,一面立着他的母亲,两人的眼光,都仿佛要在他身上注进什么又要取出什么似的;他禁不住心跳起来,按着胸膛,又是一阵咳嗽]

(紧张地)爹,娘,你们……

华大妈：[打断小栓的话]睡一会罢，——便好了。

[小栓依他母亲的话，咳着睡了。华大妈候他喘气平静，才轻轻的给他盖上了满幅补丁的夹被]

老栓：(如释重负地)出去吧，店里来了好多人了。

第三幕

（肖菲　边枫）

地点：华老栓家的店中

人物：华老栓，华大妈，小栓，花白胡子，康大叔，驼背五少爷，二十岁青年

布景：几张茶桌，几条凳子

旁白：此时店里的人多了起来，老栓提着大铜壶，一趟一趟地给客人冲茶，神情疲惫。

花白胡子：[瞟一眼老栓]你不舒服么？生病了么？

华老栓：[对着花白胡子微微一笑]有么？

花白胡子：没有？——我想也是，笑嘻嘻的，原也不像……

驼背五少爷：[打断他](抢着说)老栓只是忙。要是他的儿子……

[这时，一个身披玄色布衫，散着纽扣，用很宽的玄色腰带胡乱捆在腰间的人，大摇大摆地走进了华老栓家的店]

华老栓：[赶紧提着茶壶，迎了上去，深深地作了个揖](满脸堆笑地)您来了，快请里面坐。

康大叔：[摆了摆手，走到一张桌边坐下，把脚往长凳上一放，对老栓嚷道]吃了么？好了么？（得意地）老栓，你可真是走了大运了，多亏我信息灵……

华老栓：[赶紧打断他]那可不是，真是多亏了您!

[黑着眼眶的华大妈赶紧笑嘻嘻地送出茶碗茶叶来，加上一个橄

榄,递给老栓。老栓接过茶碗,急急忙忙地去冲水]

　　康大叔:[继续大声嚷道]你想,这是与众不同的,趁热拿来,趁热吃下,肯定包好。

　　华大妈:(满怀感激地)真是,要没有您康大叔,我们哪知道该怎么办呢!

　　康大叔:(更加得意地)包好,包好!这样的人血馒头,趁热吃下,什么痨病都包好!

　　[华大妈听到"痨病"这两个字,脸色一变,微微露出些不高兴的神情;但又立刻堆上笑,搭讪着走开了。这时,里屋传来小栓剧烈的咳嗽声]

　　花白胡子:(恍然大悟地)原来你家小栓碰到了这样的好运气了。这病自然是好定了;怪不得老栓整天的笑着呢。[一面说,一面跷到康大叔面前,凑到他耳边](低声下气地)康大叔——听说今天结果的一个犯人,是夏家的孩子。这究竟是怎么回事?

　　[众人露出好奇的神情,逐渐靠拢到康大叔坐的桌边]

　　康大叔:[环顾四周](神秘兮兮地)还不就是夏四奶奶的儿子么?这个小家伙![众人更加靠拢,康大叔嘿嘿一笑,越发大声说]这小东西不要命,不要就是了。我这回可是一点好处都没得着;连剥下来的衣服,都被那管牢的红眼睛阿义拿去了。(越发起劲地)第一要算我们栓叔运气;第二是夏三爷赏了二十五两雪白的银子,独自落腰包,一文不花。[拍拍自己鼓囊囊的钱袋]

　　[小栓慢慢的从小屋子里走出,两手按了胸口,不住的咳嗽;走到灶下,盛出一碗冷饭,泡上热水,坐下便吃]

　　华大妈:[急急忙忙走过去](轻声地)小栓,你好些么?——你还只是肚子饿么?

　　康大叔:[瞥了小栓一眼]包好,包好夏三爷真是个乖角儿,要是他不先告官,就连他也得满门抄斩。现在怎样?银子!——这小东西也真不成东西!关在牢里,还要劝牢头造反。

二十岁青年:(惊讶地)啊呀,那还了得![使劲儿拍了拍桌子,露出气愤的模样]

康大叔:[摇了摇头]你要晓得红眼睛阿义是去盘盘底细的,他却和他攀谈了。他说:这大清的天下是我们大家的。(不屑地)你想:这是人话么?红眼睛原知道他家里只有一个老娘,可是没有料到他竟会这么穷,榨不出一点油水,已经气破肚皮了。他还要老虎头上搔痒,便[伸手在空中抽了两下,嘴里念着"啪啪"]给他两个嘴巴。

驼背五少爷:(幸灾乐祸地)义哥可有一手好拳棒,这两下,够他受的了!

康大叔:你可不知道,这贱骨头不怕打,还要说可怜可怜哩。[鄙夷地"哼"了一声]

花白胡子:(不解地)打了这种东西,有什么可怜呢?

康大叔:(一脸不屑地冷笑着)你没有听清我的话;他那口气,是说阿义可怜哩!

[众人的眼光,都有些呆滞。话也停了下来。小栓放下饭碗,拿手擦了擦满头的汗]

花白胡子:(恍然大悟地)阿义可怜——疯话,简直是发了疯了。

二十岁青年:(也恍然大悟地)发了疯了。(众人附和)疯了,真是疯了。

[小栓拼命咳了起来,康大叔走上前,拍他的肩膀]

康大叔:(胸有成竹地)包好!小栓——你不要这么咳。包好!

驼背五少爷:[点着头]疯了。

第四幕(版本1)

(张双双)

时间:清明时节(小栓死后不久)

地点:西关外荒凉的墓地

147

人物：华大妈（小栓的母亲），老女人（夏瑜的母亲）
情景：天明未久，阴沉的天压下来。阵阵阴风，华大妈一阵哆嗦。

华大妈：［瘫坐在地上，摸着墓碑］我的栓儿，你还是去了。不说"包好包好"吗，这到底是怎么回事呀？

［伤心地哭着，不时地撒两把纸钱］娘今天来看你了，你就安心吧，也保佑俺和你爹能活得过去！（自言自语）这日子可是没法过了，没法过了……

老女人：［斑白头发，衣衫褴褛，挎着一个破篮子，目光呆滞，蹒跚地走来，看见夏瑜的坟埋头走过去］

华大妈：［目光追寻着老女人］（小声嘀咕着）那边儿？哦，真可怜！

老女人：［瞟了两眼周围的人，放下饭菜，小声哭起来］儿呀，你真是冤……呜呜，他们肯定是冤枉你了，你怎么可能干坏事呢？剩我一个人，可怎么办好呀……

［呆坐在那里，脸上的泪胡乱地流着，瞪着眼发怔］

华大妈：［看这情形不由也一阵心酸，起身拍拍土慢慢走过去］我说，你也别伤心了，咱俩一个命，老了老了还得受罪。走吧，哭也没啥用！

老女人：［呆呆地望向她，继而回过头盯着坟头］命，我这命呀，这是活不下去了！

［突然惊恐地指着坟头的一圈红白的花，颤抖起来］这，这，这是啥？

华大妈：［也随着看了过去，又望了望别处］（心里也觉得奇异，我儿子那儿怎么没有）

老女人：亲戚家早不来了，又是谁呢，这是怎么回事呢？

［突然往后退去，举起颤抖的双手］儿呀，是你吗，你回来看娘了？你是不是要和娘说话？我知道是他们害了你，他们都冤枉你了。你这

么老实,怎么会干坏事呢?

[没有人回答她,周围是死一般的寂静,老女人瞥见了树上的一只乌鸦]

(指着乌鸦,哽咽着)儿呀,你要是真来了,就让那乌鸦飞到你坟顶给我看看呀!

华大妈:[心里一阵慌乱,感觉有冷冷的寒气袭来]来……来了吗?

[乌鸦一动不动,死死盯着他们俩,笔直地站在枝头,只有两人粗重的喘气声]

老女人:(收拾了东西,叹一口气)唉,你走吧,别再回来啦,这儿已经没法活啦,真的,没法活啦。

(自言自语)这是怎么回事呢,造了什么孽呀,我这是,唉……

华大妈:(望着乌鸦)走吧走吧,该去哪就去吧。

[两人慢慢地走出墓地,脸上的泪早被风吹干,佝偻的身体承受着无尽的凄凉]

[乌鸦"哑——"的一声大叫,朝灰暗的天空飞去]

[两人同时惊悚的回过头来,怔怔的定在那里]

老女人:(心里念着)这是怎么回事哪……

第四幕(版本2)

(李巍)

时间:第二年清明

地点:西关外坟场

人物:华大妈,夏四奶奶

事件:华大妈和夏四奶奶上坟。

[西关外靠着城根的地面,本是一块官地;中间歪歪斜斜一条细路,是贪走便道的人,用鞋底造成的,但却成了自然的界限。路的左边,都埋着死刑和瘐毙的人,右边是穷人的丛冢。两面都已埋到层层

叠叠，宛然阔人家里祝寿时的馒头］

［清明时节，乍暖还寒。天明未久］

华大妈：［穿着打着好几块补丁的衣裙，眼眶红红的，不时地啜泣并擦拭眼泪，坐在一座新坟前面，排出四碟菜，一碗饭。化过纸，呆呆的坐在地上，微风吹动了她的短发，确乎比去年白得多了］

夏四奶奶：［半白头发，褴褛的衣裙，从小路上蹒跚的走来，提一个破旧的朱漆圆篮，外挂一串纸锭，三步一歇的走。忽然见华大妈坐在地上看她，便有些踌躇，惨白的脸上，现出些羞涩的颜色；但终于硬着头皮，走到左边的一座坟前，放下了篮子。排好四碟菜，一碗饭，立着哭了一通，化过纸锭］

华大妈：（心里想）这坟里的也是儿子了。白发人送黑发人，苦命啊。

夏四奶奶：［徘徊观望了一回，忽然手脚有些发抖，跄跄踉踉退了几步，瞪着眼只是发怔］

华大妈：（立起身，跨过小路，低声说）你这位老奶奶不要伤心了，——我们还是回去罢。风大天凉，小心受风呵。

夏四奶奶：（点点头，眼睛向上瞪着，低声痴痴地说道）快来，你看，——看这是什么呢？（疑惑着）

华大妈：［跟着她指头看去，眼光便到了前面的坟，这坟上草根还没有全合，露出一块一块的黄土，煞是难看。再往上仔细看时，却不觉也吃一惊；——分明有一圈红白的花，围着那尖圆的坟顶。忙看她儿子和别人的坟，却只有不怕冷的几点青白小花，零星开着；便觉得心里忽然感到一种不足和空虚，不愿意根究］（自己站在枯草丛里想着心事）

夏四奶奶：（又走近几步，细看了一遍，自言自语地说）这没有根，不像自己开的。——这地方有谁来呢？孩子不会来玩；——亲戚本家早不来了。——这是怎么一回事呢？（想了又想，忽然流下泪来，仰面大声地说道）瑜儿，他们都冤枉了你，你还是忘不了，伤心不过，今天特意显点灵，要我知道么？（四面一看，只见一只乌鸦，站在一株没有叶的树上)我知道了。——瑜儿,可怜他们坑了你,他们将来总有报应,天都知道;你闭了眼睛就是了。——你如果真在这里,听到我的话,——便教这乌鸦飞上你的坟顶,给我看罢。(呆呆的立在那里望着那树上的乌鸦)

〔微风早经停息了;枯草支支直立,有如铜丝。一丝发抖的声音,在空气中愈颤愈细,细到没有,周围便都是死一般静。两人站在枯草丛里,仰面看那乌鸦;那乌鸦也在笔直的树枝间,缩着头,铁铸一般站着〕

〔许多的工夫过去了;上坟的人渐渐增多,几个老的小的,在土坟间出没〕

华大妈:(不知怎的,似乎卸下了一挑重担,便想到要走。犹豫了一会,上前劝道)我们还是回去罢。

夏四奶奶:(叹了一口气,无精打采的收起饭菜;又迟疑了一刻,终于慢慢地走了。自言自语道)这是怎么一回事呢?……

华大妈:(搀扶着夏四奶奶,叹道)别再瞎想了,走罢,走罢。

〔他们走不上二三十步远,忽听得背后"哑——"的一声大叫;两个人都悚然的回过头,只见那乌鸦张开两翅,一挫身,直向着远处的天空,箭也似的飞去了〕

夏四奶奶:(仰面长叹)唉……(眼圈又红了)

药
——夏瑜的故事
(尹珊珊)

地点:夏府

人物:夏三爷(夏瑜的伯父,一个豪绅,最善见风使舵),阿忠(夏府的一个下人),夏瑜(本剧主人公,积极的革命者),夏四奶奶(夏瑜的母亲)

151

情景：深秋的一个下午，夏三爷和朋友"快活"后回到家中。

夏三爷：[坐在椅子上，微闭着眼]（舒服地）今天真过瘾啊，那几个老头真够傻的，也不知道反抗，任人打，也不吱一声，嘿！

[一阵急促的小跑声，阿忠上]

阿忠：[喘着气]（慌张地）不好了，老爷。[继续倒着气]

夏三爷：（不着急地）什么事啊，这么慌慌张张的？

阿忠：[喘着气]不好了，夏瑜少爷参加革命了，要造反。

夏三爷：（还是不急不慌地）不可能的，他才不会参加革命，你又哪儿听来的？

阿忠：（确信地）真的，老爷。有人看见少爷和造反者在一起，千真万确的。

夏三爷：[从椅子上跳了起来，瞪着眼睛]（愤怒地）这还了得，把夏瑜给我叫来！

阿忠：是，老爷。[阿忠下]

[一会儿，夏瑜镇定地走了进来，夏四奶奶也跟了进来]

夏三爷：[在屋子里走来走去，见夏瑜进来]（质问地）你参加造反了？！

夏瑜：（镇定地）那不是造反，是革命。

夏三爷：（愤怒地）什么革命，那是造反。这你也掺和，不要命了。

夏瑜：（镇定地）革命是正确的，清政府要推翻，那些封建的旧东西迟早要被消灭的。

夏三爷：（不屑地）这都是什么道理，胡说八道。别再幻想那些不可能的事了。参加造反，你也不想想后果。告诉你，赶紧离开那个造反组织。

夏瑜：[不予理会，瞪了夏三爷一眼]

夏三爷：（恼火地）你要是不赶快退出，后果你自己承担！哼！

[夏三爷恼火地走了]

地点：夏三爷房内

人物：阿忠，夏三爷

阿忠：（着急地）老爷，听说最近官府正在抓造反者，这夏瑜少爷待在府上实在是太危险了。

夏三爷：（认同地）是啊……

阿忠：（建议地）得想个办法。

夏三爷：（明白地）这个夏瑜既然非要造反，那就别怪我不客气了。（恨笑）

告 官
（贺玥萌）

时间：清末

地点：官府大堂

人物：县官，夏三爷，门子

布景：官府大堂，上悬"明镜高悬"匾额，太师椅，桌案

县官：（不安地来回踱步，愤怒地）革命革命，革的都是自己的命！三天不给老爷找麻烦就难受！活得不耐烦了！

门子：（慌张地奔入）报——（上气不接下气地）老爷——出，出大事了！

县官：（一惊）又没好事！说，快说！

门子：夏三爷求见！他侄儿，造，造反！准备好了！今晚！

县官：（又惊又怒）是吗！快让他进来！

[门子下，夏三爷上]

夏三爷：（独白）老爷早就看那小东西不成器，这不，真弄出事来了，这小东西！

（惊恐又恭敬地上前要打千儿）参见老爷。

县官：（一拂袖）免了，快说正事！（质问地）那小东西怎么回事？！

夏三爷：（惊恐万状地，伏地连磕头）小的该死，小的管教无方！（掌嘴，无辜地）其实，您老也知道，自从他五岁时我那不成器的弟弟造反被砍了，他娘带他之后，我们两家就没了来往。这么多年也没见他几回，他做的"好事"我是一点不知情，跟我一点关系也没有啊！

县官：（语气稍缓和地，冷笑）哦，这么说来你是一点不知情啦？

夏三爷：（惊喜地，没看见冷笑，磕头如捣蒜）是啊是啊，小的不敢骗您。

县官：（突然变脸，转怒）那你是如何得知他造反的？（威胁地）从实招来，（冷冷地）不然连你一并问罪（做抹脖子状）菜市口！

夏三爷：啊？！（险些晕倒）老爷老爷！小的是真的不知情啊！老爷饶命！听，听我说。（定定神）只因我素日看那小子不正经，现在造反又闹得这么凶，就留心派了一个家童去他娘俩的破草窝蹲着。嘿！果不其然！（神采飞扬地）他和另几个活得不耐烦的小子琢磨着造反哪！家童说他们还说什么"大清的天下是大家的"！您说这是什么话？！（看县官阴冷的神情突然缄口）

县官：（表情阴森可怖，狞笑着）哦，原来如此！我果然没看错！这小东西就等着上菜市口吧！行，没你事了，你回去吧！

夏三爷：老爷……（似有所期待地）

县官：哦？这个，给你的！（甩给他银子）

夏三爷：谢老爷！（又欲磕头）

县官：（挥挥手）

［夏三爷下］

县官：（独自连连冷笑）哈哈……哼哼哼……

教师价值的新彰显：
教师在平台讨论前后过程中的作用

《药》一课结束了。这一次的教学设计——用网络平台支持学生自主研读模式，似乎最接近我渴望达到的钱教授所提倡的经典文学作品鉴赏状态：感性而混沌，丰富而鲜活，新颖而独特，灵光四现。

对于教师而言，大多数情况下，批改作业是一件相当单调乏味的例行公事。偶有兴奋时刻，通常也只是几个"熟悉的身影"所带给的预知的愉悦。更多的是对学生差强人意的学习结果的不满甚至指责。然而这一次却迥然不同：不厌其烦地点击着学生们的学习成果，充满惊喜地倾听着学生们的智慧发言，我的内心受到前所未有的强烈震撼！作为他们的老师，我由衷地钦佩自己的学生。佩服他们敏锐新奇的艺术感知力，佩服他们鲜活灵动的思想情感，佩服他们卓而不凡的独到见解，佩服他们不断进取的探究勇气，佩服他们谦逊治学的求实态度，佩服他们真诚坦率的论辩精神……一句话，学生们对鲁迅小说经典的浓厚兴趣以及高涨的学习积极性和巨大的学习潜力令我无比震惊！

没有规范形式，照样引领了他们；没有划一步骤，照样点拨了他们；没有量化标准，照样激活了他们；没有"权威"结论，照样提升了他们……一句话，教师的创造性教学才能以另一种崭新的方式得到空前发挥与展示！

"用网络平台支持鲁迅作品教学"的新尝试，使一向令学生望而生畏的鲁迅作品鉴赏课堂散发出浓厚而持久的吸引力，从中获得的启示必然是多方面的。

　　教了十多年的语文，每到鲁迅作品，总想精讲、深讲、透讲。一方面是自己酷爱鲁迅，鲁迅作品讲授最过瘾，最令自己陶醉。另一方面是想让自己的学生热爱经典，逐渐蜕掉肤浅。因此，从初中到高中，从散文到小说、杂文，每逢鲁迅作品，一直都采用增加课时、加大容量、深入品味的方式讲授。然而仔细分析教学设计过程，发现自己制定教学目标及内容，确定教学重难点，思考教学问题的角度，无一不是从教师本位出发，几乎没有考虑过学生作为经典文本读者的接受情况。自以为学生疏离鲁迅的主要原因在于教师没有深入钻研教材，没有讲出鲁迅作品之精妙所在。于是分析更加透彻，板书更加精美，多媒体更加丰富……遗憾的是，虽然能使少数"鲁迷"紧密团结在自己周围，却依旧无法根本改变大多数学生对鲁迅作品敬而远之的实际状况。究其原因，正是潜意识里的"请君入瓮"式教学理念制约了学生作为主体的自主阅读与体验，正是"弄通弄透"的纯理性、纯科学化指导思想妨害了学生感性化混沌状却真切化个性化的领悟。有教师的经验性结论在先，学生鲜活灵动的创造性思维和丰富多样的艺术想象力实在难以找寻。

　　要上好文学鉴赏课，教师必须充分认识文学鉴赏过程中鉴赏者是活动主体这一本质规律，应当有意识地将主体性教育理论作为教学设计的理论支撑："学生主体性发展是培养全面发展的人的基础和核心。学生是发展的主体，是具体的、活生生的、有丰富个性、不断发展的认识主体，是具有主观能动性的独立个体和群体。自主性、主动性和创造性，是学生主体性的内在规定性。学生在群体交往中得到发展，通过合作与交往，促进学生主体性的发展。"《药》的教学新尝试之所以得到学生欢迎并取得良好效果，很显然是得益于教师自觉消除"知识权威"的定势心理，自信地将课堂主体交给学生，有效实施发展性教学策略，使学生充分体验"主体参与、合作学习、差异发展、体验成功"这一完整的主体性学习过程。

文学鉴赏课堂设计宜少"理"多"情"，少"论"多"感"；教学过程应教师少"析"学生多"悟"，教师少"讲"学生多"品"。鉴赏过程中，学生并非白纸一张，教师必须充分了解并提供机会展示其原有知识、能力及情感体验等多方面的积累与积淀。学生文学感悟力不可小觑，其混沌而感性的心灵世界蕴涵无穷神奇。教师应当为学生精心设置公平性、公开性、即时性、互动性功能强劲的教学平台，让其主体性鉴赏成果在活动中生成，在活动中发展，在活动中表现。从而充分激发学生的学习热情，深度呈现学生的创造性才能，巧妙利用学生同伴群体交互影响的积极作用，让学生在师与生、生与生自觉而自然的交流互动场景中悄然实现自我提升——这当是另一意义上的"润物细无声"吧？

学生并非生来拒绝经典，拒绝鲁迅。时代的物欲纵横、社会的功利浮躁、经典的政治解读固然是其深层原因，而教师过于倚重的知性化分析、熟练操作的规范性思维程序、潜在的教师为中心的教学模式，同样严重制约了学生与鲁迅经典的平等对话：不能自由"发声"，自然消减了情感共鸣；不能任意鸣"不平"，自然失却了精神的冲击；不能随处彰显个性，自然封存了心灵的启悟。这样的教学过程，只会使鲁迅作品永远成为隔世古董，让学生心生厌倦，令教师徒生伤悲。经历了两次新的思索与实践，今天，《药》的这一最新教学案例似乎可以清楚地表明，用网络平台支持教学，真正让经典穿越时空，应当成为信息化时代中学语文鲁迅作品教学的新途径。

专家点评
一次清醒的教学超越
——关于鲁迅先生《药》的个性化解读案例赏析

一、实验情况概述和效果总评

北京师范大学附属中学的邓虹老师摒弃了以往"请君入瓮"的低效教法，试图引领学生走进个性化阅读的心路历程，从而发现作品的巨大价值，实现经典对于人的心灵教化和语言提升功能。她借助班级化网络平台的优势，在鲁迅小说《药》的教学实践中取得突破性进展。

其教学内容和基本步骤是：

（1）教师在班级网络平台上开辟专区，发布学习公告。

（2）学生按照要求自主研读文本，在平台专区里提交自读报告，同时评点他人的研读成果，进行初步碰撞、交流；教师梳理这些研读成果和相关的疑难问题，提炼出约5000字的"精华帖"（要点归纳和摘录）发送平台专区展示，涉及作品的主旨、标题、构思、线索、各节内容要义、创作风格和个人阅读体验等方面，实现初步引领。

（3）提取出若干疑难问题，结合学生专帖（如对两个大妈的心理分析、对"路"含义的解说带有忽略文本的倾向）在课堂上展开研讨，实现第二次引领。

（4）教师上传资源简介现代阅读学的新观点、当代叙事作品的新思路新手法，鼓励学生立足文本进行渗透创造元素的个性化解读和再度创作，提出"与鲁迅先生合写《药》"的要求，实现第三次引领。（这些作文在规定的时间里，上传到班级网络平台专区，即时接受大家的批评。)

——于是，奇迹出现了。我读到了高二（13）班带有"合写"意味的28篇文章、6个剧本，以及数百个点评性质的跟帖，感到学生潜在的解读能力、创造热情被极大地激发出来，并经由这次"合写"活动得到有效的提升。

其教学效果可以从三个侧面来评定：

第一，学生穿越历史时空，走向经典的内蕴，通过再度的细读、感悟、思辨，在一定程度上消解了对鲁迅先生的陌生感、疏远感和畏惧感，初步达到了经过文本与作者交融思想情怀的深层解读目标。这乃是"合写"之魂，含蕴着炽烈浓郁的人文精神。

第二，学生将个性化解读转化成具有个性色彩的再度创作，占据新的解读视角、宣泄新的感悟情怀、采取新的叙事思路和方式，使再度创作取自《药》之一角，又联系着交融着发展原作的精髓风骨，形成阅读与写作、思想与文字、要旨与笔法、汲取与创新，这诸多方面的映照勾连交织。这乃是"合写"之体，显示着丰富灵动的个性风采。

第三，学生在这种"合写"的状态中，对文本的文字细节高度关注（估计涵泳咀嚼、深思回味的情况很好，这可再做田野调查），延伸到自己的文字表述，则追求着同化顺应与出新出彩的较高标准，在表述细节上，也是格外精彩的。读和写之间的联系似乎相当密切自然，呈现出"我要写好"（而不是"要我写好"）的良好写作生态效应。这乃是"合写"之力——内在的驱动力与外在的牵引力，后者与需要即时经受众多网络读者的评头品足不无关系。

二、评"合写"之魂：感受学生文字里的人文情怀

我注意到，邓虹老师在引领学生正式"合写"之前，在网络平台上发布的学习公告里，有这样两句话："形式力求多样，神髓不可或缺。今日扼腕：志士就义，华夏当同慨。历史存照：赤子赴难，天地竟齐喑。"小说是一种叙事文体,《药》讲述的乃是一件有深刻思想内涵而又浸透血泪的人间痛事。今天的人来读《药》,今天的高中生在语文课上来读《药》,固然需要比较全面地认识作品主题,但从这种特殊人群的阅读视角里,应该更多关注和感悟那场悲剧的哪一组旋律呢?——

1. 学生钟华如是说:"我是一株垂死的莲。"

小作者在文章里写道:

我,就要死了。曾经碧绿的叶也变得枯黄,我不想随着这黑暗的时代走向衰亡,碧蓝的湖水啊,你今日怎么也变得这样混浊?难道我们要沉睡在这黑夜,还没为社会贡献什么就死去?/鉴湖女侠啊,请你摘走我的花瓣,放进你的香囊。忘不了你在湖边练剑的飒爽英姿,忘不了你独步时眉宇间的哀愁,呼喊着"浊酒不销忧国泪,救时应仗出群才。拼将十万头颅血,须把乾坤力挽回。"这声声呐喊,在我听来比男儿更英雄!濂溪不在,我也愿以你为知己,在漫漫的革命路上分享你的孤寂,可是"中通外直,不蔓不枝"的你从不考虑索取,你希望用我的清芬去净化更多的淤泥。终于,在一个清晨,一双长满茧的手折走了我的老叶。她匆忙地带我上路,⋯⋯

文中的"她"指华大妈。《药》原文里这样描述:

⋯⋯华大妈便出去了,不多时,拿着一片老荷叶回来,摊在桌上。老栓也打开灯笼罩,用荷叶重新包了那红的馒头。小栓也吃完饭,他的母亲慌忙说:"小栓——你坐着,不要到这里来。"一面整顿了灶火,老栓便把一个碧绿的包,一个红红白白的破灯笼,一同塞在灶里;一阵红黑的火焰过去时,店屋里散满了一种奇怪的香味⋯⋯

小作者接下去用凄切的笔触,描写烈士鲜血怎样浸透碧绿的荷叶,又一同被灶炉里那红黑的火舌侵吞净尽。垂死的"荷"愤怒责问:"我存在的价值,就在于用我的香气掩盖血的腥气来美化这道残忍的菜吗?"问得好啊!小作者读到文本深处了。

他敏感地攀住那一片碧绿荷叶,甚至是化身于那一脉清芬之中,将理性思考付诸深情的表述。阅读者基本的判断取向,仍然涵盖了对文本主题的认同,但他此文立意则更趋向于赞美英烈:将小说中的"夏瑜"还原为原型"秋瑾",直接与这个女杰对话。悲剧的特点乃是撕碎有价值的东西给人看。其再度创作,把重心贴近讴歌"有价值的"的存在,尽力描摹她的纯真与孤寂,将虚幻的莲与真实的人生交融起来去追索深味,这恰恰从另一面表现出那场悲剧的惨烈程度。深读作品,还原作品所写的生活的真实,继而将生活的真实、艺术的真实以及阅读者感悟的真实,这三个方面汇合熔冶,遂锻造出这篇罕见的高中生作文——《我是一株垂死的莲》。而我,却当它是一则特殊的经典作品解读笔记,从中感到了悲天悯人的炽热情怀。他将经典读热了,这还不难得吗?

2. 学生贾佳如是说:"我是一个永远无法解脱的人,我的灵魂将化作一只乌鸦,等着看这片土地的埋葬,或者,重生。"

小作者情愿在想象的世界里,和烈士"夏瑜"一起,将灵魂化为一只"徘徊的乌鸦"。他写道:

回家去看看吧,那片土地,生我养我让我魂牵梦绕。我是多想让那里的人们获得真正的幸福啊,可是我失败了,在那个杀我毁我让我痛不欲生的地方。/站在村口老栓家茶馆的屋脊上,嘈杂、麻木的声音又一次灌入了我冰冷的耳中。

这个飞翔的灵魂,看到听到了什么呢?——那是各界看客茶客们无情的褒贬和嘲笑。飞翔的灵魂只能漫无目标地飞啊飞啊,——"没有方向,只有辛酸、苦楚和可怜。我徘徊在我的家的天空,眼中常含着泪水。"最后,飞到了那片坟场,见到了母亲,可母亲脸上还带着羞愧的神色。文章是这样结尾的:

母亲啊,我无知的可怜的母亲。我还有什么可以说?/"哑——"我飞走了,一挫身,直向着远处的天空,箭也似的飞去了,逃离了我的家，我曾经深爱的土地。/我是一个永远无法解脱的人，我的灵魂将化作一只乌鸦，等着看这片土地的埋葬，或者，重生。"

安排死者与生者的对视、对话，这本身就延续了原作的悲剧情思，有翻一层来加重浓黑的意味。选取"乌鸦"这个形象，赋予它烈士的魂灵，这等于新开辟了一个视角，去重新审视作品描述的内容，体现出小作者对悲剧内涵咀嚼回味的深度。但他没有过度阐释原作的思想含义，只是着力渲染和加深而已，——"我是一个到死也不能解脱的人，也可以说是死不瞑目的人。所以我的灵魂化作了一只乌鸦，徘徊踯躅，不知何去何从，不知哪里才是我的归宿。"末尾的"重生"二字，表达出新的希望，可视作小作者在艺术创作世界里奉献出来美好祝愿。

3.学生张沛霖如是说："我们已进入了一个新的时代，我们不想走回头路，我们不想！"

这位同学依托文本，加以大胆想象，续写了一段情节，讲述了民国时期"红眼睛阿义"临终前的追忆和忏悔。主体内容是描述当年在监狱中勒索、殴打夏瑜的细节（为原作填充空白），后面写道：

现在回想起来，真正可怜的人是我。自从民国创立以来，我有幸进入了新学堂，认了几个字，读了些书。我们也已经废除了"皇帝""大人"的称号。现在各地都在纪念革命先驱，夏瑜只是千千万万革命者中的一员，是无名英雄。为了纪念他，我还特意为他上了一束花环。/前几天我刚读完了鲁迅先生的一部作品，大家都知道他是一位文化战将。读了他的文章，我被唤醒了。现在我最担忧的并非我的身体，而是袁世凯的种种复辟行为。我们已进入了一个新的时代，我们不想走回头路，我们不想！

读过这篇奇文，我疑心是不是有点"过度阐释"的倾向，特意查阅了同学们评点的帖子。意见主要有两种：多数赞同对"红眼睛阿义"人生晚节做如此假设。录一则："如果人们都能像阿义这样有自省精神，能够最终觉悟，夏瑜以及众多革命者的牺牲就是有价值的。为了中华民族的前途，呼唤众多阿义的重生！"（孟竹语）也有人提出质疑："思想改变很难的，阿义还是一成年人，经过几年的教育，就推翻了以前几十年的思想，有点难。"（钟华语）还有人建议丰满阿义的人物形象，——"最后的顿悟是不是稍稍唐突了一点？再分析一下他的心情，也许阿义的形象会更饱满。"（吴双语）换个角度想想，学生这样想象和评价，折射出这次解读鲁迅作品的一个收获，即深入到悲剧的深层里去感受痛苦，体味悲凉，投入同情，寻求希望，激发出向善的心怀。同时，也约略感觉到同学们对鲁迅当年振臂呐喊的社会价值，逐渐趋于认同，甚至假"红眼睛阿义"的转变来加以显示。这是可喜的，有意义的，某些细节问题存在纰漏乃是无可厚非的。

限于篇幅，我暂且援引上边三个"合写"作业略加点评。其实，这种人文情怀氤氲在所有作业里。前辈们痛心疾首的关于凭借经典来"打精神的底子"的问题，在这一次"合写"过程中，让我们依稀看见了解决的途径和效果。

以往，往往教师也重视挖掘作品里蕴含的"精神"，罗列一批概念并加以强化，但终归还停留在抽取"符号"的层次上。学生觉得那是对的、好的，可那是老师的、作品的，不是"我"的。经由"合写"这个过程，不断走入文本又走出文本、走出文本再重入文本，——在个性化解读与创造的真实路径之上，初步实现了一个转化：这，是"我"的。乃是"我"与经典的亲密接触直至融合，从伟人大作的内核里提取出属于"我"自己的阅读体验。

所谓"打精神的底子"，说到底还是培养对"人"的终极关照的意识和情怀。"合写"的过程，不就是升华这种意识和情怀的过程吗？连文本里阿义这样的反面人物，学生都寄托以善意的希望，对抛洒热血的先烈，更是投出热切关注的目光，报以赞美讴歌，这乃是激发向善意识、开放悲悯襟怀、积蓄奋斗强力的明证。就我个人而言，我更对从悲剧里追寻英雄气息的阅读心路感到亲切。历代都有英雄，历代英雄往往也都有他们的局限、孤寂、尴尬。若还是如几十年前那般居高临下地指手画脚、嘲讽不已,不能站在今天、今人的生存环境里切己省察,读出新鲜的体会,我看,这是不是也比较"悲哀",值得追问了。

三、评"合写"之体:分辨学生文字里的叙事"窗口"

"对话"理论引入语文阅读教学研究领域之后,引发了一系列研讨与实验。人们追求以学生为阅读的主体,以个性化、创造性阅读为特点的高中阅读新境界,方向似乎比较清楚,可在具体的操作层面困难重重,经验还说不上丰厚。两年前,邓虹老师教《记念刘和珍君》一文,初次使用了与作者"合写"的方法组织演练活动。那一回她只打开了一两扇窗口,——引导学生给刘和珍君撰写挽联和墓志铭。试看其中一例:

世道,暗兮暗兮,段政府门前血长流,流言难留,死者何烈矣;希望,依稀依稀,后死者心中笑长留,忘却难忘,生者当随行。——后死者挽

墓碑正面:黄山脚下二十二年独果香榧一株是也

墓碑背面:一个二十二岁的英灵;一个二十二岁的女英灵;一个二十二岁的中国女英灵;一个二十二岁为中国献身,又为中国人所杀的中国女英灵——刘和珍君。

这一次,邓老师引领学生借助网络平台进行创造性阅读的更大拓展——"与鲁迅先生合写《药》",创造出新的教学经验。其中,从阅读与再度创作的角度评估,最出色的教学创意乃是鼓励学生从文本里自由自主地开辟 N[①] 多扇审视的"窗口",继而张开自己个人思索与叙事的新的"窗口"。

[①] N:表示多、多个、多次等。

她的引领工作是怎么做的呢？——"将最新的文学创作元素引入课堂"，"向学生简介叙事学的新发现"：

（1）介绍伊塔诺·卡尔维诺的小说《假如冬夜里一个旅行者》，体会这样一层道理，即讲述人生的故事，"可以朝任何方向前进"，"从任何时间或任何地点出发，都可以碰到异常丰富的要讲的材料"。

（2）介绍亨利·詹姆斯的《一个贵夫人的画像》的序言："小说之房不止有一个窗口，而是有千百万——许多可能的窗口。每个可以捅破的隙口都有一双眼睛，至少是一副小型双筒望远镜，一次又一次作为观察的工具，让使用者得到一个不同于他人的印象。"

（3）介绍2006年诺贝尔文学奖获得者帕慕克的代表作《我的名字叫红》，阅读瑞典诺贝尔文学奖颁发委员会的颁奖词，引导学生关注帕慕克超凡脱俗的艺术创造力与想象力，鼓励他们学习该书新颖独特的写作构思及叙事手法。

我查阅了一些资料，最终也没能用西方文论的哪一家哪一派观点将邓老师援引的这三个典型例子统摄起来。她没有走系统传授文学知识，借以实现教学牵引的路子，而是把握现代作品某些鲜明的叙事和构思的特征，主要用"实例"的榜样力量来开发思维、指点路径。我将学生的"合写"作业与卡尔维诺、帕慕克的小说的思路笔法加以比较，隐约感到多少有一点借鉴的意味，其中对《我的名字叫红》的借鉴似乎更多些。由此，我感到语文知识不应该淡化，更不能取消，关键是根据教学需要，如何选取有用的"知识"，加以提炼改造，在适宜的时候、使用适宜的办法渗透进教学过程，起到引领和支持作用。这是一条宝贵经验。

下面，我结合学生所创作的新文本，将师生合作而探索出来的解读经典作品《药》的新思路、新成绩，试着做一次梳理。

1. 总说：开辟新"窗口"，这是解读与"合写"的支撑点

以往的教学中，教师们尝试过改写、续写等方式，这些做法行之

有效。这次邓老师的学生里，依然有少数人使用，剧本创作更是如此。令人瞩目的是，她提出"合写"的要求（也是召唤），将教学起点定在开辟新窗口、占据新视角、拿出新构思、写出新体验、锤炼新文字，这样一种更新更险的高度上。关键乃是开辟新的"窗口"。大多数"合写"作业朝这个方向做出新奇的探索。

从本质上看，如此设计体现了更大力度地鼓励学生张扬个性，包括解读的个性、创作的个性以及在阅读与再度创作之间建立沟通渠道的独特性，这是在冲击创造性阅读教学的高地。

从形式上看，具有三个明显的特征：

（1）鼓励学生主体投入。表现为几乎所有剧本以外的作业都选取了第一人称，这对于学生感同身受和表达出个人的这些阅读体验，无疑具有天然的优势。

（2）鼓励学生从经典文本的任何一个具象入手，借助拟人的手法，打开属于个人的那扇"窗口"望出去。我粗略统计，涉及的具象，除去小说原有的人物（如红眼睛阿义、康大叔），最多的是馒头、灯笼（各有两三篇），此外有莲、乌鸦、洋钱、茶壶、路、坟地、月亮、华小栓的舌头等；还有一些比较抽象的事物，如红色、黑色、白色、灰白、青白、天眼等。基本的言语表述格式：我是什么。少数同学一人一篇里，同时写了两三种具象，如依次写"我是一个馒头""我是一个舌头"和"我是一条路"，"我是灰白""我是青白"和"我是白色"。学生表现出这般活跃的思维发散状态，让我惊讶。文本是同一个，而解读的视角许许多多，写出来的文字五彩缤纷。即便视角大致相同，望出去以后的所见所感，行文的细节风采，也各有特点，鲜有雷同。个性，在这个案例中，庶几初步"化"了一次。

（3）鼓励学生说自己的话。刚刚看到邓老师文件里的那个"合写"二字，我本能地预感不妥，担心这么一"合"，大都"合"到原始文本的文字表述上面去了,——学生能说出多少自己的话呢?粗读少年人的几十篇习作,完全放心了,继而细读,禁不住开始赞叹了。即便是那6个剧本,语言表述方面的个性特征也颇为明显。请看关于洋钱的描写文字:

——鲁迅先生的原文:

"小栓的爹,你就去么?"是一个老女人的声音。里边的小屋子里,也发出一阵咳嗽。

"唔。"老栓一面听,一面应,一面扣上衣服;伸手过去说,"你给我罢。"

华大妈在枕头底下掏了半天,掏出一包洋钱,交给老栓,老栓接了,抖抖的装入衣袋,又在外面按了两下;便点上灯笼,吹熄灯盏,走向里屋子去了。

——学生李晓芸的《一枚洋钱的记忆》的相关文字:

我已睡了好久。

朦胧间记得曾有一双粗厚的手将我和几个兄弟归拢到一起,细细抚摸了几遍,弄得我浑身痒痒的,然后用布将我们包住了。尤其令我记忆犹新的,是那几道灼热的、恨不得吞我们进肚的视线和周围一片清冷、苍白的月光。

然后就是无尽的黑暗。渐渐能感觉到,我们被压在了枕头底下:腐旧暖热的气息,还有老俩口的床笫私语。无非是说些"今天店里的进账""栓子的病情"一类的琐事。我是不屑于听这些的,毕竟,白花花、银亮亮的洋钱可是用来办大事的。我应该被握在优雅的美妇手里,换来一盒胭脂;或在肥胖乡绅的衣袋中,与同伴们碰得叮当响。而不是像现在这样,满身污渍,挤在床角的枕头下,无人知晓我的荣光,真恨不得比一个铜子儿还不如!但又能怎样呢?我只得无可奈何地睡了。

"小栓的爹,你就去么?"是那个老女人的声音。"唔,你给我罢。"男人应着。

我惊醒了，心里有一丝期待。

果不其然！那双厚实的手终又伸了过来，许久，似乎隔着布袋又将我们数了，不，是捏了一遍。另一双手接过了我们，颤抖着，把我们放入了衣袋，依然是腐旧的气息，周围却寒冷了许多。一只手轻轻按了我们几下，在小栓的一阵抑制不住的咳嗽声中，老栓带着我们出了门。

——类似的文字表述特色随处可见。学生不再是为经典这尊金像掸掸灰、刷几笔金粉，而是进入全新的创作状态，依托原文的话语提示，尽量呈现自己的心血凝结，力求交融进那一棵至今生长着的经典大树的鲜花绿叶。

总之，"合写"凭借原作，写的过程也是重入文本深入涵泳和提炼的过程，但写毕竟与读不是同一个走向，里边掺入创新的元素。开辟新的叙事"窗口"，使解读与创作都进入更高一层的体悟境地，避免了简单重复、机械敷衍之弊，为达到个性化的心智生成提供了强有力的支撑。

2. 分说之一：从《冷月无声》看"合写"的抒情特质

读了向岚同学写的《冷月无声》，沉吟许久。他想象那个叫夏瑜的英烈临刑前最后一夜孤独地望月，向着月儿倾吐情愫，斯人已亡，而冷月依然照耀着他的坟茔，他面前的鲜花和道路。全文如下：

一

秋天的上半夜，我爬上了天穹。

今夜，我将清辉独洒给一个叫夏瑜的人。

今夜，是他最后一次见我，明朝天亮，他，竟要死了。

"月，是你吗？"

我见到他吃力地扭过头，冷漠的白光下，他嘴角的血迹已凝结，我昨晚看见了，那是红眼睛阿义的杰作。

"月啊,为什么你如此的残忍?在我临死前来看我的人只有你,你来,是为了嘲笑我将要死了吗?

"可你的愿望要落空了,我并不后悔,只是觉得大家很可怜,很可怜,阿义可怜,明天杀我的人可怜,我的母亲一样很可怜。"

是的,我见过他的母亲,无数个黑夜中,我见过那个衣衫褴褛的妇人——坐在家徒四壁的屋里求神拜佛,保佑她的儿子平安归来。今夜,她正呆呆地坐在门槛上,傻子一般念着:"冤枉,我的儿子是冤枉的,他被人骗了啊!"

此时此刻,我又将光聚在夏瑜身上,苍寒的夜色中他是那样的瘦弱,无力,孤独。

"月啊,代替我凝望着这片大地吧!守望着这千疮百孔的华夏吧!你就在这里长长久久地看着,总有一天,长夜会过去,黎明就要到来了。代替我,看着这片名为华夏的土地走出长夜,迎来新时代吧!"

黎明前的寒冷的霜气凝在他的眉毛上,为这个年轻人添上一丝成熟,一丝悲壮。冷风穿过那扇牢房里唯一的小小的窗,穿透他身上唯一的一件衣服,打在他那看似文人的瘦弱的身体上。现在的他,什么也没有,阿义榨光了他的一切,包括他那双破了个窟窿的棉布鞋,但他有我,有我这个无声的而永恒的朋友。他的目光深邃,望着我,少了年轻人的轻率,多了成熟者的深沉。

"我不是去死,而是去一个新时代。"他抬起头来,坚定地说。

漫漫长夜即将过去,我不忍离去,然而,我又怎能说出来呢?我是天上的一轮孤月,没有人听得懂我的声音!正如这个时代听不懂夏瑜的声音一样。

冷月无声退去,夏瑜无声死去。

二

清明节的前夜,我独自照着一座孤城,它延伸出去的一条路,以及城外路边数以千计的荒坟。死一样寂静的夜,伴着空气中无数的悲叹，加之我的沉默，一切都那么的阴森。

什么人，在这条路上停下脚步，径直走向其中一个孤坟，那是夏瑜的坟。他在坟头上放上了什么，哦，原来是一圈红白相间的花圈。

"同志，安息吧，冷月为证，黎明不久就会到来。到那时我也会到那里去与你相伴。不会让你一个人在这里孤独。"

我胸中涌起一种深深的悲哀——没有人能听懂夏瑜及他的同志的话，除了我。可我的声音又有谁能听得懂呢？我只是天上一轮孤月，一轮冷月，只能站在高空看着人世间的悲剧一幕幕上演，却无能为力。

数万年来，月忠实地记录着每时每代的英雄壮歌，多少年来，朝代更替，歌词泛黄，而曲音依旧。都是为了这片大地及上面数万生灵吧。也许，有朝一日，我能再听到这样的壮歌，来打破这个愚朽麻木的现状。

三

我渐渐沉落，却看到远方，路的尽头正在被清晨第一道曦光照亮。

也许今天有些高中生对鲁迅小说《药》的叙事风格还不能完全顺应，试图通过增强抒情性，为原作丰满细节、增添意蕴，同时宣泄阅读时所蓄积的沉重压抑的心理郁结。向岚同学这篇《冷月无声》是显示其抒情特质的代表作之一，让我们看到学生"合写"时内心深处的波澜。

他特意安排"我"（冷月）与夏瑜的不完整的"对话"，即"我"听得到他的心声，"我"也默默回应着他（也包括他的同志），而他听不见"我"的回复。"我是天上的一轮孤月，没有人听得懂我的声音！正如这个时代听不懂夏瑜的声音一样。"这一句凝聚着深深的悲凉之情，折射出天上人间不和谐的"对话"的悲剧本质，此情弥散到全篇各节。冷月不"冷"，她将皎洁给了孤独的英雄，——"今夜，我将清辉独洒给一个叫夏瑜的人。"类似的描写反复数次，并穿插描述夏瑜的心灵独白、夏母的凄寒无助、同志的悼念慰藉等内容，袒露了革命者的坚贞心志。冷月亦"冷"也，凭借富于诗意的冷月天光的衬托，渲染出人间悲剧的悲凉氛围。结尾，"远方""曦光"诸语，涂抹上浓郁的象征色调，暗含了对未来实现理想的祈求。总起来看，这篇能与《我是一株垂死的莲》媲美，虽然还有文字纰漏，也堪称一流的学生习作了。

这种抒情的特质，许多篇作业都鲜明地凸现着。比如：

——吴双同学的《灯之眼》，此篇文字甚佳，从灯盏的视角望向世间怪状，抒情浓郁，象征的意味也蕴含其内。只录末尾几行：

她点亮了我，是怕儿子在阴间没有光亮，派我前去照明？我知道，这是习俗。可哪里有阴间呢？她的希望，是多么虚无甚至愚蠢啊？我抬起眼，望望身旁的丛冢，蓦地想起两个字：馒头。

老女人绝望地走了。

一阵强风吹过，好大的风啊！灯灭了。

一片绝望的黑暗。

——方昊同学的《红》，此篇假"华小栓"的口吻行文，描述细腻感人，结尾构思诡奇，亦含象征意义：

荒凉的季节，几把枯草是我的伴，我的身上不再是留着补丁的棉被，而是一层层黄土。我再也不会觉得胸口疼痛，我自由了，但我不能再说话，而是要永远活在黑暗的世界里，只有我的心陪着我。那馒头果然有效，这不，我不痛了，病全好了，我再也不会痛苦……

荒烟蔓草的年头，一个老女人立在坟头，默默地，默默地流着泪，似乎在悔恨什么。一只乌鸦，箭一般的，头也不回地唱着凄惨的歌，朝着那夕阳的方向飞去，那阳光中，渗着一点红……

——孟竹同学的《馒头断想》，结尾直抒胸臆，跳出来宣示本意，融合着浓浓情感：

"睡一会儿罢，——便好了。"我看着华大妈虔诚的面容，听着她坚定的话语，竟产生一种莫名的伤感了。我多想跳到她面前，告诉她："我只是一个馒头，蘸了人血也不会变成仙药！"我多想让她一家听见那经久不绝的叹息声，感受到那不肯屈服的奔腾的血液。我蓦地明白，我所以被烧成带有奇香的乌黑色，皆因浸透着深深的无奈与悲哀。

阅读这样或间接或直接抒情的文字，对比鲁迅先生原文，感到叙事风格方面的比较大的反差。原文乃是俭省地客观描述，只将巨大的悲愤压抑在文字内核里，并不主动打开释放的闸门，这与《伤逝》《祝福》诸篇基本的叙事风格差异很大。小作者们利用"合写"的机会，从各个角度努力释放原作内核中冰封着的情绪，融化，膨胀，生长。宛若历尽沧桑的老树枝叶间忽然抽出若干新枝新芽吧，有点像了。严格说来这是不协调的，可从阅读教学的特性来评说，这又透露出同学们参悟原作的情感热度，试图穿透原作精髓的思维强度，想表现对原作认同感与"合写"意识的积极倾向。——我始终首先从解读经典的立场评价这些"合写"作业的教学价值，尽管其价值还体现在别的方面。

3. 分说之二：从两篇取材"馒头"的作业看叙事结构的特点

从叙事条理、结构上看《药》，一般分解为明线和暗线的交织，焦点设立在人血馒头与黄土馒头（坟头）之间。小作者的作业，焦点依旧，可视角与叙事条理、结构发生了变化，而且呈现出个性化的趋向。绝大部分作业都可以拿来演示，我这里先取两篇写"馒头"的习作为例，约略辨析之。

头一个，王帅同学的《药？》。我想照录全文，这篇思路和文字都比较出色——

我是一个馒头，豪放的北方人的最爱。我们的族群通常寿命很短，因为人们总是在我们刚出生，还冒着热气时就迫不及待地把我们吃掉。但是由于我们口味香甜，又很容易让人有饱足感，而使得人们总是对我们不离不弃，让我族群的历史随着中华民族绵延近五千年。穷人把我们视如珍宝，富人把我们一个个叠起来祝寿。我本以为自己的命运也必然是那两者之一，可这儿的人们却把我用作了别的用途：药。我很纳闷。从来没有听说过我们还有治病的功效啊！可我又很开心。想不到自己短暂的生命还能减轻人类的病痛，顿时觉得自己尊贵了不少。

其实刚出生时，我与同类没什么两样，大家都在一个大笼屉里降生，只是我被分配到的地方不太好——牢狱。狱卒端着我和一小撮炒菜往监牢里走，只听"啪啪"两声，像是扇耳光的声音。我被端到被扇耳光的人面前。这个人面色憔悴，脸颊有些红肿，眼神却不屈服。端我的狱卒对扇耳光的狱卒说："头儿，这是夏瑜的饭。"那个"头儿"火冒三丈地说："饭？他还配吃饭？还说什么'大清是我们大家的'这种鬼话！反正他晚上就行刑了，这疯子就让他当个饿死鬼吧！""唉，那我把饭端给别的犯人去。""慢着！""头儿"又说，"搁这儿！不是有人要买他的血当药吗，馒头留着蘸'药'使！"说着便拿起我，走开了。

我们历来都是就着菜肴被吃掉的，蘸了人血，先别说能不能当药，能不能吃都是个问题！我虽不求能对人有多么大的好处，但是也不想无故害了别人……我这么想着的时候，发现自己被带到了外面。身旁一个彪形大汉赤裸着上身，熟练地磨着刀。边上是那个叫夏瑜的囚犯，绑着胳膊站在那儿。"跪下！"拿着我的牢头说。夏瑜不理。"我让你跪下！"牢头一脚狠狠踢向夏瑜的膝后，夏瑜失去重心而双膝着地，却不低头。牢头又不好按着他的头，只得让刽子手就这样砍下去。我不忍心看，闭上眼，只感觉一阵冷风刮过，然后听见热血喷射到地上的声音。炽热的液体抹在我的身上，流来流去挣扎着。我睁开眼，全是殷红。

随后我被带离刑场，以高于正常身价几百倍的价钱卖给了一个老头。老头双手颤抖着接下我，小心翼翼地带回家，交给他的老婆，两人一起把我塞进了灶里。这种热度让我仿佛回到刚刚诞生的时候。不知道其他同伴的命运是什么呢？我又将成为谁的"药"呢？想着想着，便在这热度中昏昏睡去。

醒来时我已经被端出炉灶，盛在碟子里放在一个病怏怏的青年面前，被他小心地撮起，仔细打量着。他的两侧分别站着刚才的老头和他老婆（想来是这青年的父母），他俩目不转睛地看着那青年。他把我掰开，一口一口正常地吃着，好像只是在填饱肚子，并不像在吃药。

我一进到他体内，便开始随着他的咳嗽一下下地颤动：病得真是不轻啊！我期待着自己的大显身手、妙手回春，却并没有像树叶遇到火一样在他体内产生剧烈的作用，只是慢慢地被消化着，消化着——其他的什么都没有。而这个人咳嗽发作的频率却越来越高，同时一次比一次咳嗽得厉害。我是真的想帮他做些什么，但我什么都做不到。

终于有一天，他咳得地动山摇，天崩地裂，然后身体一僵，就再也不咳了。连气都没了。

我随着他入土。弥留之际，我回想自己的一生：我是馒头吗？可是吃我的人没有享受到饱足的愉悦；我是药吗？可是吃我的人病痛并没有减轻。——我究竟是什么？

只盼来世做一个普普通通的馒头。

第二个，贺玥萌同学的《我们都是馒头》，构思奇特，行文比较俏皮。他的结构框架是：我是一个馒头／我是那个馒头的兄弟。联系原作的基本情节，依次加以描述：前一个馒头，是王二婶卖给康大叔的，他叙说缘由，揣在怀里去了刑场，热血迸溅后，——"被康大叔从怀中拿出，撕去荷叶，便去蘸那刚溅出来的鲜血。我下意识地往后躲了躲，可没有躲过，那灼热的鲜血瞬时浸入我的身体","一阵红黑的火焰过去，我感到灼热难耐，我被端上了桌。面前是老栓的儿子小栓，他得了痨病，我听二婶说过。他拿起了我，像是拿起了他的性命一般，一下子，他把我撕了开来，我感到撕心的痛苦，一阵白气过后，我感到一阵眩晕，晕了过去……"后一个馒头，成了坟地祭祀的供品，乃是夏瑜的同志送来的。三天后，"我"看见夏四奶奶和华大妈也来上坟了。——"那天晚上，我兄弟突然来给我托梦，说他被康大叔带走之后，被人蘸血吃了下去。我想不通，那些人真是愚蠢，这蘸了血的馒头怎么会比雪白的馒头好吃呢？／我正愣神，却看见夏四奶奶和华大妈来了，她们正盯着一个花圈出神。我认识那个花圈，那是三天前，一个小青年送来的，他还向左边的那座新坟恭恭敬敬地鞠了三躬，说了些什么'革命'呀，'胜利'呀之类的话。我转过头又看了看夏四奶奶，她嘴里一直叨叨着：'我们瑜儿是冤枉的，冤枉的……'猛听得一声乌鸦叫，一直蹲在树上的乌鸦突地飞了起来，箭一般地冲向了远方，坟场里，只剩下呆呆的夏四奶奶。／看到这儿，我不禁笑了，这些人，真是疯了，没事什么革命呀，造反呀的瞎弄什么呀，像我这样安静地待着不好吗？真是疯了。"

——我们先看这两个作业与原作的内在关联。主题方面，本质上趋同，这是学生不想逾越的界限。叙事角度与呈现主体（人称），完全变了，于是人物和情节、细节方面，填充与改造的成分较多。

再看作业里新的叙事条理和结构。（1）摄取的角度，从外部转入到内部，赋予"馒头"一双观察的眼睛，一颗人的心灵。（2）表现主题的主观限制程度，几乎都有意克制，延续了悲剧的内涵。（3）叙事条理和结构，乃是根据摄取角度和宣示主题的需要，做出重新设计。王帅文截取原作的部分主要情节（取药和吃药），添加了牢狱中阿义施威（脱离原作的虚构）、刑场上康大叔行刑的细节。贺玥萌文脱离原作加以虚构的成分更多，从行刑延续到上坟，始终让那两个"馒头"担任摄取的镜头。就二者的结构特点而言，都采取纵向延伸的思路，可后者变换了视角（从人血馒头到祭祀馒头），取接替叙事的方式保持故事的连贯性。

联系其他作业，可以初步提取出安排条理、组织结构的主要特点。第一，从原始文本中选取一个具象（含人物），多用第一人称，以此作为摄取的视角。第二，从预设的角度重新审视作品内容，设置叙事的线索，筛选原作中的部分主要情节，加以连缀、填补、改造，形成相对完整和自足的叙述结构。第三，多采用时间顺序基本贴近原作而空间、场面较大幅度转换的办法，灵活地表述。就个体习作看，因视角集中、主题鲜明、线索贯穿有力、材料筛选有致，一般能够做到条理清晰而结构完整，容量较大。就群体的"和谐"成果看，形式趋于多样，有个性，灵气活现。个性化的形成，有赖于几乎每个同学都找到一扇属于自己的"窗口"望向作品整体、望出自己的独特感受和"合写"构思。

抒情的特质，多样化的构思和结构样式，乃是这次"合写"作业的突出特色。这两条，恰恰构成对应着的两条通道：之所以能具有抒情的特质，是因为向经典文本内部融入的渠道畅通了，思想情感上产生了与作者的共鸣，有受到感化的切实效果；之所以能具有多样化的构思和结构样式，是因为从经典文本固有的叙事格局逐渐向外挣脱，采用了一些非现实主义手法、非传统技法的表现形式，且崇尚个人创新、反对复制雷同。这两条通道各有其作用，但我认为前者还是根基，当认可了，感动了，激情进入燃烧的状态，——自由创造（个性化表达）才会展现出缤纷的色彩。从这个意义上说，前者是因，后者是果，这还是比较符合实情的。

抒情的特质归于魂魄，多样化的构思和结构样式归于骨架筋脉，若这样看待，还缺少一个必要的最为活跃的元素，——你使用什么样的语言来表达，也就是素常所讲的血肉肤色。这一点，下节将择要品味欣赏。

四、评"合写"之力：揣摩学生的文字表述

揣摩学生"合写"文字的表述特点，先要揣摩鲁迅先生这篇《药》的文字表述特色，而文字表述又联系着体现着诸多因素，其中的要害问题乃是：（1）作者观照时代、社会和人生的思想情感，即他的宏观视界；（2）关于该作品的特殊视界，包含三条要义，即它是特定的、形象的、典型的；（3）作者表述这个内容所摄取的角度（视角），所描写刻画的情境，所渗透的情感；（4）具体的语言风味、行文特色。

1.《药》之审视

（1）宏观视界和微观视界

扼要地讲，鲁迅先生将批判锋芒指向旧时代，在抗争的呐喊与反省的彷徨之间，描述出一幅幅生活画面，一群群各色人物，借以凸现世态心态，寄托同情，警喻国人正视、反省而奋起疗救。我感到"呐喊"还是他那一时期小说创作的主旋律，目的是唤醒在黑屋子里昏睡的同胞。《药》描述了一个特殊事件：愚昧的下层劳动者用人血馒头医治绝症，又因这血来自被官府砍下的革命者头颅，遂蕴含了巨大悲哀和反省意识，使围绕"药"展开的人物活动具有深刻的典型意义。

就这个小说的叙事而言，一个事件分为四次讲述：核心是药，依次说它被买来了、它被吃掉了、它被谈论着、它被埋葬了。每次讲述，都截取故事的一个侧面，将局部放大，显示一部分细节，增添一些新的人物，凸现主题的某些内涵。——故事情节、人物和主题，就这样一点点显影而出，最终把情境定格在凄凉的坟场上，暗示着哀痛、绝望与微茫的希望。

（2）叙事的角度

从叙事的摄取角度看，似乎交错使用了两种视角，连带着显现出两种视线、视野、感觉和情绪，影响着文字表述发生一些细微的变化。

①视角处于故事情境之外，那是一双知情者的眼睛（也可以认为就是作者本人），扫描着人物行为、情节演进。②视角处于故事情境之内，分别从华老栓、小栓、华大妈和夏四奶奶等活动在故事情境之中的人物的眼睛望出去，侧重写他们自己的某些感受，描述他们所看见的内容的文字，自然浸润着其人的心理体验。也就是说，有时故事内部潜伏着游移着一双内视的"眼睛"。这两种视角、两类文字交错在作品语境里，汇合成叙事的整体。

比如，用华老栓的眼睛观看行刑的场面，倾听看客们的声音，感受刑场怪异的氛围：

老栓正在专心走路，忽然吃了一惊，远远里看见一条丁字街，明明白白横着。他便退了几步，寻到一家关着门的铺子，蹩进檐下，靠门立住了。好一会，身上觉得有些发冷。

"哼，老头子。"

"倒高兴……"

老栓又吃一惊，睁眼看时，几个人从他面前过去了。一个还回头看他，样子不甚分明，但很像久饿的人见了食物一般，眼里闪出一种攫取的光。老栓看看灯笼，已经熄了。按一按衣袋，硬硬的还在。仰起头两面一望，只见许多古怪的人，三三两两，鬼似的在那里徘徊；定睛再看，却也看不出什么别的奇怪。

没有多久，又见几个兵，在那边走动；衣服前后的一个大白圆圈，远地里也看得清楚，走过面前的，并且看出号衣上暗红的镶边。——一阵脚步声响，一眨眼，已经拥过了一大簇人。那三三两两的人，也忽然合作一堆，潮一般向前进；将到丁字街口，便突然立住，簇成一个半圆。

老栓也向那边看，却只见一堆人的后背；颈项都伸得很长，仿佛许多鸭，被无形的手捏住了的，向上提着。静了一会，似乎有点声音，便又动摇起来，轰的一声，都向后退；一直散到老栓立着的地方,几乎将他挤倒了。

下面这一段文字,写华小栓眼中所见、口中所"味"和心中所感:

小栓撮起这黑东西,看了一会,似乎拿着自己的性命一般,心里说不出的奇怪。十分小心的拗开了,焦皮里面窜出一道白气,白气散了,是两半个白面的馒头。——不多工夫,已经全在肚里了,却全忘了什么味;面前只剩下一张空盘。他的旁边,一面立着他的父亲,一面立着他的母亲,两人的眼光,都仿佛要在他身上注进什么又要取出什么似的;便禁不住心跳起来,按着胸膛,又是一阵咳嗽。

"上坟"那一节,描写两位老母亲之间的交流交往,视角与视线变换比较频繁,这里就不引述分辨了。作者没有采用第一人称叙事,也没有完全采取第三人称叙事("全知"型),而是尽量将自己的讲述与被讲述者的所见、所闻、所感交汇在一起。这种大视角里边潜伏小视角的叙事方法,丰富了描述的层次,增多了真实感和质感;二者的转化也自然妥帖。比如下面这几行描写:

"这给谁治病的呀?"老栓也似乎听得有人问他,但他并不答应;他的精神,现在只在一个包上,仿佛抱着一个十世单传的婴儿,别的事情,都已置之度外了。他现在要将这包里的新的生命,移植到他家里,收获许多幸福。太阳也出来了;在他面前,显出一条大道,直到他家中,后面也照见丁字街头破匾上"古□亭口"这四个黯淡的金字。

前边主要从老栓的角度,写他的感受,而末一句视线拉开,又回到作者原来的大视角,去引导读者关注"华老栓"根本不会关注的主要信息。这个反差,来源于大小两个视角、两种视野和两种心境,让作者不露声色地联结在一起,显示出高妙的叙事技巧。

(3)小说语言特点与《药》的描述节奏、行文个性

至于《药》在行文方面的文字特色,与那一时期作者其他小说作品有着密切联系。所以,先引述几则名家的评价:

用笔深刻冷隽,句法简洁峭拔。不肯将自己所要说的话,明明白

179

白的说出来，只教你自己去想。他文字异常冷隽，富于幽默，好像坚果似的愈咀嚼愈有回味。用字造句都经过千锤百炼，故具有简洁短峭的优点。（系引用者摘编，下同）

——苏雪林《〈阿Q正传〉及鲁迅创作的艺术》(1934年）

鲁迅小说的基本特点，是多写病态社会中不幸的人们，其艺术格调是忧愤深广。病态和不幸是社会的形相，忧愤是作者博大的心，这种心与形自然融洽，达到深刻的思想内容和完善的艺术形式的统一。……鲁迅小说的一人一事，每个人的一颦一笑，每个事物的一形一态，往往包含着或暗示着人生的甘苦、世态的炎凉、精神的昏醒和历史的浮沉，经得起反复的吟咏，反复的咀嚼。

——杨义《鲁迅小说会心录》（1989年）

《呐喊》《彷徨》的环境描写，重点不在政治环境和经济环境，而在社会思想环境组成的人与人的思想关系。……他的景物描写虽少而精，虽短而粹，每有新作，必臻绝美。他长于为不同的情绪下的自然景物设色、设声、设置语言的旋律和节奏，景中见情，融情于景，且实景与象征相结合，自然景物与社会思想环境相贯通，蕴藉深挚，韵味极佳。……削弱故事情节、加强情绪表现的散文化倾向是《呐喊》《彷徨》在情节结构上的显著特点。/《呐喊》《彷徨》(具有）沉郁、凝练、含蓄的艺术风格和语言风格。沉郁，产生于鲁迅对中国封建社会意识形态认识的深刻性、对中国反封建思想革命长期性的明确估计。凝练、含蓄产生于鲁迅思想的博大精深和他所表现的封建社会意识形态之间的巨大悬隔差，也产生于鲁迅思想与一般读者认识水平的巨大悬隔差。……以可以唤起丰富联想的精炼语言和传神性能极强的词汇，简洁地塑出事物和人物的神态，为读者留下多方面联想的可能性和根据自己的生活经验补充大量次要特征的余地，是鲁迅小说语言之能够达到高度凝练和含蓄的主要原因。

——王富仁《〈呐喊〉〈彷徨〉综论》（1985年）

专家点评　一次清醒的教学超越

鲁迅先生最能抓住人物独具的特点,从衣着、神态、行动、性格上下笔,几笔便能出神入化,描写出各不相同的形象。鲁迅先生尤其能以人物的个性语言,刻画人物的个性。……同时,鲁迅先生还善于精选和使用生动活泼的农民口语,吸收和运用富有生命力的古典文学的语言。鲁迅先生通过人物在行动中的动态描写,把形形色色的人物描写得栩栩如生;他的小说的叙事语言都极为动态,为刻画人物增色,使情节引人入胜。鲁迅先生的小说的对话少而精,句式短而精,这是由于他精通中国语言,对古典文学具有博大精深的造诣。鲁迅先生在他的小说中每写一个场景,都是一个画面,人物活动中情景交融中,给人以立体感。因此,鲁迅先生虽然是在小说创作中吸收外国文学中某些形式和手法的第一人,却又是最全面的继承和发展了中国古典小说的民族风格。

——刘绍棠《向鲁迅学写小说》(1984年)

上面这些精辟的开阔的评述,基本揭示出鲁迅先生小说的语言表述特色。我们若将探究的目光集中在《药》这一篇上,体会其特殊性(共性里的个性)所在,我想,是否可以主要从叙事的角度、描述的节奏、行文的个性(包括色调,等等)这三个侧面加以体会。

① 叙事的角度

这个问题上文已经涉及,这里侧重从语言表述上提取要点。因外在的大视角与情境内部的小视角交错转换,牵制了描述节奏的疾与缓、描写过程的疏与密等因素,尤其是增加了刻画的质感,让读者既能看到较大的场面、了解宽阔的背景信息,又能对一些细部体察入微,感同身受。具体分析从略。

② 描述的节奏

总起来看,第一节"买药"和第四节"上坟"节奏较慢,第二节"吃药"节奏最快,第三节"谈药"节奏较快。当节奏放慢的时候,恰恰是从故事情境内部的那双潜伏着的人物之目望出去的内容为多,描

181

写相对也就细致。这是大而言之。

就一节之内，小而观之，则描述的节奏也是快慢相济的。比如第一节，开篇写华老栓起床，取钱，教训小栓，节奏较慢；而写上路至街口的情况节奏较快，回返途中亦然；当中写观看行刑，几乎都从老栓的眼睛望过去的，节奏为慢，取"药"也是这样。

仔细品味描述的视角、节奏以及二者的内在关联，有助于理解作者在文字方面的铺排取舍、疏密变换的用心，尤其对慢节奏刻画的地方需要读得更细心，体会得更深入，进入其情其境，感受当中氤氲着的情绪、情结。

③ 行文的个性

用墨俭省，风格冷峭，用语精警传神，描写往往显现出浮雕般的深度和力度，这些特点在《药》中依然鲜明地呈现着。有关的解析评论非常多，这里不拟附述。我想说说自己的一些阅读感受。

第一，肃杀气浸透全篇。若说色调，很冷的，可谓寒意入骨。一个可爱的热烈的生命被屠刀屠宰了，可华老栓眼睛里望见的那群看客在做什么呢？如鲨鱼闻见血腥味而兴奋异常，扑过去吮吸那鲜艳的血红！这个情节（场面）用了较多的笔墨来渲染，而且是从老栓的视角去描写，何其惨痛。老栓善良，不至于如那些可能比较年轻的看客们那般无聊，他的兴奋点是什么呢？也是人血，悲哀在于他不知道也不想知道那是谁的血。

——街上黑沉沉的一无所有，只有一条灰白的路，看得分明。灯光照着他的两脚，一前一后的走。有时也遇到几只狗，可是一只也没有叫。天气比屋子里冷多了；老栓倒觉爽快，仿佛一旦变了少年，得了神通，有给人生命的本领似的，跨步格外高远。而且路也愈走愈分明，天也愈走愈亮了。

——他的精神，现在只在一个包上，仿佛抱着一个十世单传的婴儿，别的事情，都已置之度外了。他现在要将这包里的新的生命，移植到他家里,收获许多幸福。太阳也出来了;在他面前,显出一条大道,直到他家中,后面也照见丁字街头破匾上"古□亭口"这四个黯淡的金字。

——他的旁边,一面立着他的父亲,一面立着他的母亲,两人的眼光,都仿佛要在他身上注进什么又要取出什么似的……

这几段文字,肃杀气格外浓。即便是写茶馆里谈论的场面,那也是从反面延续着人间的冷酷。谈客们,何尝不是追逐血腥味道而兴奋快意的一群。每一行描述的文字,都是悲剧的一个音符。作者偏偏冷静地写,将滚沸的熔岩压抑在心底,只呈现给读者一条铁青色狰狞的山脉。

第二,诗意的凝结与飘散。第一节和第四节,我每每当"诗"来看待。"买药"是将阴冷肃杀的氛围凝结起来,创设出一个森森然冷飕飕的诗境,鬼气摇荡其间。而"上坟"则是将阴冷肃杀的氛围飘散开去,重叠着好几层心理的悲哀:华大妈受了迷信观念和江湖恶人的骗,丢了洋钱也丢了儿子,丢了晚年生存的依靠。夏四奶奶受了正统观念和官府的骗,只希望儿子是被冤枉的,却没有看见乌鸦显灵,含悲而去。这边坟里的小栓受了家长的骗,郁郁长眠。那边坟里的冷剑润玉,情况复杂些,——他们死得没有价值吗?不好说了。(我总联想到"我自横刀向天笑,去留肝胆两昆仑",联想到孙文先生那篇祭奠黄花岗七十二烈士的血泪文字。整整一百年过去了,我们的视野里容纳了太多鲁迅先生没有看到的人间景象。停留在那个时代来评判"药"和"花环",等等,总归不那么地道。但文学作品的形象性、典型性往往大于作者理性的分辨。所以我对其中诗意的凝结与飘散,怀着深深的敬畏感,并认为这是阅读描述文字时,需要仔细深入体味的。)

2. 学生"合写"文字之审视

邓老师将"改写"替换为"合写",立足点变了,一字之差,宣示出一种新的教学立意。"改写"与"合写",区别乃是很大的。"改",

着力于站在自己的一方来写，原作只是一种客观的存在，一份将被改造的文本。而"合"，突出了"我"必须进入作者心境，体察他的思想情怀，并形成平等的内在的交流，尔后倾吐出"我"的感受，帮助原作者丰富文本内容和细节，完成阅读者的再度创造。"合写"的首要目的乃是用新的学习样式复读经典文本，进一步提高"对话"的深入和精微的程度。从文字表述方面，细读学生"合写"的成果，我体会着"合"的要旨，并感受着语文课所应具有的人文精神与学科教学之间的和谐关系。

"合"者，包含什么呢？大体上容纳了三个层面。前两个层面，上文第二节和第三节已经说过了，即融入作者的人文情怀、学习小说构思的技法等，这是"合写"的"魂"与"体"。第三个层面，乃是学习原作的文字表述特色，并写出一篇自己的新的文字。"魂"也好，"体"也好，最终都要通过一句句、一段段的文字体现出来。可见，这三个层面其实融和在一起，构成精神发育和语文能力提升的心灵历程。

这段奇特的历程之中，起到牵引作用的力量，又是什么呢？从语文教学系统诸要素的内在关系来看，教师依据教学论原则提出新的教学立意、创设新的教学条件（如利用网络教学平台做支撑等），这是一条。学生被焕发出主动探究的热情，积极投入教学活动，这也是一条。有了教师与学生的良好互动，接下去，强大的牵引力量则来自经典文本本身，其实现牵引的过程也恰恰是将经典读热读细的过程，并在这个过程里努力借鉴之，丰富之，发展之。（当然，这种丰富与发展带有教学特性，乃是符合学生学习的特定需求的，不可混淆于一般的"故事新编"之类。）

从语言表述方面，研读学生的"合写"文字，能够更为感性地细致地感受到经典文本的牵引力度。我拟分作几个侧面加以揣摩——

（1）通过"合写"，将原作的冷峭变为热烈、内敛变为宣泄。这从反方向体现了经典文本的牵引力。

前面我引述过的《我是一株垂死的莲》《徘徊的乌鸦》《冷月无声》诸篇，莫不如是也。我感到，邓老师教的那一班高二学生具有很深的悲悯情怀，似乎愈往《药》的深处读，愈是被作品笼罩着回旋着的巨大悲哀所压迫，心灵几乎难于承受，禁不住掘开一个口子，引导被作者压抑在内心深处的熔岩喷涌而出，冷峭遂变为热烈，内敛遂变为宣泄。我把这个现象称作经典文本进入学生心灵之后爆发出来的反作用力，实质上也是小读者与作者之间的深层契合与对话的特殊反应。字里行间，点点滴滴，我分享着碰撞后所闪烁的思想火花，所产生的心灵悸动，顺乎人性人情流露而出的呼应和互补。那班学生在网上阅读同学的文字，跟帖里亦多认同之感、共鸣之声。仅摘数则。

评《徘徊的乌鸦》——

何柳评论：后面一段好！立意新！我来了，我又走了。我带着辛酸来，我不带希望走。

孟竹评论："我是一个永远无法解脱的人，我的灵魂将化作一只乌鸦，等着看这片土地的埋葬，或者，重生。"灵魂化作乌鸦，好联想！给了读者无限的遐想空间。

张蒂评论：强悍，一个革命者的心愿不能实现，他将永远徘徊。

评《冷月无声》——

李巍评论：开头就感觉很棒。月亮高高的在静谧的夜空中，看着人间表演的一出出默剧，却无能为力。于是冷月无声。

张蒂评论："冷月无声退去，夏瑜无声死去。"写得太好了，夏瑜的死也许真的没有触动人们麻木已久的神经。

刘梦阳评论：冷月无声，向岚有意。（附注，"向岚"是《冷月无声》的作者。）

何柳评论：把文章的灰暗的气息释放了出来，很有共鸣！如此瘦弱的身体，却可以拥有这惊人的精神力量，不禁让人对夏瑜敬佩

185

已极。

孟竹评论:"冷月无声退去,夏瑜无声死去。"寥寥几语,却让我陷入了一种深深的绝望。无论如何,我宁愿相信,夏瑜的死,是有意义的。

(2)从原作的情境内部,选择一个人物、器物或其他具象作为视角(叙事的凭依),将个人的视线、视野、感触融解在"这一个"里,所描述的文字也随之而有了生命的热度、聚焦的尺度、传情表意的蜿蜒石渠。

我年少时读鲁迅,隐隐感觉他的一些小说乃是苍凉深邃的幽幽的死火山口,抚摸一下山岩,似觉尚余温热,却看不清楚杳然深洞里潜伏着什么。这次,邓老师用"合写"这根吊索,导引着学生下入作品底层去巡视,探幽,发现和体验,并通过"表达"凝固感受。这是难得的教学思路。

粗略分辨,按照这两种思路表述者居多。

第一种,取小说中的某个人物之目之感。这篇方昊同学写的《红》即是,全文照录:

是谁在我的床边?朦胧中我望见了一个模糊的背影——我的父亲——华老栓。您要去做什么?我想问他但我已不能动弹,只发出两声木柴似的干咳。"小栓,你不要起来……店么,你娘会安排的。"我望着他蹩出门去,又睡下了,心里推测着他的去向。

醒来像往常一样,照样吃着白水兑的冷饭,一点点咸菜,一块干瘪的馒头,胸口的疼痛已让我无力去面对这苍白的一切,忍着痛,咽下一口口干瘪的馒头。突然,爹的影子从窗户上透进来,外面隐约能望见黄灿灿的太阳带着点红歪斜地挂在天边,像死人未熄灭的灯。爹慌张地跨进门来,头上汗津津的,脸上挂着一种久违的微笑。突然我注意到了他抱在胸口的东西——用破灯笼罩包着的什么,一角被洇成了血红色。

爹没有看我，他跟娘慌张地走到灶下，脸上闪烁着喜悦，似乎怀里的东西比我更为重要。不一会儿，一种奇特的香味从灶中飘飘乎进入我的嗅觉器官，是什么？我有点迷惑——那东西是什么？"小栓，你进来吧！"我木讷地踱到灶下，只见一张凳子立在中间，像刑场上的刑具，透着一种冷冷的阴气，只是鼻子里香香的。我坐定，娘端来一个盘子，里面躺着一团黑乎乎的东西，香味就是从它身上发出来的。"吃了它吧孩子，吃了病就好了！"母亲在我的右手，父亲在我的左手，他们的眼光中充满了火，那是经历了无数次治病失败后重新点燃的希望的火。我看看他们，又望望盘中的"药"，慢慢伸手，碰触到它微微发热的黑黢黢的身体，一使劲，它便成了两半，一股白气从中窜了出来，在屋中弥漫开来——不一会儿，它就全在我肚中，忘了是什么味道。回头望望爹娘，他们相视而笑，突然我不禁觉得胸口剧痛难忍，我的咳声似乎给他们一个重重的打击。

　　回到房中睡下，朦胧中听到外屋人在吵吵闹闹地谈论什么，"包好包好……人血馒头……活该……傻小子……"他们在谈论什么？我从床上爬起来，把耳朵贴在门上细听，终于明白了这药的来历，原来是一个叫夏瑜的人的血染红的馒头。真的像他们说的那么神奇吗？真的可以治好我的病吗？这么多人都说定会治好，嗯，我要对自己有信心，要是连这人血馒头都治不好这病，世上还有什么可以治好呢？什么时候才会起效果呢？虽然现在我胸口还痛得厉害，相信不久便会好吧。不一会儿，我就陶醉在大人的津津乐道中了，听他们讲一个"疯子"的故事……

　　荒凉的季节，几把枯草是我的伴，我的身上不再是留着补丁的棉被，而是一层层黄土。我再也不会觉得胸口疼痛，我自由了，但我不能再说话，而是要永远活在黑暗的世界里，只有我的心陪着我。那馒头果然有效，这不，我不痛了，病全好了，我再也不会痛苦……

　　荒烟蔓草的年头，一个老女人立在坟头，默默地，默默地流着泪,似乎在悔恨什么。一只乌鸦,箭一般的,头也不回地唱着凄惨的歌,朝着那夕阳的方向飞去,那阳光中,渗着一点红……

张沛霖评论:字字看来皆是血。

腾远芳评论:没有觉醒的民族等待她的就只有死亡。

梁宵评论:红色,是血,是生命。有种特殊的韵味。强~~~

孟竹评论:字字看来皆是血。和沛霖君有同感!

细心辨析,小作者多处化用了鲁迅先生原作的关键语句,但化而不粘,文字表述的熟练程度还是不低的。这篇,比较好地把守住原作的表述分寸,以贴近作品人物原貌(心理区域和性格特征)为底线,将局部的内容放大,细化,变速写为素描,应该说还是较好地帮作者"添枝加叶"。红,这个意象极力加深印痕,似乎也有延续原作诗意的意图。

另一种,乃是从不起眼儿的一个或者几个具象切入,极力沉浸到原作描述的细部里,翻出新的角度和构思。此类作业最多,也精彩,我这里只引述张然然同学的《我不情愿》(略有删改)——

一、我是一个馒头

我是一个馒头,一个普普通通的馒头。我以为,我的一生该是很普通的:从一个面团到被整得白白的出锅,然后为某个饥饿的人填饱肚子。就是这样平凡却有意义。

那是个很寂静的夜晚,我也静静地等待着去完成我的使命。突然,一只黑黑的手抓住了我,我知道到了献身的时候了。虽然不喜欢这个弄脏我衣服的人,但又有什么办法呢?认命吧!奇怪的是,那个黑手把我带到了刑场。在这一片黑暗的寂静中,这里显得好热闹;一群人聚在一起边笑边等待行刑。我想那要死的人要么是流氓要么是强盗,不然那些人怎么那么高兴呢。不多工夫,人已处决。仿佛听到那人拼上最后一口气高喊:"大清是我们大家的!"我被蒸熟前面团一定揉得不好,以致气孔没有通开而影响了我的听力,怎么会有人说这种疯话呢！一定是我听差了。未待我回过神来,我已被那黑手扔进了血泊中。"好烫！"我尖叫道。一股血流涌进我嘴里,血腥味呛得我不敢再开口。

唉,我一个雪白雪白的馒头竟满身血污,是什么恶人啊,连大清一个清清白白老老实实的馒头都不放过。我不情愿啊！

二、我是一个舌头

我是一个舌头,长在一个叫华小栓的人的嘴里。做他的舌头还真倒霉啊,这个老病号,一天到晚吃一些稀奇古怪的药,那滋味一个比一个苦;动不动就咳嗽,咳急了还要害我被我的牙齿咬到。命运不济啊！今天的药又来了,小栓张开嘴,我急忙向外看：啊呀！竟是个黑乎乎的馒头。还未等我回过神来,那黑乎乎的家伙就一堆堆地涌了进来。好难吃！那家伙一边被唾液分解着,一边向我诉苦："你说我原本一个白白净净的馒头怎么就被糟蹋成这种模样,我不情愿啊！"哼,我还不情愿呢,吃这么难吃的东西！……

三、我是一条路

我是一条路。不是马路,是坟场上一条被扫墓的人硬踩出来的路。左边是死刑犯人的墓,右边则是穷人家的墓。说句心里话,在我看来它们真没什么分别,不都是被一个个大馒头包着嘛！可那些上坟的人分得可清楚了：给穷人们上坟的人从不踩我的左边；要是有死刑犯的家属不注意踩到了右边来,准有穷人要奚落他们一番。久而久之,死刑犯的家人们也只好灰头土脸小心翼翼地踩着我的左肩去看他们的亡亲。所以你看看我,本是一条平坦的路,却被他们踩成了如今这副两边低中间高的德行,天知道我有多不情愿！

让我心烦的还不止这些上坟的人,我两边的那些死人们也让我不得清静。最近死了两个人,恰被埋在我的一左一右。右边那个穷人的舌头真是不消停,非埋在我左边那个人的血不干净,害它主人吃了蘸有他血的馒头而丧命。咳,还从没有听说过喝了人家的血还这么振振有词的！左边的人也挺委屈，不过他似乎并不为他的血被喝而气愤，只是不住地骂那个舌头愚昧。我的生活就在他们一天到晚的吵吵闹闹中度过。真是不情愿啊！

不过，听说有个富人买了这里的地皮在这里建房子。哼！看那些上坟的人还怎么为了划清他们心里那个莫名其妙的界限而把我踩成高低不平的丑样子；至于那两个不安分的死人，等他们变成无家可归的野鬼，想必也就没有力气瞎折腾了吧。这样想来，没有了这些困扰，我的未来还是很美好的呢！

这篇尝试学习鲁迅先生的讽刺笔法，为原作从不同的角度进行绵延扩展。第三节最为精彩，也幽默蕴藉，让读者不禁莞尔，而后沉思。描述中，或有比较精警的语句，也可看作是从原作里汲取了话语精华。比如，学生贺玥萌如此点评："很像《我的名字叫红》的叙述形式呀，舌头的那个角度太妙了。'连大清一个清清白白老老实实的馒头都不放过'，这句话很有讽刺意味。"不过，看到不止一个同学说该文"舌头"那段文字最好，我比较迷茫，思忖再三，认定第三节才更多新意和深意。——文学鉴赏，往往就是这样，层次越高的鉴赏活动，就越难形成"标准答案"。

（3）试图借鉴鲁迅特有的笔法，也写得比较冷峭，不露声色，有反讽意味。

取这样写法的不是多数，却引人注目。我只选一则，即吴可嘉同学的作品《这是我的领地》——

这里是我的地盘。

地上被人踩出的小路，路两旁界限分明的坟堆，一棵草，一粒沙，都是我的！

又是一年清明。往年这个时候新绿的树枝，现在还是光秃秃的。这样也好，可以让我更清楚地审视感知每一个踏进我领地的不速之客。

天还没大亮,已经来了第一个扫墓人,是个头发半白的妇人,深色的衣裙洗得发了白,单薄得似乎一阵风就能把她吹倒。她颤巍巍地走到一座新坟前停下。这是华大妈,才死了儿子——小栓,是个倒霉的痨病鬼,吃了人血馒头都没能活过来。她轻轻地俯下身,抚着坟上的土,一如摸着儿子的头,面前地上湿了一大片。白发人送黑发人,也不算稀奇。好容易止住了哭声,才小心翼翼地从一个破旧篮子里取出四碟菜,一碗饭,排在坟前,嘴里念念叨叨,眼泪还是扑簌扑簌的不住地落。微风吹起她散乱的白发,四十多岁的人,看上去已经像花甲的老太。

　　小路上又来了一个女人,也是半白头发,褴褛的衣裙,挎着个破旧的篮子,显得畏畏缩缩,不敢抬眼看人。知道敬畏,这很好。这是夏四奶奶,也是才死了儿子,她儿子夏瑜可"了得",乱党,是被本家叔叔告发的。这小东西真不简单,还敢劝牢头造反,居然说"大清的天下是我们大家的",这是什么混账话?!就该诛他九族!这天下自古就是皇帝的,就如同这片坟是我的一样。

　　夏四奶奶一抬头正遇上华大妈的目光,赶紧避开,踌躇地立在原地,惨白的脸上显出羞愧的神色。终于硬着头皮走到与小栓的并排的一座坟前,但是在小路的另一侧——埋的都是死刑和瘐毙的人。也是码上四碟菜,一碗饭,然后哭一阵念叨一阵。

　　华大妈看着旁边这个人,并不认识。其实这两家是有渊源的。小栓吃的人血馒头,蘸的就是夏瑜被处决时的血。华家人可怜,倾其所有买来这么个人血馒头,也没救了这根独苗。可谁叫他们糊涂,谁的血不好,偏要这个乱党的,原本就是害人的东西,不死才是怪事。我为什么知道这些?当然,不管坟里边的还是外边的,我都要了解清楚,因为这是我的领地。

　　夏家的哭够了,徘徊观望了一阵,突然手脚有些发抖,踉跄几步,瞪着两只混浊的眼睛直直的发怔。

191

华大妈以为她是伤心得快要发狂了,便起身跨过小路低声对她说:"人死不能复生,不要伤心了,咱们回罢。"那人却一把抓住华大妈的胳膊,瞪大了眼睛结结巴巴地说:"你看……看,这是什么?!"

那分明是一圈红白的花环,显然是新放上去的。

华大妈看看自己儿子的坟,空空的,心里一沉,甩开夏四奶奶的手,皱起了眉。

哈,愚蠢的女人!谁多一串花环又有什么关系呢,左右不过是为我祝寿的一个馒头。

夏四奶奶兀自琢磨着花环的来历:"这是怎么一回事呢?这种地方孩子不会来玩,亲戚本家巴不得躲得远远的……"忽然,她眼里溢满了泪:"瑜儿,娘知道了,你是冤枉的!你是来告诉娘,是有人坑了你!——瑜儿,我的好孩子,你安心吧,他们迟早要遭报应的!会的!你显灵了,是不是,我的儿?你若真的在,——"她四下里一望,只看见一只乌鸦站在枝头,"便叫乌鸦飞上坟顶告诉娘!"

这时候上坟的人大都回去了——穷人家的祭奠,没什么形式,也不讲排场,简单得很。四周一片死寂,回荡着凄厉的哀号。

哈,真是愚蠢的女人!你们不过是给我的祭品。你们的儿子是,你们将来也是!

她们抬头望那树枝,那乌鸦像铁铸一般立着。夏四奶奶脸上显出痛苦的哀求的神色,她旁边的女人却悄悄地舒了一口气,如同卸下了一个沉重的包袱。

突然,那乌鸦张开翅膀,疾速地贴着她们的头顶掠过去。两个老妇人吓得一抖,几乎瘫坐在地上。对,就是要这样!我要她们知道,这是我的领地!你们要充满敬畏!

我是坟场——官家的一块地!

何柳评论：我觉得这块坟地很有种统治者的蛮横意味。

孟竹评论：举双手双脚狂顶楼上的！

向岚评论：我连头上每一根头发都立起来顶楼上的！……

看来，小读者们读出了小作者的本意，屈居"坟地"之身，学舌于专制者蛮横的话语，虽然不很熟练妥帖，也能依稀窥见他努力学习鲁迅先生行文语气的痕迹。大胆汲取而尚不成熟，这正是中学生语文学习实践中常见的现象，应该鼓励，不应该过分指责。从浸润原作的艺术风格看，我很喜欢这篇文字，虽然它还比较简陋不成熟。……鲁迅前期的文字，很难精确地分类。粗略言之，有掀翻人肉筵席的怒吼，有《百草园》《好的故事》《雪》的温情，有《死火》《颓败线的颤动》的惨烈，有《社戏》《范爱农》《伤逝》的怀旧与叙旧（旧中含新），有《祝福》那样的撕开生活生命真相的写实描摹，等等。还有一类便是略含漫画式简笔勾勒风味的作品，如《风波》《长明灯》《孔乙己》和《阿Q正传》等。《药》这个小说，在我心目中则难以归类，今天的高中学生学习它，继而尝试"合写"的教学活动，宽松些为好吧。"教学目标"应该是绝对的，可实行的过程中它永远是相对的、主观的，需要在教学里及时调整的。——不承认这一点，难于实现语文教学论的现代化追求。准此，请邓老师对"合写"里出现的少数另类文字，悉心体察原委，尽量宽容些吧。——你的选本里，让我读到这些不很和谐的声音，这说明你已经关注到诸多实践侧面。或许我的思虑，多余了。

（4）其他借鉴与（试图）超越的"合写"探索

这个小题目，若展开写，乃是最为鲜活灵动的一翼。我不熟悉邓老师学生的文字表述实况，很难贸然插嘴，反复阅读这些文章和剧本，想法多而害怕说不准确，就只援举两个实例。

第一个，尹珊珊同学的《红红的那是我》（略有删改）——

西关外的坟地，总是那样荒凉，鲜有人来。中间歪歪斜斜一条细路，是贪走便道的人，用鞋底造成的，有点潮湿，有点泥泞，但却包含了一些人的满足与惭愧。路的两旁，层层叠叠地摆起一个又一个鼓鼓的坟包，宛然没什么区别。清晨的风冷冷的，吹得我不禁打了一个寒颤。看着身边的伙伴们，还在酣酣地睡着。好几天了，我们像哨兵一样围在坟顶上，守护着地下熟睡的主人。经过几天风的侵蚀，我们都已不再像起初那样血般鲜红，但谁也不曾离开，一步不离地守护着主人。

天刚蒙蒙亮，便看见不远处的便道上走来一个女人，半白头发，褴褛的衣裙，径直朝路的那边去了。在一个很新的坟前，坐定哭了好久。小路上又来了一个女人，也是半白头发，褴褛的衣裙，提着一个破旧的朱漆圆篮，外挂一串纸锭，三步一歇的走，脸色有点惨白，充满了羞愧；有些踌躇地向这里走来。一直被冷落惯了的主人，今天竟有人来拜祭，让我惊讶不已，伙伴们也都兴奋起来，望着这位满面愁容的老妇人。

她摆好四碟菜，一碗饭，立着哭了一通，然后化起纸锭。她的手一直是那样抖着，眼神里充满不安，夹杂着悲伤与惭愧，伤心与徘徊。那种眼神，是所有来这里拜祭的人所没有的。我望着她，低头看看主人——虽然对主人的所有情况并不完全了解，但也略知一二——想必她是他的母亲吧，但她的眼神里为何流露出那样的感情？

我正诧异，路的那边的女人走了过来，将手伸进了她的腋下，想要将她扶起，低声说了句："您不要伤心了，我们还是回去吧。"她点一点头，眼睛仍然向上瞪着；瞬间，我感觉她的眼神捕捉到了我，刚才的羞愧与不安一点不见了，取而代之的是深深的疑惑和惊异，对她身边的女人痴痴说道："你看，那、那是什么？"眼珠不错地盯着我。顺着她的手指，女人也看到了我，还有我的伙伴——我们整齐围着那尖圆的坟顶。那女人看了看我们，又瞟了一眼刚刚上过的坟，眼神里充满一种不足与空虚,但女人不愿深究。她的眼睛仍然瞪着我,朝着我走了几步,仔细地打量着我,和我的伙伴,自言自语地说:"这没有根,不像自己开的。——这地方有谁来呢?孩子不会来玩;——亲戚本家早不来了。——这是怎么一回事?"

忽然她的眼神便模糊了,几行眼泪夺眶而出:"瑜儿,他们都冤枉了你,你还是忘不了,伤心不过,今天特意显点灵,要我知道吗?"她四面一看,只见一只乌鸦,站在一株没有叶的树上,便接着说,"我知道了。瑜儿,如果你真在这里,听到我的话,便叫这乌鸦飞上你的坟顶,给我看罢。"她那样疯狂地喊叫着,让这片阴森的坟地更显得惨痛悲绝。我的心头紧紧的,伙伴们有的转过头去拭掉了眼里的泪水。那只乌鸦铁铸一般站着,许久之后,仍然不动。她叹了口气,无精打采地收拾起饭菜,慢慢地走了。那只乌鸦终于挪了挪地方,"哑——"的一声大叫,向着远方的天空,箭也似的飞去了。

我低下头,看着主人,心里有着一种说不出的痛,深深地刺着我。感觉有一块巨石压在心头,想卸又卸不下,脑子里全是刚才她悲伤与羞愧的神情。但同时也感受到了一股力量,要从心中迸发出来;回头看看身边的伙伴,收起了悲伤,表情坚定,似乎也被一种力量包围着。便纷纷整理好"衣装",笔挺地站在坟顶,守护着地下熟睡的主人。不远的天空中,乌鸦又飞了回来,同时衔来了一个新伙伴:一枝血一样鲜红的小花。

方昊评论:鲜红的,不仅仅是血,也可以是花,生命的花……

尹珊珊自评:回答1楼:"血一样鲜红",照应第一段中的"已不再像起初那样血般鲜红"。回答2楼:花不都是乌鸦衔来的,那一圈花是革命者放上去的。乌鸦衔来一枝新的花,表现出又多了一份对革命者的崇敬与惋惜。

孟竹评论:乌鸦衔来一枝新的花——偶的理解是,革命又多了一

195

些希望!

王近思评论：我就总觉得坟上的花与乌鸦有很大的牵连，如今终于释疑。

第二个，吴双同学的《灯之眼》，我在这里只节录开头几段（略有删改）——

"噗——"

一根火柴点亮我的世界，洞穿着黑暗，青白的光环弥漫开来。

一双苍老的眼睛渐渐进入我的视线。眼角的皱纹那么深，皮肤那么粗糙衰老，也许摸起来会像窗外那棵老树的皮。这双眼睛似乎暗淡得很，甚至有些污浊。瞳孔张得很大，泛着黑暗的光，轻微地闪烁，不，是颤抖着。我知道他在害怕。然而那浑浊的颜色后面，似乎深藏着一抹微弱的光采，隐隐约约，难以捕捉。我只看到几根游弋的血丝，连着他的心跳游走着。他看了看衣袋，又转眼望了望床上干咳的弱小身影。顿时，怜爱充满这双苍老的眼睛。他消失在这片青白的光影了，走进另一片黑暗。我只记得那最后的一瞥，充满莫名的坚毅与希望。

一个老女人守在我的身边战栗着，片刻未停。她呆滞的目光如同身后的光影，惨白，空洞，深邃。

天亮了，破旧的茶馆依旧昏暗。突然，老女人腾地站起来，迎上前去。是他回来了！奇怪，那双昏沉的老眼，此时竟不停地闪着兴奋的光点，我从中看到了一股振奋人心的力量。那力量是如此强大，快要燃烧了。小孩子被唤起来，吃了一盘乌黑的圆东西，脸上突然泛出诡异的光。他低垂的眼睑，此刻竟迸发出欢喜的光亮，然而瞬间消失，换作了眉头莫名其妙的一皱。

我的眼睛被一股强烈的白光刺痛了——那是两个老人的目光！复杂得令我恐慌，仿佛要在那孩子身子里注入些什么，又要取出些什么，有怜爱更有贪婪。

我是一盏油灯，只听得懂器物的语言，实在难以弄懂主人在说些什么，只能看着他们的嘴一张一合，眼神忽明忽暗。可我急切地想知道，到底什么能让那两双老眼像中了邪一般奇异。我问躺在桌子上的空盘，他只冷冷地吐出四个字："人血馒头。"

上面这两个习作，前一篇描述的难度很大，而能把握住"红"这个具有象征意味的色调展开，表现出小作者对于经典文本的尊重、爱戴，文思细密，文字细腻，让我看出高中女生在语言表述上的天然的优势。后一篇，大概也出于女生的手笔，乃是在原作的慢节奏描述的局部里，再翻上一重，将细节徐徐放大，呈特写状态，刻画入微，具有比较纯熟的笔路和笔法，细节描写尤其是点睛的技法运用，似乎接受了原作的感染，在自觉地模仿着。前一篇着墨空灵诡奇些，后一篇假借油灯的光焰摄取人物神态，在细节描绘上更多写实的意味。我不知道以前这两个学生作文的实力如何，行文的习惯和优势所在，本不好多说评价的话。但就这个习作与《药》的行文特色的关联而言，我隐约感觉，多少还是受到了原作的语言表述的感染、刺激和激发，在一些细微的方面让我约略看出彼此关联的影子。经典就是经典，其震撼力和同化的魅力，抵御也难。

说到文字表述的牵引力量，离不开同龄人的相互激发鼓励。这是一种更为特殊的内驱力。所以，我分出许多时间细读网站上的跟帖，觉得这也是值得分项研究的题目。可惜这次行色匆匆，不能多做分析了。

五、结束语

邓老师传递她的这个教学案例，已是几周前的事情了。我先是援引为我的教学资料，应用于本科师范生和研究生的语文阅读教学案例研究专题，加以评介和宣传。后来，邓老师传话来，说她的学生想读读我的评点文字，我答应了，却发现零碎评说难以洞悉本质，把握整体，遂萌生了系统审视的念头，可这一做，就是两三个星期，当中穿插着许多杂务。昨天和今天，比较专注地读书，读学生作文，读邓老师的阐释的文字，连贯地写完这些粗浅想法，应用于教学实践。

本文的第四节费时最多，还没有写透，写细。不足之处请邓老师斧正之，弥补之。

首都师范大学　刘占泉
2007 年 6 月

下 篇

拓展——从尝试走向深入

《记念刘和珍君》教学设计与学生作业展示

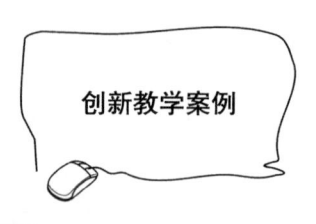

> 创新教学案例

一、案例产生背景

鲁迅先生的《记念刘和珍君》一文是中学教材中的经典篇目。由于我个人钟情于现代文学,尤其偏爱鲁迅作品,所以多年来一直将此文列为教学"重头戏"。每次讲授,之前之后都不断深入钻研课文以获取新认识,不断吸收最新研究成果以丰富备课资源,不断探寻新策略以优化教学过程。这篇课文对我自己而言,真的称得上是常感常悟,常讲常新,常新常喜。似乎总有着一种特殊的魅力在永恒地吸引着我。于是,恨不得把所有的心得体会都在课堂上与学生分享,期待学生能充分理解鲁迅先生深刻的思想和深沉的情感,能充分感受爱国青年的赤子之心和拳拳之情,期待着课堂的反应也势必如作者的情感宣泄那样波涛汹涌,起伏跌宕,一咏三叹。课时安排一般不少于三节,实际授课则常常"超额"。然而,每当翻看学生(其中不乏对鲁迅充满兴趣者)的学习反馈信息条,却发现他们对教材中的鲁迅作品,特别是这篇带有鲜明时代烙印的课文的感情并不深厚。再回想他们上课的情景,似乎总是前两节课还能保持一定的兴奋状态,积极参与思考和讨论,回答问题也不乏真知灼见。而后来却只停留于倾听老师的讲解或一两个同学的个性发言,课堂气氛变得沉闷,教学节奏变得缓慢,以至于课文讲授结束时竟然有一丝如释重负的感觉。这样的反应显然同我的教学预想与教学期待形成强烈的反差。

我带了一个文科实验班，五分之四都是女生。讲课前曾做了一个简单调查，结果是三十七个学生中仅有六位欣赏鲁迅及鲁迅作品。为什么伟大的文学巨匠不能被学生广泛接纳？鲁迅先生的冷峻深刻真的是一道无法穿越的墙？难道那和蔼而坚毅、"始终微笑着"的刘和珍君永远走不进学生的心吗？或许真的只得一声叹息——这个时代只属于通俗与浮浅？

这样的疑问，促使我开始了新的思考。

由于近两年一直在进行新型课堂教学体系的研究，其核心是探索信息技术与语文学科的优化整合，所以就自然产生了对《记念刘和珍君》这一经典课文进行再认识、再设计的想法。准备借助网络教学平台的支持，带领学生攀缘着"班级网络"阅读鲁迅作品，深入文本品味和体验，力求走进那博大深邃的思想和情感的圣地。

二、创新教学设计

1. 教学预想：

A.利用网络平台的丰富资源，吸引学生拓展阅读，全面了解作者、时代背景、中心事件和中心人物，尽可能减少或消除时代的隔膜，为课堂学习、交流做好充分铺垫。

B.利用网络平台的开放功能，引导学生突破现实课堂局限，自由自主地进行学习和探究，让学生在主动学习的过程中不知不觉地被经典课文的内容、思想情感、艺术魅力等所吸引，自觉进入迈向深刻的阅读境界。

C.利用网络平台的互动功能，激发学生的内在动因，让学生在展示个性、智慧、创造的过程中获得成就感，在深入解读经典文章内容、不断"刷新"思想、不断超越自我的过程中，充分体会到阅读（特别是经典阅读）的快乐。

D.利用各个层级的自主、互动性学习环节，全面提高学生的阅读能力，激发学生继续学习的热情，形成良好的学习期待意识。

2.教学步骤：

（1）**课前预习**：周末自读老师提供的补充材料，搜寻、选择阅读网络平台素材库相关资料，在班级论坛上完成三个思考题：

A.**理清课文思路**：请用四字短语的形式概括本文写作思路。

B.**重点解读课文**：请选出自己最有感触的一处或两处加以具体分析。（不少于300字，答在所附作文纸上。）

C.**质疑释难**：请就本文的思想情感、构思剪裁、表现手法、遣词造句等方面提出问题。（不少于2个。）

（2）**课堂讨论与点拨**：老师课前整理学生主要问题，结合教学重点和难点加以相应调整，堂上展示学生平台讨论结果。老师点拨、解答学生难以解决的问题。

A.评价预习作业概况，表扬第一帖，推荐精华帖。

B.展示学生通过自主学习已经解决的问题及优秀答案。

C.讨论有争议的问题，总结必要的文本解读方法。

D.比较梳理课文思路的不同答案，训练学生"整体—局部—整体"的思维方式。

（3）**平台拓展与延伸**：课文分析、讨论结束，教材重点、难点处理完毕，对经典课文的延伸阅读、深入感悟，利用网络平台，通过课下两项拓展作业完成。步骤要求：先仔细阅读老师提供的参考阅读、模仿练习材料，然后自主选择作答，最后交流评点。

A.**为刘和珍写挽联**：从"父母、同学、战友、师长、后世读者……"中任选一种身份为刘和珍君写一副挽联，鼓励进行多种尝试！

B. 为刘和珍写墓志铭：纪念碑的正面用意蕴丰富的文字概括其个性特征、牺牲意义等，不超过20字；纪念碑的背面简介其生平，参考其小传，不超过200字。

三、教学效果简析

从教学目标的顺利实现、教学内容的"超额"完成、教学重难点的轻松解决、教学过程的环环相扣、教学节奏的缓急有序、教学气氛的热烈活跃来看，这节课是相当令人振奋的。

从学生的课后总结来看，这课书的学习过程是饶有兴趣的：有丰富的材料可供参考，有大家的关注促进思索，每个问题来自于自身体验，每时每刻有来自同伴的挑战，系列的思考练习富有新意，解疑的探索过程充满刺激，互动的亮相展示富于竞争，交流的取长补短增添信心。牛刀小试便引来眼球，初露锋芒更赢得喝彩……什么"时代的距离"，什么"经典的艰深"，什么"难懂的思想"，什么"晦涩的词句"……许多种拒绝经典、拒绝鲁迅的心理或文字障碍，就在这热火朝天的"学习竞赛"和"才华大比拼"中悄然消失，取而代之的是一股似乎可以触摸到的自主学习热浪。平台时刻记录着他们对深刻思想的真切感悟，对深沉情感的充分体验，以及学习过程中随时传递出的表达欲望。

网络平台这一虚拟课堂中的比试是激烈的，虽然看不见对手，却实实在在是一条"看不见的战线"。因为随时发送、增添的帖子就是真真切切的"过招儿"。而经过课下第一轮自学成果大比拼，第二天回到现实课堂中的交流与讨论当然就变得充满期待，值得全情投入，必然急切关注。因为这里的每个环节都是学生们的成果在交流，在交锋，在质疑，在阐释，在绽放光芒。这种状态下的学生对老师适时点拨的渴求是热切的，因为这是他们最需要获得老师支持的关键时刻；这个过程中的学生对老师添加的提升训练是服从的，因为他们已经意识到要想高人一筹必须有丰富的知识、敏捷的思索作为支撑。这样的课堂已经完全由师生共同构建，学习的资源既来自老师，也来自每个同学。学生的主体性学习和老师的主导型作用同时得到充分实现。

经历了这样丰富而充实的学习过程，学生们的收获连他们自己都感到吃惊与兴奋。

请看这样两份作业：

预习作业
9班　王敬瑜

一、理清思路：

写作缘由—回忆和珍—凶暴惨案—歌颂英魂—励众自勉。

二、重点解读：

献给勇士们的祭文

"然而既然有了血痕了，当然不觉要扩大。至少，也当浸渍了亲族，师友，爱人的心，纵使时光流驶，洗成绯红，也会在微漠的悲哀中永存微笑的和蔼的旧影。陶潜说过，'亲戚或余悲，他人亦已歌，死去何所道，托体同山阿。'倘能如此，这也就够了。"

鲁迅先生是冰冷的吗？大概有人这样认为吧。时时刻刻紧蹙眉头斗争着，不得一刻安息的斗争者，永远背负着沉重的责任与黑暗，这样的一个人，大概没人愿意亲近吧。然而当我在暗夜中虔诚地含泪伫立在先生的文字前，或者竟情不自禁伸出手去触摸那冰冷的文字和那文字中的精魂，却隐隐地感受到激荡的热流和温热的哀伤。从此心系此君，日日夜夜。如今，先生的文章摆在眼前，我选了上面一段。因它道出了流血牺牲者根本的价值——纵是岁月不居，时节如流，将这必将扩大了的血痕冲淡，但终究不会被磨灭。反而，那留在革命伤口上的疤痕，虽然已依稀不见，却深深刻入心中，不需要时时刻刻，只要偶尔的一瞥，便提醒人们那往昔存在的悲哀与绝望、无畏与勇气，永不能遗忘。

和珍君的死壮烈而凄美，先生的文字坦荡而深切。其实，先生不仅在默默哀悼亡灵，也在唱着一曲关于自己的歌——和珍与先生，恰恰是最相似的。一个先一步献身，另一个自称苟活在荒凉无趣的人间，共同拥有的是对大众，对百姓，对自身的深深的关注与思索，对黑暗，对非人性的反抗与不留情面的鞭杀；一个向着流弹挺起胸膛，一个面对利口覆国之小人挥起如椽大笔，一样的英勇，一样的永存。而就这样一篇文章，两者紧密相联，就这样一段话，道出了所有猛士的伟大。而且，隐于文字背后的先生，也未尝不在字里行间悄悄诉说自己的心事——"陶潜说过，'亲戚或余悲，他人亦已歌，死去何所道，托体同山阿。'倘能如此，这也就够了。"先生大概心里就是凭着这样的追求压住了面对周遭的厌恶，忍住了弃世而去的贪念，留在了战火狰狞、丑陋横行的现世，肩起自己的责任，直至逝去——

先生，那个未及六旬，心中的迟暮却已经凋零的先生，他这样说："曾惊秋肃临天下，敢遣春温上笔端？"凄凄惨惨，仿佛在辩解着什么，仿佛在诉说着什么——肃杀如此嚣张，就在我的身边跋扈，在一切的人身边跋扈，我怎么敢，又怎么能让我写出的文字喜气洋洋、春光明媚，以蛊惑世人，贬低自己呢？于是，杀戮，血腥，投枪者，吃人，被吃，鬼……这些分外触目惊心的意象充斥在先生的文字里，它们有了人的感情，鄙陋的，或者高尚的，从而教人们认清世间的大欢喜与大悲哀。而和珍君，你和先生是多么的神似啊，以血肉之躯，同样教给人们大欢喜与大悲哀。然后人们醒悟，追逐你们的脚步而去，把原本没有的路，你们指给了他们，于是，杂草丛生之地被他们走成了大道。虽然你们无幸在这路上安详坦然，却早已被人们带在心中愉快踏实地上路。这一切，无人可以抹煞！

呜呼！我说不出话！但以此纪念勇士们——和珍君，先生，所有的勇士，同在我心中……

拓展作业

13班　吴双

1. 撰写挽联：

念和珍，清似流水淡如梅，温婉秀逸女儿情。

叹刘君，坚若磐石毅比松，激昂勇毅赛须眉。

——挚友双泪挽

2. 撰写墓志铭：

墓碑正面：爆发，还是灭亡？死寂的沉默中，苍天在呼唤——和珍，和珍！

墓碑背面：

女士姓刘，名和珍，安徽人氏。性情和善，资格风韵，文思天才，能力卓越。七岁始读书，十五岁入江西女子师范，女师卒业，负笈京师，入女师大英文系。鉴国事之蜩螗，遇事无不慨然鞠躬尽瘁。奔走呼号，集会演说，不遑宁处，今日女师大之恢复，论者功焉。然民国十五年三月十八日，女士参爱国运动，领导群众，请愿执政府，终中弹而殒，享年二十有二。深念刘和珍女士，一代有志爱国青年。

相信这样的文字已经能够说明一切了。

四、实验小结

著名教育家夸美纽斯曾经在《大教学论》中对教育工作者提出这样的期待："找出一种教育方法，使教师因此可以少教，但是学生可以多学；使学校可以因此少些喧嚣、厌恶和无益的劳苦，独具闲暇、快乐及坚实的进步。"

对于这句话的实际意义，以前并没有多少体会。因为我一直颇为褊狭地认为方式方法问题仅仅关乎事物的"表"而非"里"。事实上我错了。教育方式的改变同生活方式的改变一样，必然对教育和生活本身构成巨大的冲击甚至制约。以建构主义为理论基础的自主性学习方式提倡以学生为中心，让学生成为知识的主动建构者而非单纯的被动的接受者。教师既是知识的传授者，同时又是教学过程的组织者、指导者，意义建构的促进者、帮助者。这样的教育理念和学习方式对语文教学的意义十分重大。基于这种认识，我充分利用现代信息技术，借助班级网络平台，设计了这个《记念刘和珍君》创新教学案例。事实证明，只要教师了解并掌握学习者的内在需求，为学生搭建起自主学习的平台，帮助其开发自我提升的空间，学生的学习潜能是巨大的，在受教育的过程中获得"快乐及坚实的进步"是必然的。

虽然此次创新尝试是由经典课文教学引发的，但是它带给我的思考却远不限于此。

五、学生反馈

通过网络平台学习鲁迅的文章，比单调地听老师讲有意思多了。我一直觉得鲁迅的文章时代色彩太过鲜明，在我们这个时代很难产生较大影响，故而对他的文章不是很感兴趣。但是随着老师平台布置预习思考、自选角度解读，课堂就同学们集中质疑的重点和难点问题深入讲解，最后通过平台进行拓展性阅读和写作训练，我感到自己也被文章中的情感感染了。刘和珍的坚强勇敢，鲁迅先生的悲痛愤慨，我现在都已经能够很好很深地理解了，我想我以后不会拒绝鲁迅了。

——武萌萌

学习鲁迅的《记念刘和珍君》时，有一种直接和作者对话的奇妙感觉。通过素材库，我们掌握了更多刘和珍的背景资料，也能更迅速地理解作者渗透在文章中的思想情感和深意。当我们在平台上自由地发表自己的分析鉴赏文章、撰写挽联和墓志铭的时候，我们已经能够在思想情感上与鲁迅先生交流了。比起通常那种单纯的老师讲述，我们的学习更能独立自主地思考，不断在浏览同学作业时及时发现和解决自己的问题，弥补自身认识和思考方面的不足。面对经典有话可说，也有能力说了。渐渐地，我们发现鲁迅和经典距离我们并不遥远了。

——向岚

这次的平台学习，我学会了在短时间内概括课文内容，逼迫自己一定要对课文十分熟悉，有较深体会。以前只是在课堂上跟着老师的思路走，自己所思所想余地很小，机会很少，当然对鲁迅先生这样的"高难度"文章感触不深。而这次一连串自己主动的有成就感的学习，如用诗句概括课文大意，自己选择不同身份为刘和珍写挽联，根据老师所提供的参考样式写带有自己独特感受的墓志铭，使我的思维异常活跃，不再似以前，总是拘泥于课本，没有多大创新。而且每个同学的一己之见都能马上被大家了解和评价，相互之间就能立刻进行思想上的填充，对我非常有益。

——王近思

课前预习时，老师给我们提供了与课文作者、人物、背景相关的材料，我们也从素材库里找了很多素材，这个过程对理解《记念刘和珍君》起了很大作用。以前读鲁迅先生的文章总觉得生涩难懂。而这回在网络平台上预习，提问题，相互解答，在第一轮学习中就已经掌握了很多知识，锻炼了多种能力。接着老师根据大家所提出的问题着重解决难点，精讲课文，让我们在今天的实际生活中对这篇课文有了更加深刻的理解。最后，老师让我们根据自己所获，发挥个性化才能，表达出自己对课文中人物的真实情感和认识。大家踊跃上传作业，相互交流学习，再一次对鲁迅先生的作品加深了印象。这是一个愉快的循序渐进的过程，让同学们一步一步自主地走向经典。

——张双双

以前，我在学习鲁迅先生的文章时，只是就课本上的内容进行思考，但是能力十分有限，了解得并不很透彻。但是现在通过这个网络平台，可以和同学一起思考，一起交流，和老师一起评价，一起讨论。在交流中互换意见，在讨论中解决问题，每个环节都加深了我对鲁迅作品的理解。再加上平台素材库中相关知识很多很集中，避免了我在寻找资料上耗费过多时间，而语文论坛上我可以更加自由地发表自己的言论，提高了我学习的积极性，对不好懂的文字也不像过去那样心存畏惧了。

——贺玥萌

我并不十分喜欢鲁迅。但是老师采用新的教学方法让我一步一步地参与其中，加深了我对课文的理解，使刘和珍的形象在我的心中提升到一个更高的地位。通过我对她的理解所发表的感想才是我真实的想法，才是我自己内心想说的话，而不是别人硬要让我记住的。并且，在网络平台上看到别的同学的作业和文章，更让我认识到了身边高手如云，给我提供了很好的自主学习机会和新的学习方式。

——方昊

老师在网络平台上布置的课前预习交流、课堂答疑释难、课后写挽联、墓志铭等系列活动，很能拓宽我们的知识，锻炼学习、写作能力，跳出单一课本学习和"填鸭式"的小圈子，很有意义，很有收获。

——王澈

我认为凡是属于经典的文章都必须经过反复思考、反复讨论才能学好，而鲁迅先生的文章一定要在深入了解其思想、时代背景的基础上才能读出深意。在普通的、常规性课堂上我们一般不会深入思考多少问题，而网络平台给我们每个人提供了充足的学习资源，设置了一席之地，促使我们必然要多想、多琢磨如何才能自主钻研课文，另辟蹊径，以提出自己的独特观点。这样的环境自然就让我们对经典作品有了兴趣，也有了想与同学讨论问题、比试高低的欲望了。

——何柳

在网络平台上学习鲁迅先生的《记念刘和珍君》给我最大的感受是语文学习变得"活"起来了。平常的语文学习无论老师再怎么创新，学习的方式主要都是让同学抱着课本"啃"课文。让人一想到语文，首先联想到的就是课本，只是课本。而对比来讲，在网络平台上学习语文，特别是学习鲁迅先生这样的"高难度"课文，感觉一下子就豁然开朗，视野都不一般了。不仅可以参考的资料更多，而且可以即时看到同班同学，甚至全市同学的学习思考状况，使自己的思路开阔了许多。尤其是老师别出心裁地让我们当场在平台上为刘和珍写挽联、写墓志铭、阅读点评同学作业等，不仅很大程度上让我们加深了对课文的理解，而且使我们解读经典课文的能力有了极大提高。我很喜欢这种学习方式。

——王帅

我认为，这次学习的最大收获在于促进了同学之间的交流。以前学鲁迅，无非就是听老师讲讲重点、画画书，再看看辅导书。从来没有深入地、认真地思考，更没有和同学交流的机会，思维难免有些闭塞，好多句子的意思、作者的思想感情都没有真正弄懂过，也并不在意。因为谁都知道鲁迅太深太伟大了，似乎不是我们这些渺小的人能够理解的。不过现在通过这个平台，我与同学有了很多交流思想的机会，比如感想、心得等。同学之间还可以互相参考、互相评价，既给别人建议，又给自己一个自我提升的机会，感觉到自己的心灵跟伟大作家之间是可以沟通的。

——王凯

这种学习方式让我感觉知识面广博了许多。看到更多同学的思想和文字表达。每个人的文字每一次在屏幕上显示，便显出了同学的独特思考和个性，而思想个性正是现在学生所缺乏的。这样的课堂远比普通课堂上老师一个人的"讲演"强！

——王思婧

利用网络平台上《记念刘和珍君》这一课让我从文章思路、情感思想、字句深意等诸多方面对鲁迅文章有了全面深刻的认识。尤其使我感到新奇的是老师设计的给刘和珍写挽联和墓志铭这一项。我不但对刘和珍的生活历程有了充分了解，对其精神追求有了明确认识，更在拓展训练中提高了语文学习的能力。另外，在语文论坛上欣赏到同学们风格各异、才华横溢的作业，更让我获益匪浅。这是往常课堂学习所不能及的。

——贾佳

因为鲁迅先生的散文内涵很深，有的内容特别深奥，所以很值得我们大家一起去讨论和交流，互相学习，拓展思路，进一步去了解鲁迅先生文章中内在的意义。我觉得如果有一个专门的地方可以让我们专门研究或交流同学们的各种各样的意见的话，应该对我们的学习有很大的帮助。

——〔韩〕朴美莱

教学资源与作业呈现

1. 预习补充资料

刘和珍小传

女士姓刘，名和珍，安徽人，祖父宦游江西，日月迁延，因居驻焉。秉性烂漫，天资颖聪，待人接物，从容和蔼，父母爱之，如掌上珠，"和珍"字之，良有以也。七岁师傅导读，下帷数年，举凡经史杂书，无不朗朗成诵，故国学深有根底。十五岁，入江西女子师范，矻矻课务，不稍懈，以是文思与年华并进，每试辄列前茅，侪辈姊妹，目为畏友，咸推重之，某年冬，教务主任贺鉴千，倡议创办校刊，同学公推女士总理其事，神劳力瘁，心不稍疏，每一校刊发行，必有女士巨作，自是倾省人士，无不知有女士其人，而女师

荣誉，亦因女士文章增美不少，女师豪侠，巾帼殊不多觏，一日遇同学傅淑英女士，为轻薄子环阻街衢，谰言调笑，众喝纷纷，欲行不得。女士见情，怒不可抑，奋身上前申斥，晓以正义，围乃立解，傅女士感激涕零，引为刎颈交。女士富文学天才，资格尤为风韵，书画琴笛，异常娴谙，观其书画，秀逸出尘，听其歌曲，清入心腑。素爱梅，视为第二生命，傅女士尝询之，女士应云，"花因清淡花方艳，色到无时色斯真。"味此二语，可想见女士气概矣。女师卒业后，负笈京师，考入女师大，入英文系，鉴国事之蜩螗，遇事无不慨然鞠躬尽瘁，一般舆论，争揄扬之，去年章士钊挟嫌解散女师大，女士奔走呼号，集会演说，不遑宁处，今日女师大之恢复，论者功焉。今月十八日，北京天安门，国民大会，女士参爱国运动，领导群众，请愿执政府严厉抗议八国为大沽口事野蠢通牒，段氏为见好列强，不允延见，令卫队开枪，向群众扫射，女士中弹负痛而奔，伤重中途而殒，享年二十有二，见者靡不心恫，佥谓"人亡国瘁，女士有灵，其不瞑目九泉"，云吁，烈矣。

（原载《京报》，1926 年 3 月 25 日）

杨德群烈士小传

女士杨德群，字先哲，湖南湘阴人。幼秉性温慧；长好学不倦；待人诚蔼慈惠，人以此交重之。生平专心教育事业，所至子弟仰之若慈母。志皎洁不淄，而常以改造社会为己任。近服膺三民主义，欲由此以实行其夙负。以民国七年毕业于湖南第一女子师范学校。在湘服务五年。十四年入北京女子师范大学。十五年三月十八日，为八国通牒事，随市民请愿执政府。被卫队枪击，弹从左肩甲近下入，穿胸膛偏右出。立仆，血流如注。移入官医院，以下午三时卒，年二十四岁。

（原载《女师大周刊》123 期，1926 年 3 月 24 日）

一样沉勇而友爱的张静淑

鲁迅在文中,表彰了三个沉勇坚毅、为挽救祖国危亡而殒身不恤的女子,其中刘和珍、杨德群的简历已为人所知悉,而"一样沉勇而友爱的张静淑"的情况一般人却不了解。

张静淑(1902—1978),湖南长沙人,六岁丧父,母亲寄居尼庵,靠刺绣为业,历尽艰辛,抚养张静淑成人。

张静淑毕业于食宿免费的长沙古稻田女子师范学校(校长徐特立),毕业后任教于长沙幼幼学校及纯德职业学校,同年去北京,任教于北京平民半日学校。1923年考入北京女子师范大学教育系,选读鲁迅的文学课,授予进步思想。1925年女师大风潮中,与刘和珍、许广平等20几位同学,在宗帽胡同赁屋上课,在鲁迅领导下,坚持到教育总长下台。1926年3月18日,张静淑积极参加学生爱国游行示威,在段祺瑞执政府前受伤……张静淑出院后去南洋群岛,在吉隆坡坤城女子中学担任教育工作。1949年长沙解放,张静淑回长沙,与友人创办大同小学及新民、光明两托儿所,致力于小学基础教育。晚年搜集、整理鲁迅手迹,并以"三·一八"惨案为中心,撰写回忆文章。

(摘自陈漱渝《〈记念刘和珍君〉学习札记》)

《记念刘和珍君》背景知识

1926年3月,冯玉祥的国民军与奉系军阀张作霖、李景林作战。支持奉系军阀的日本帝国主义,因见奉军战事失利,便公开出面援助,于3月12日派军舰两艘驶进大沽口,炮击国民军守军。国民军开炮还击,日本政府便向段祺瑞政府提出抗议,并联合英、美、法、意、荷、比、西等国,借口维护《辛丑条约》,于3月16日以八国的名义提出最后通牒,要求停止津沽间的军事行动和撤除防务,并限于48小时内答复,否则"关系各国海军当局,将采取所认为必要之手段"。北京各界人民为反对日本帝国主义这种侵犯中国主权的行为，于3月18日在天安门前集会抗议，会后结队赴段祺瑞执政府请愿。不料游行队伍到国务院门前时，段祺瑞竟命令卫队开枪射击，并用大刀、铁棍追打、砍杀游行群众，当场和事后因重伤而死的有47人，伤者150余人，造成了帝国主义和封建军阀互相勾结屠杀中国爱国人民的大惨案。这次惨案完全是日本帝国主义的走狗段祺瑞一手制造的，而且是预先布置好的诱杀。惨案发生之后，段祺瑞政府竟下令通缉徐谦等人，诬蔑参加请愿的爱国群众都是"暴徒"。3月20日为研究系所控制的《晨报》在"时论"栏刊登了林子衡的《为青年的流血问题敬告全国国民》一文，文中诬蔑爱国青年"啸聚群众"，"挟持枪械"，"殴击警卫队"，指责青年"铤而走险"，陷入"奸人居间利用之彀中"。《晨报》主笔陈渊泉于3月22日发表了《群众领袖安在》的署名社论，要追究群众领袖的责任。胡说"群众领袖"胁迫、诱骗青年去执政府请愿，自己却"一车疾驰，不知去向"。3月27日出版的《现代评论》三卷六十八期上，发表了陈西滢评论"三·一八"惨案的《闲话》，企图把这次惨案的责任，推到他们所说的"民众领袖"身上去，说他"遇见好些人"都说"那天在天安门开会后，他们本来不打算再到执政府。因为他们听见主席宣布执政府的卫队已经解除了武装……所以又到执政府门前去瞧热闹。……我们不能不相信，至少有一部分人的死，是由主席的那几句话"。

段祺瑞执政府屠杀爱国青年的血腥罪行，激起了全国人民的义愤。3月20日中国共产党发表了《为段祺瑞屠杀人民告全国民众书》，宣布段祺瑞是"彰明较著的卖国凶犯"，并强调指出"民众应立即起来团结，武装和革命"。3月23日，北京各界人民数万人在北京大学三院召开"三·一八"死难烈士追悼大会，3月25日女师大在本校礼堂为刘和珍、杨德群烈士举行追悼大会。上海、天津、广州、桂林等城市也开展了声讨段祺瑞执政府的抗议活动。

惨案发生当时，鲁迅正在写杂文《无花的蔷薇之二》。刚写完三节，听到惨案消息后，他怒不可遏，感到"已不是什么写'无花的蔷薇'的时候了"。因此，在《无花的蔷薇之二》的后六节里，鲁迅将"投枪"与"匕首"的锋芒直接指向反动政府。他写道："如此残虐险狠的行为，不但在禽兽中未所曾见，便是在人类中也极少有的。……这不是一件事的结束，是一件事的开头。墨写的谎言，决掩不住血写的事实。血债必须用同物偿还。拖欠得愈久，就要付更大的利息！"他还在文章的末尾特地注明写的时间，并把3月18日称为"民国以来最黑暗的一天"。

继《无花的蔷薇之二》之后，鲁迅就这次惨案写了《死地》《可惨与可笑》《空谈》。4月1日，又写了情文并茂的《记念刘和珍君》。（这几篇文章均见于《华盖集续编》。）

（摘自陈漱渝《〈记念刘和珍君〉学习札记》）

广有羽翼的杨荫榆

杨荫榆，江苏无锡人，其父杨老圃为律师。她从上海务本学校毕业后，曾赴日留学，就学于东京女高师。归国后任北京女高师数理化学教授，兼附属女中学监主任，共三年。1918年由学校推荐留美，入哥伦比亚大学。留美期间，曾任留美中国学生会会长，留美中国教育会会长，与杜威、孟禄等接触频繁。五年后，获文学硕士学位归国。1924年2月20日，因上有北洋军阀政府撑腰，下有一批"女权论"者捧场，她被教育部委任为女高师校长。同年8月1日，因女高师改办女师大，复任女师大校长。同年11月，因推行封建奴化教育而遭进步师生反对，致引起学潮。1925年8月10日，北洋军阀政府教育部迫于形势，颁布了杨荫榆的免职令。此后杨荫榆南下，曾任苏州东吴大学日文教授兼教育学教授，后又自己开办女校。抗日战争时期，无锡沦陷，杨荫榆在街头被日本兵打死，弃尸荒郊。至于日兵行凶的原因，目前说法尚有分歧。

（摘自陈漱渝《〈记念刘和珍君〉学习札记》）

2.预习作业展示

13班15帖

向岚：

二、重点解读：

唯有时间，只有你，不会忘却猛士的英魂；唯有猛士，你们，敢于直面惨淡的人生，不畏正视淋漓的鲜血；唯有鲜血，猛士的鲜血，能证明中国女性的勇毅，能揭去阴险狡诈者的面具，露出他们吃人的面孔；唯有女性的勇毅，代表着衰亡民族从默无声息到觉醒的转变；唯有沉默，必将因猛士的鲜血在时间中被打破。所以，刘和珍带着不变的微笑离开。鲁迅说她是幸福的，正是这样没错，比起沉默无言、麻木无知的人来说，刘和珍是幸福的，她比那些人先看到了现世的丑恶，更看到了微弱的曙光，为了反抗那现世的丑恶，也为了那依稀可见的黎明，她燃烧了自己的生命。比起那险恶的当局政府，反动的文人，她更是幸福的，虽然那些"文人学者"可以对她的死含糊其词，可以将她归为"暴徒"，可以在乱世中兴风作浪，但留给后人的竟没有几个字，而刘和珍的名字随着时间一直留到今天。

沙扬娜拉——祭"三·一八"勇士！

最是那一回头的微笑，胜似红莲花的桀骜。道一声安息，道一声永生不忘。千万句道别中有无尽的愤忾。沙扬娜拉！

张双双：

一、理清思路：

哀悼回忆　感慨万千　作文记述　以慰亡灵
痛斥走狗　心怀愤怒　不忍惨象　惋惜战士
忧国忧民　救国之道　再三赞叹　珍君悼念

二、重点解读：

"目不忍视，耳不忍闻"，鲁迅先生带着莫大的悲哀写出了这样的话。一个"忍"字包含了万千，对惨象、对流言感到深深的痛楚，他不忍是因为始终不敢相信那样一个和蔼的青年就倒在了血泊之中，他更不敢相信那些恶意的人能残忍到这种程度。他闭上眼睛，就算不看不听，那一幕幕惨烈的景象还是挥之不去。

他愤怒了，为这样一个反动暴力的走狗。他不忍，不是因为笔杆软而是对那些本应该团结一致的同胞们彻底失望了。这就是他"无话可说"的原因。能让一位向来犀利、充满激情的文人闭口不言，那又是怎样的沉痛。他宁愿痛骂侵略者一千遍一万遍，也不愿指责那些和自己流着同样血液的"中国人"，这也是一种自嘲吧。当段某发出扫射群众的命令时，当士兵拿着棍棒殴打学生时，他们有没有想过，自己还是中国人吗？他们自己又算是什么东西！

最后鲁迅先生用坚硬的笔杆指向了他们，他要刘和珍等牺牲的人安息；他要全国的人民看清反动政府的真面目；他要让那些"非人"自惭形秽，折磨至死；他，要在沉默中爆发！

三、质疑释难：

1. 本文的感情思路我还没有弄明白，是以恨为线索还是敬佩之情？

2. 文中多次提到"无话可说"，除了我认为的他愤怒，还有没有其他意义？

张沛霖：

一、理清思路：

交待缘由，叙述事件，总结教训，提炼意义。

二、重点解读：

学生运动

鲁迅此篇悼文讴歌了刘和珍君等一行人，刘和珍君为了自己的理想，也是为了全中国人民的未来，奉献了自己的生命。学生，是人民中最脆弱的群体之一,他们什么都没有,也什么都有。当卫队荷枪实弹,冲着学生开枪放弹时,这个政府,就是坏蛋。历史上有许多政府都对人民开过枪,可是对学生开枪的行为最应受到谴责。在这个社会中,学生所代表的往往是新潮流,新文化,有很强的进攻性,可是他们往往是势力很弱小的。新文化总是要替代旧文化的,这是历史的潮流。然而事实却是旧势力很强大,新势力很弱小。他们旧势力拥有什么?枪、炮、坦克、各种威力强大的武器。从实用性的角度来看,学生运动是不宜进行的。然而,我们却要敬佩他们,尊敬他们。就像假如没有谭嗣同这样的君子,又怎能唤起中国人麻木的心灵?所以这些学生他们不惮以自己的生命,奉献给学生运动。这不仅是一次学生运动,更是新文化向旧文化的挑战,是可敬的,可以歌颂的。

鲁迅的"劣根性"学说

　　大凡鲁迅的文章,总要或多或少地透露着一个念头,那就是中国人的那种劣根性。具体说就是指中国人的冷漠、麻木等弊病。首先,他的认识是正确的。不仅是我们国人,就连外国人罗素也提出过中国人冷漠这个毛病。罗素说,中国人千好万好,但是对别人的灾难缺少同情,甚至在心底还有一种暗暗的快感。真不知道他是怎么发现的。而劣根性这种看法,是不合适的。任何一种文明都不是完美的,都是存在缺憾的,而中华文明所缺少的就是那种"恻隐之心"。至于原因,也很复杂,但主要还是因为秦帝国以后,中华文明愈注重实用而造成的。如果过于强调我们的缺点,就是以殖民主义的观点,看我们的文明,这与黑人白人论等说法并无不同。中国人的缺点怎么改?我看也不能只喊"劣根性"的口号。首先要建立一些感性认识,比如不再以各种名义来损毁他人,不再允许他人以各种名义毁损别人。我们不要成为"冷漠的看客",也不要成为让人旁观的刽子手。之后才能建立起对人道主义的敏感。

三、质疑释难：

1. 第一部分与第二部分的"我也早觉得有写一点东西的必要了"中的"必要"一词是否相同？如相同，怎么理解？

2. 第六、七部分的论证结构为何先否定后肯定，有什么作用？

3. 第一部分，"我也早觉得有写一点东西的必要了，这虽然与死者毫不相干，但在生者，却大抵只能如此而已。""如此而已"怎么理解？

张双双答疑：3.我觉得"如此而已"是一种无奈，战士们已经牺牲，他再写文章怎么悼念也换不回几十条年轻的生命，只能作为事后的总结与哀叹，给活着的人一种警戒，所以说"如此而已"。

王近思：

一、理清思路：

悼念刘君，巧遇程君，应邀写文，以告其灵。世间黑暗，莫可名状，阴险论调，尤觉悲凉。猛士英雄，直面人生，造化弄人，牺牲易忘。初遇刘君，即感诧异，不为势屈，反抗校长。桀骜锋利，与她无缘，终其一生，时常微笑。赁屋授课，见面始多，以后分别，竟成永远。听闻噩耗，始料未及，刘和珍君，竟被杀害！惨象流言，不忍视闻，民族沉默，我却要言。刘和珍君，欣然前往，仅为请命，却遭不测。刘君一命，微不足道，军阀杀之，闲人谈之。人情冷漠，世间悲凉，当局凶残，流言下劣。女性从容，深感佩服，殒身不恤，奋然前行。微茫希望，尽在于此，仅以此文，纪念刘君。

三、质疑释难：

1. 文章中两次说刘和珍君死掉了，有她的尸骸为证。是何用意？

2. "中国军人的屠戮妇婴的伟绩，八国联军的惩创学生的武功，不幸全被这几缕血痕抹杀了。"怎么理解？什么叫被抹杀了？

尹珊珊：

一、理清思路：

感于死者，为之作文；真庸对比，警醒世人；忆起和珍，微笑印深；噩耗流言，心中愤然；弹虽入心，伟大犹存；世事流驶，忠骨同在；慨叹烈士，所以记之。

二、重点解读：

"时间永是流驶，街市依旧太平，有限的几个生命，在中国是不算什么的，至多，不过供无恶意的闲人以饭后的谈资……"看到这儿，我又想起了孔乙己，想起人血馒头，想起中国国民的冷漠。鲁迅先生总是能够用平淡的语言刺痛我们内心的最深处，唤起我们对世事的思考。且先不说那些有恶意的闲人，光这些无恶意的闲人的态度就够我们受的了。刘和珍是哀痛的，她的身躯奉献给了一群没有思想，没有感情，麻木不仁的国民，她不知道他们会不会用沾满她鲜血的馒头作为药给别人治病。但刘和珍不孤独，千万个忧国忧民的爱国者紧紧地跟随着她，还有像鲁迅这样用笔杆给她力量，给她勇气的人。刘和珍的生命正在以另一种方式延续！

人类社会的发展总是浸泡在鲜血中，让我们不敢触碰，但又必须面对。随着时光的流逝，历史已被洗成绯红，但在这美丽的沉重的红颜色中，我们总能找到像刘和珍这样永存的笑容。可是，这笑容让我们并不轻松，至少有时候我不敢睁眼去看，怕看到那笑容背后的狰狞，没有表情便是最可怕的表情。冷漠是最可怕的事情。一时之间，我无语了，有点悲哀，有点无奈……

三、质疑释难：

1. 文章第一部分末尾"我将深味这非人间的浓黑的悲凉，以我的最大哀痛显示于非人间"，如何理解？

2. 作者为什么如此细致描写刘和珍等的遇难经过，用意何在？

钟华：

一、理清思路：

写作缘由，愤怒流言，赞扬勇士，启迪庸人，回忆过往，追忆女侠，惨遭喋血，暴虐统治，烈士功绩，激励革命。

二、重点解读：

面对广有羽翼的杨校长的奴化教育，面对千古世袭的封建传统，她不再沉默地接受，纵然是被殴打拖出学校，她也要勇敢地斗争，去创建理想的新式学堂。面对帝国主义及其走狗的压迫，她不再安于当顺民，毅然地迈出校门，组织学生请愿，却不料在府门前喋血。她如花的生命，在短暂的岁月里绽放，却又迅速枯萎。她不甘于沉默地爆发，成为了在寂寞里奔驰的勇士们的先驱。

在她的尸骸面前，有些人，是不再沉默了。这时便有了"勇气"，跳出来说，这位身形单薄的女学生挟持枪械，大批学生受鼓动铤而走险——看看吧，这便是与当局作对的结果，这就是追寻自由的学生的惨淡结局。

流言家的不沉默，又使人愈发沉默了——连请愿都被枪杀，我们的叫苦无用，还是不谈国事，听曲品茶，过顺民的生活，自清末开始，还不是逆来顺受，苟且而活吧！

连学生的请愿都被枪杀，纤弱的生命却死于中国人的"文明"的枪口下。不把枪对准侵略的日本人，却对准有民族热情，有责任感的志士。本是为追求民族之自由而献身，却被诬蔑为"暴徒"；本是有独立之思想的先驱者，却被指为被利用。为个人利益而活的当局，为个人利益而活，麻木不仁的广大中国人，怎么不叫人出离愤怒，而说不出话，选择沉默呢？

和珍沉默中的爆发，是牺牲亦是永生，点亮了寂寞里的勇士们的路，勇士们愤然而前行。也加速了沉默者的灭亡，暴风骤雨的革命之势已来临，风雷震响——苍茫大地不再沉默！

三、质疑释难：

1. 在描写三位烈士遭枪击时，作者重点描写动作，多次用到"立仆"，反而没有去渲染死者临难时的表情，传达死者的情感。这样写有什么好处？

2. "早觉得有写一点东西的必要了"，与但又"实在无话可说"不矛盾吗？

张蒂：

一、理清思路：

写作因由，开篇点题。揭露敌人，纪念烈士。是真猛士，投身战斗。莫像庸人，苟且偷生。和君交往，感触颇深。敢于斗争，赞其精神。珍君遇害，文人凶残。呜呼哀哉，奋起改变。君等请愿，欣然前往。不畏强暴，英勇献身。一八惨案，吸取教训。激励志士，勇往直前。总结全文，点明题意。智者更进，投身革命。文章基调，悲而不伤。激动人心，激励斗志。

二、重点解读：

给我感触最深的是文章中曾两次写到了血，第一次："……敢于正视淋漓的鲜血。……仅使留下淡红的血色和微漠的悲哀。"这次写血，我认为首先是突出当时社会不是人生活的社会，非常黑暗，洋溢在人们周围的竟是"淋漓的鲜血"。其次，写到了当时社会的悲哀。社会黑暗到竟然让一个平日里从容和蔼的女学生去请命，竟然当时死亡。更加悲哀的是，在这次运动后，"正人君子"们竟然还诬陷刘和珍君，说她是被利用的。第二次："然而既然有了血痕了，当然不觉要扩大。至少，也当浸渍了亲族，师友，爱人的心……"我认为这次写血，是在写刘和珍君的死使很多人悲伤，也使一些有知觉的人清醒。也就更加能够使有识之士站起来，激励他们，做新的抗争。

三、质疑释难：

1."……离三月十八日也已有两星期，忘却的救主快要降临了罢，我正有写一点东西的必要了。"此处为什么要强调时间？有什么作用？和后文有什么联系？

2."正如煤的形成，……更何况是徒手。"这句话什么意思？不好理解。

王澈：

二、重点解读：

谁是真正的猛士？谁又是真正的革命者？她们敢于直面惨淡的人生，敢于正视这悲惨凄凉的黑暗现实，敢于为了改变这"似人非人"的社会现状而努力奋斗！她们敢于正视淋漓的鲜血，敢于直面牺牲且英勇前行。人们无法忘却她们的身形，高大的光环和那昂扬的头颅；无法忘记她们身上所折射出的悲愤、激扬与自信；无法忘记她们在枪声中的悲亡。面对着"悲惨的人生"，将要长存的黑暗社会和人民无法改变的命运，她们是哀痛者，为民族而痛！然而，为了国家，为了人民而流血，为了改变旧社会的黑暗而牺牲，她们是幸福者，为民族而幸福！在她们的身后，有我们整个民族的血污、苦难、彷徨与觉醒……她们用生命的全部光芒划亮了充斥天地之间的黑暗和寂静。她们走了，留下了锋芒毕露的锐气和才干，留下了铁骨铮铮的思想与灵魂！

三、质疑释难：

1. 作者认为我们的民族是"在沉默中爆发"还是"在沉默中灭亡"？

2. 文章第六节对徒手请愿持否定态度，而第七节又持肯定态度，不矛盾吗？

3. 文中两次提到"我也早觉得有写一点东西的必要了"，既然有必要写，为什么又多次说"我实在无话可说""我还有什么话可说呢"？

刘梦阳：

一、清理思路：

追悼会上，心中澎湃。无限愤慨，长歌当哭。

举世沉醉，唤人清醒。初次相见，与众不同。

微笑浮面，不料永别。初闻噩耗，无端喋血。

目不忍视，耳不忍闻。刘君之死，惊心动魄。

时间流逝，街市依旧。微笑旧影，永存我心。

二、重点解读：

人常说，人不为己天诛地灭。但在我看来，那只不过会换来人为财死，鸟为食亡的慨叹。在现如今这个竞争的社会，只有懂得合作的人，才能取得最终的胜利。在这样商业利益最大化的社会，只有处处为消费者考虑的人，才能成为最大的赢家。

刘和珍君对请愿的"欣然前往"，尽管不是抱着誓死的决心去的，可此时在她的心中，国家的兴亡是最重的。她为自己想的少了，或者是根本没为自己想。这使她如花一般灿烂的年华，过早地凋谢了。但这更使千百万的有良知的中国人为她想了，为她伤心了，因她觉醒了。刘和珍已不再是刘和珍了，而变成了唤醒人们的警钟，鼓舞人们奋起的动力。她因她的死而永生！她的死或许不能与屈原相提并论，但她应该是无悔的，她为正义奉献出了自己微薄的力量，人民不会忘记她！

王凯：

一、理清思路：

追悼会外，独自徘徊。恰逢此时，程君前来。我乃为文，所以缅怀。唤醒世人，爆发起来。

初见和珍，友好和蔼。气魄胆识，无处不在。印象深刻，铭印脑海。却不曾想，今日告白。

政府门前，刘君遇害。文人墨客，颠倒黑白。杀人凶手，竟抬头来！世道不明，人心太坏！

广大学子，心系未来。集会游行，排山倒海。徒手情愿，慎取再来。记以此文，一吐不快……

和珍之灵，奋然前行！

二、重点解读：

说句实话，我一向觉得鲁迅先生的文章很可怕：生词怪词太多，总是很难读懂。不过我又总是想，一个伟大作家的文章能通过时间的考验流传下来，想必非常精彩吧。正是这种矛盾一直困扰着我。

跑题了？！对对：）[①]，言归正传吧。

一个女子，敢于承受所有的苦痛；一个女子，对着敌人的"最后通牒"大声回击；一个女子，直至殉国也还保持着灿烂的微笑；一个女子，要用生命换来世人的觉醒。世人到底从没从死般的沉默中觉醒我不知道，反正，她是活了。

很难想象，一个女子有着截然不同的两面性格，微笑和蔼的另一面，是对帝国主义无情的"凶神恶煞"。单从她订阅了全年的《莽原》，就可看出她的思想人格绝非类同他人。我欣慰，在那个黑暗的年代，中国还有着这样的爱国学生：在倒下前的最后一刻，还高举自己的双拳，响亮地呼喊着爱国口号。反动派的统治，在这样的口号下也变得风雨飘摇。当她的鲜血从体内涌出，其光芒也足以照亮前方的路——虽然路漫漫其修远，但也足以照亮。

我流泪，心在流泪，全中国爱国人士的心都在流泪，当一个个爱国的学生倒在反动统治的枪口之下。流泪为谁？为何流泪？不仅是爱国学生的殉国，更是那一个个选择的沉默。不在沉默中爆发，就在沉默中灭亡。还有那些所谓"文人"的标题文章。呜呼！民族盛衰之

---

① ：）：网络表情符号，微笑。

理，岂非人事？

所以欣慰，所以流泪。

边枫：

一、理清思路：

痛定思痛，长歌当哭；当日一别，天人永隔；惨象流言，不忍视闻；惊心动魄，托体山阿；陨身不恤，以警后世；烈士勇毅，千古长存。

二、重点解读：

面对自己所敬爱的师长，她，时常微笑，态度温和。

面对自己所热爱的事业，她，尽心尽力，能干有为。

面对自己所痛恨的敌人，她，不畏艰险，陨身不恤。

当这样的一位巾帼英雄惨烈牺牲的时候，鲁迅先生看到的，是不忍目睹的惨象；他所听到的，是不忍耳闻的流言。于是，他开始懂得衰亡的民族之所以默无声息的缘由。

这样一篇文章，让我们共同悼念刘和珍君，同时，也让我们思考："不在沉默中爆发，就在沉默中灭亡。"

沉默！我们为什么选择沉默？！

刘和珍的死，应该把我们唤醒，应该让我们透过种种假象，看到隐藏在表面之下的那些无耻，那些凶残。当然，事实证明，我们没有在沉默中灭亡，而是在沉默中爆发，爆发出了无限的力量。这些力量，源于我们身体中流淌的共同的血液，这血液，造就了我们这个民族的魂。

三、质疑释难：

1."离三月十八日也已有……降临了罢"，这句话在文中何意？

2."以我的最大哀痛显示于非人间，使它们快意于我的苦痛……"何谓"非人间"？"快意于我的苦痛"又是什么意思？

方昊：

二、重点解读：

"真的猛士，敢于直面惨淡的人生，敢于正视淋漓的鲜血。"

鲁迅的文章往往用白描的手法，涂鸦出一片血红的记忆。读他的文章，是血染的"惨白"的世界。干净利落的几字，勾画出了三位猛士的气节，几句凝练的感慨之词将鲁迅先生内心的呐喊赋予声嘶力竭的气势。在先生的眼里，那个社会是一个人吃人、人非人的世界，而真正的人却反被认为是"狂人""暴徒"。悲剧往往在这种疯狂扭曲变形的世界中诞生了，生存与死亡、正义与邪恶、清与浊，无不变成一支支矛与一张张盾，在白色的恐怖下一次次撞击出火花，而年轻的鲜血变成了这场交响中的音符，有谁会去真正歌唱他们呢？有的只是沉默，但不在沉默中爆发，就在沉默中灭亡，刘和珍君便选择了前者，爆发得热烈，爆发得惊人！用自己的生命爆发出了爱国斗士沉没于心底的呐喊，向着苟且偷生的执政者，向着铁屋中沉睡的愚人，向着喋血的侵略者爆发出一声呐喊："中国，是不会在血红的屠刀下低头的！"

惨淡的人生抹不去爱国斗士心中的狂热！淋漓的鲜血威慑不倒正义的灵魂！猛士们会在中国的希望中得到永生！

贺玥萌：

一、理清思路：

堂外徘徊，怀念故人。

无言可说，唯有高歌。

直面人生，唯真猛士。

夏初相见，已感出众。

笑可融雪，亦可化冰。

噩耗突传，府门喋血。

沉默之中，灭亡爆发。

临死惨景，犹在眼前。
各方凶手，无耻昂头。
心犹淌血，街市依旧。
微见希望，沉默无语。

二、重点解读：

一场血案的背后必然会有一个"幕后黑手"，这场屠杀也是不例外的。最容易找到的凶手是段祺瑞，这是显而易见的（尽管他后来假意忏悔过）。他代表的是他的军阀，而他的军阀又被小日本威胁着。往后瞧瞧，这件惨案，使一些"学者文人"们有了表现的机会，于是纷纷发表自己阴险的论调（当然鲁迅先生等除外），还有把这件事当作饭后谈资的闲人们，也是乐不可支。我认为，这些人也是刽子手，至少他们都麻木不仁。而造成这一点的，还是中国人自己，是我们国人不小心养成的一种习惯。国人如此，国将不国。不能说这些人占了多数，但至少还是有的。我想，鲁迅先生写这篇文章肯定不只是要纪念，还要警示，警示国人；还要批判，批判这些刽子手。

再说中国女性，刘和珍或许可以算一类人物中的代表了。这类女性有思想，有头脑，还有不逊男儿的勇气，更有可以微笑着面对一切的处世态度。这样的人很少，只有头脑不行，那样的人善于空想；只有男儿的勇气不行，那叫中性；只会笑更不行，那样的太多了。所以说，越奇的东西越少有一定的道理。花木兰我觉得算一个，刘兰芝也差不多，秋瑾也算，再有就印象不深了。这样的中国女性的确伟大，的确值得纪念。而刘和珍的那种从容淡定更是该传承下来的。对于这样的中国女性，我有的是敬佩。所以，形容女性，怎能只一个"美"字？

三、质疑释难：

1. "纵使时光流驶……这也就够了。"我还不是很理解。
2. 本文为何要分节写，有什么特殊目的吗？

王思婧：

二、重点解读：

《离骚》版本：

壮士去义不覆兮，悲恸岁年之怆。弃义于往昔兮，今人怎鉴已蚀之世？

笔触锋而动容兮，爆发喋血之端。惨淡余生苟且兮，今文安能与之媲？

血既当往之笔墨兮，决绝泥沙而消隐。泪之鉴之憾事兮，岂又咎于时之流驶？

比黑暗更黑的是血，比血更红的是黑暗。总有些生命是注定被时代抖落的。因为总有勇士。有勇士在的人间就是血液最先迸溅的地方。那淋漓的血液扑向你我，嘶吼着的勇士眦裂眼眶，怒视黑暗。比黑暗更黑的是血，比血更红的是黑暗。

既是天堂又是炼狱的地方，有一个总称叫人间。于是不同的人在不同的时代就将面对不同的苦难，处在无尽的黑暗与渺茫的黎明之间的苦痛的人们，我不知道你们最后是怎样伸开双臂拥抱了那血色的黎明。

沉默的叹息后便是灭亡，悲痛在不忍目睹的血的漫染下终究爆发。写作是一场烈火，不是修辞练习。被这熊熊燃烧的烈火灼烧的人，是鲁迅。不是每一个人都有足够的勇气承担燃烧带来的疼痛与苦难。直到我们面对死亡时，我们是否有勇气来承担？文字能够承载的重量，人无法想象。那次从勇士胸口迸发出的鲜血，能否染在如今沉默的我们的记忆里？长歌当哭！

王帅：

二、重点解读：

"沉默呵，沉默呵！"眼前这重复、简单的六个字，让我仿佛听到鲁迅先生愤怒地捶案呐喊。鲁迅不同于常人，他拥有能一眼看清事物本质的能力，以及将这本质尖锐又毫无保留地揭示出来的冲动。他刻薄，但

229

在这刻薄的背后,是一颗比任何人都希望这个民族奋发崛起的赤诚之心。

他发现了这个"衰亡民族"的沉默,于是迫不及待地告诉国人:"不在沉默中爆发,就在沉默中灭亡。"这是对国人的激励,也是警示。沉默有两种:一是积蓄力量时的沉默,一是无力回天时的沉默。两种沉默是可以互相转化的,而转化的关键在于人。我们若不爆发,就只有灭亡。

而那时爆发了的是谁呢?是刘和珍,是杨德群,是像她们一样处于对这个国家的热情最强烈的年龄的大学生们。那么那些该对这个国家负起责任的社会人士呢?在"积蓄力量"吗?女师大的学生刘和珍为了维护国家的主权,倒在了执政府的枪下;而大散文家朱自清,却踩着学生们的尸体仓皇逃命。人在攸关性命的关头,大多只想着自己逃命,此乃人之常情。而又为什么,在那个关头会有一个女学生救了两个男学生,还有两个学生冒死把自己同学的尸体抬离屠杀现场,而朱自清却只能自己逃跑呢?

鲁迅说"中国的女性临难竟能如是之从容"让他意外,而一个社会亿人齐喑,只有数千学生"在沉默中爆发",不是更让人意外吗?

9班8帖

马博:

一、理清思路:

悼念和珍—唤醒庸人—生前事迹—遇难经过—惨痛教训—深远意义。

二、重点解读:

我感触较深的是:

"我懂得衰亡民族之所以默无声息的缘由了。沉默呵,沉默呵!不在沉默中爆发,就在沉默中灭亡。"

段祺瑞执政府用武力屠杀人民,还用文的一手,反诬被害者是"暴徒",走狗文人阴险地说他们是受人利用的,来制造杀人的理由,进行严酷的思想统治。对于中国人的思想，鲁迅先生在《藤野先生》一文中写道："（放映）日本战胜俄国的情形，但偏有中国人夹在里边：给俄国人做侦探，被日本军捕获，要枪毙了，围着看的也是一群中国人。"可见当时中国人民的思想是多么的麻木不仁啊！面对段祺瑞执政府这么强大的势力压迫，大多数人是保持着沉默，有思想的人却是敢怒而不敢言。鲁迅先生想用自己的文字打动中国人，他相信物极必反的道理，他相信一定会涌现出更多的像刘和珍一样的革命者，为了对真理的追求，敢于与黑暗势力做斗争，不怕牺牲！

"苟活者在淡红的血色中，会依稀看见微茫的希望；真的猛士，将更奋然而前行。"

普通的人民会从中国女子的英勇斗争中，在枪林弹雨中互相救助、殒身不恤的事实中，多少看到一些改变黑暗现实的希望。真的猛士是敢于直面惨淡的人生，敢于正视淋漓的鲜血。真正的革命者将受到先驱们献身于革命的激励，更加奋勇前进。真正的猛士站起来，中国才有得救的希望，他们要承受超乎寻常的哀痛，但是他们是在创造幸福。这就会使有良知的中国人越来越多，苟活者会被革命先驱们感动，他们也会变成猛士，为了追求幸福的生活，与黑暗势力做斗争！

三、质疑释难：

1. "我也早觉得有写一点东西的必要了"，后面写"可是我实在无话可说"，是不是有些矛盾？（估计不是，）怎么理解？其中表达鲁迅先生怎样的感情？

2. 如何理解"中国军人的屠戮妇婴的伟绩，八国联军的惩创学生的武功"？（我认为是讽刺的说法，可具体含义就不知道了。）

朱碧颖：

二、重点解读：

"时间永是流驶，街市依旧太平，有限的几个生命，在中国是不算什么的，至多，不过供无恶意的闲人以饭后的谈资，或者给有恶意的闲人作'流言'的种子。至于此外的深的意义，我总觉得很寥寥，因为这实在不过是徒手的请愿。人类的血战前行的历史，正如煤的形成，当时用大量的木材，结果却只是一小块，但请愿是不在其中的，更何况是徒手。"谈到惨案的意义，一般人只说肯定的，鲁迅思想的深刻之处，就在于他不但想到应该肯定的一面，而且想到应该否定的一面。鲁迅是不主张徒手请愿的，因为采取这种斗争方式，对敌人的打击作用很小，而革命力量的损失往往却很大。这个见解是鲁迅在实际斗争中总结出来的。鲁迅在表述自己的这种见解的时候，是怀着对革命青年的战斗精神深为感佩的心情，怀着对他们付出了过多的代价深为痛惜的心情，采取自己独特的分析生活的角度与方式来展示的。思路从否定的一面再到肯定的一面。这样，篇末不但不致陷入消沉，还能鼓舞人们前仆后继地奋然前行，收束在高昂的呐喊声中。

三、质疑释难：

1. 本文名叫《记念刘和珍君》，为什么介绍刘和珍生平的文字却很少？
2. 作者是在借纪念刘和珍阐明自己对徒手请愿的看法吗？

冯赓：

一、理清思路：

写作缘由—写作必要—追忆往事—残酷暴行—斥责凶手—赞扬和珍—勉励群众。

二、重点解读：

"我懂得衰亡民族之所以默无声息的缘由了。沉默呵，沉默呵！不在沉默中爆发，就在沉默中灭亡。"

中国人，你为什么要沉默？！看到恶势力无法无天地胡作非为，你沉默；看到中国的新青年为了正义去请愿，你依然沉默；看到他们为了你们的利益在府门前喋血，你竟然还是沉默！我开始觉得恶心，我愤怒，不是为了这广有羽翼的政府，而是为了那几亿懦弱自私的中国人！你说你和气，你友善，你礼仪之邦，多么有趣，多么可笑，在这该站出来的时候，你却讲起了和善，因为你没有勇气去请愿，去像鲁迅一样批判，甚至都不敢说一句话！你只是沉默！因为你怕事，你自私，只要别人没杀到你床前，你宁可闭着眼睛假寐！在中国，最容易生存的不是螳螂，而是坏人！不要以为你是个教书的，你的任务就只是教书！不要以为你是个屠夫，你的天职就只是杀猪！不要以为你是个学生，你就只管看书！别忘了你还是一个有血有肉，有正义感的人！你沉默，你周围的人，你的下一代就会依然受着沉默的痛苦！爆发吧，现在就爆发，在破败的家园无法修复之前，在生命还能依稀看到微茫的希望之时，在敌人的铁骑将你的心灵无情地践踏之后！将几千年的压抑爆发出来吧！大声地告诉他们：你很愤怒，你很生气，你对他们的行为很不齿！冬天到了，春天还会远吗？中国人会觉醒的，刘和珍君相信，鲁迅先生相信，我也相信，我们都该相信，只要你不再沉默！

我始终觉得，鲁迅先生的这段话，不只是写给当时的中国人，也写给了现在的人们，写给了我们。今天的中国，经济发展纵然一日千里，可鲁迅先生的这句话又何尝不是依然适用呢？

PS：自知差得很远，凑合着看吧……

刘妍：

一、理清思路：

写作缘由—交往经过—遇害过程—深刻意义—鼓励生者。

二、重点解读：

开头两节，鲁迅先生一直强调有写点东西的必要，不仅是因为程君的建议，主要是出自他本身的意愿。其一是要悼念、祭奠刘和珍君。"这虽然于死者毫不相干，但在生者，却大抵只能如此而已。"只能通过这个来表达对刘和珍君的敬意……希望能有"在天之灵"，让她得到几许安慰，这里感觉作者有些无奈。其二则在于唤醒庸人。"忘却的救主快要降临了罢，我正有写一点东西的必要了。"为了唤醒那些在国家危难之时还在昏昏欲睡的人们……为了让人牢记这笔血债……可鲁迅先生又说自己"实在无话可说"，因为他"已经出离愤怒了"，"我向来是不惮以最坏的恶意来推测中国人的"，而反动派的"下劣凶残"却完全出乎"我"的意料，这怎不令人"出离愤怒"？"我只觉得所住的并非人间"，"四十多个青年的血"已经"使我艰于呼吸视听"，又怎么能说出话来呢？"几个所谓学者文人的阴险的论调，尤使我觉得悲哀。"控诉了反动势力的残酷暴行，痛斥了文人走狗的丑恶嘴脸！"真的猛士，敢于直面惨淡的人生，敢于正视淋漓的鲜血。这是怎样的哀痛者和幸福者？"比起当时社会麻木不仁的中国人，勇士们深知社会的黑暗和民族的苦难有多深重，所以他们痛苦，但他们无力改变，所以他们更加哀痛！可他们敢于面对黑暗，他们坚信光明总会到来。怀着这样的信念、奉献、牺牲，所以他们又是幸福的。像刘和珍这样许许多多的革命者就是真正的勇士！

三、质疑释难：

1."中国军人的屠戮妇婴的伟绩……"至这段结束，这句话含义是什么？

2.作者总是说"微笑着的刘和珍君……"有什么特殊的意义呢？

王喆：

一、理清思路：

写作原因—决心写作—回忆往事—听闻遇害—遇害经过—牺牲意义—感怀死者。

二、重点解读：

我有所感触的是：刘和珍是个真正的猛士，然而她却始终都在和蔼地微笑着。人们心中的猛士，往往是孤独的、冷峻的，可以傲视一切的。然而，刘和珍也告诉我们，烈士，同样也有她温和的一面，真正坚强的人，可以在困难面前无所畏惧，但他们的内心却不一定是冷的。我想刘和珍生前一定是一个乐观的，从容的，但是却有着无比坚定信念的人。她那温和的微笑，饱含着对祖国的热爱，饱含着对民族的期待，饱含着对苦难之中的中国人民的深切的关爱。她的面容就是要告诉我们，中国的希望在她的身上，在每一个人身上，充满自信也是战胜困难的开始。刘和珍虽然是女性，但她身上也同样具有那种坚守革命的信念，就同江姐、刘胡兰一样，证明着中国的女性也是同样的伟大。有着强烈愿望的人在愿望实现之前即使粉身碎骨也在所不惜，刘和珍就是这样一个充满自信的猛士。

三、质疑释难：

1. 鲁迅先生一会儿说"有必要写一些东西"，一会儿说"说不出话"，一会儿又说"还有话要说"。不知所云，难道是在表现内心的挣扎？

2. 鲁迅先生为何不直接从叙述遇害的过程和结果写起？

马超：

一、理清思路：

为何写作—写作必要—回忆往事—得知惨案—残忍凶手—深感无奈—怀念死者。

二、重点解读：

"我懂得衰亡民族之所以默无声息的缘由了。沉默呵，沉默呵！不在沉默中爆发，就在沉默中灭亡。"

沉默，人们说"沉默是金"。

我在公车上看到小偷在别人皮包里肆虐，我沉默。

我眼前有人在散播"牛皮癣病毒"，我沉默。我知道你在找苦力，我沉默。

我很清楚他们把脏东西藏在哪里，我沉默。我忍受不了不堪入耳的东西，我沉默。

我了解沉默下去的结果，但我依然沉默。

沉默，我说"沉默是死亡"。我不知道为什么那么那么多的人每天都在过着"金子"般的生活，可依然一贫如洗。

我知道你不爽，你痛苦，你无奈。但我更知道你麻木了，你变态了，你疯了。

一个人沉默，一个集体沉默，一个社会沉默，一个国家沉默。我想这里应该会有腐烂的恶臭，寸草不生；我想这里像块行尸走肉，飘来飘去；我想这里是个活靶子，任人狂扫。

嘿！你受不了了爆发了，但一切都完了。机遇已然远去，家园已被洗劫一空，希望早已破灭。为何不早些爆发？为何不一直爆发？为何要等到一切为时已晚才爆发？

爆发吧，从今天起爆发吧，爆发一瞬间的灿烂比虚无的"金色"美。

三、质疑释难：

1. 作者是否怀着愤怒的感情写这篇文章？我没觉得。

2. 为何要详写死亡现场，而不多介绍死者生平？

PS：感觉写得够烂，累吐血了。

王敬瑜：

一、理清思路：

写作缘由—回忆和珍—凶暴惨案—歌颂英魂—励众自勉。

二、重点解读：

献给勇士们的祭文

"然而既然有了血痕了，当然不觉要扩大。至少，也当浸渍了亲族、师友、爱人的心，纵使时光流驶，洗成绯红，也会在微漠的悲哀中永存微笑的和蔼的旧影。陶潜说过，'亲戚或余悲，他人亦已歌，死去何所道，托体同山阿。'倘能如此，这也就够了。"

鲁迅先生是冰冷的吗？大概有人这样认为吧。时时刻刻紧蹙眉头斗争着，不得一刻安息的斗争者，永远背负着沉重的责任与黑暗，这样的一个人，大概没人愿意亲近吧。然而当我在暗夜中虔诚地含泪伫立在先生的文字前，或者竟情不自禁伸出手去触摸那冰冷的文字和那文字中的精魂，却隐隐地感受到激荡的热流和温热的哀伤。从此心系此君，日日夜夜。如今，先生的文章摆在眼前，我选了上面一段。因它道出了流血牺牲者根本的价值——纵是岁月不居，时节如流，将这必将扩大了的血痕冲淡，但终究不会被磨灭。反而，那留在革命伤口上的疤痕，虽然已依稀不见，却深深刻入心中，不需要时时刻刻，只要偶尔的一瞥，便提醒人们那往昔存在的悲哀与绝望、无畏与勇气，永不能遗忘。

和珍君的死壮烈而凄美，先生的文字坦荡而深切。其实，先生不仅在默默哀悼亡灵，也在唱着一曲关于自己的歌——和珍与先生，恰恰是最相似的。一个先一步献身，另一个自称苟活在荒凉无趣的人间，共同拥有的是对大众，对百姓，对自身的深深的关注与思索，对黑暗，对非人性的反抗与不留情面的剪杀；一个向着流弹挺起胸膛，一个面对利口覆国之小人挥起如椽大笔，一样的英勇，一样的永存。而就这样一篇文章，两者紧密相联，就这样一段话，道出了所有猛士的伟大。而且，隐于文字背后的先生，也未尝不在字里行间悄悄诉说自己的心事——"陶潜说过，'亲戚或余悲，他人亦已歌，死去何所道，托体同山阿。'倘能如此，这也就够了。"先生大概心里就是凭着这样的追求压住了面对周遭的厌恶，忍住了弃世而去的贪念，留在了战火狰狞、丑陋横行的现世，肩起自己的责任，直至逝去——

先生，那个未及六旬，心中的迟暮却已经凋零的先生，他这样说："曾惊秋肃临天下，敢遣春温上笔端？"凄凄惨惨，仿佛在辩解着什么，仿佛在诉说着什么——肃杀如此嚣张，就在我的身边跋扈，在一切的人身边跋扈，我怎么敢，又怎么能让我写出的文字喜气洋洋、春光明媚，以蛊惑世人、贬低自己呢？于是，杀戮，血腥，投枪者，吃人，被吃，鬼……这些分外触目惊心的意象充斥在先生的文字里，它们有了人的感情，鄙陋的，或者高尚的，从而教人们认清世间的大欢喜与大悲哀。而和珍君，你和先生是多么的神似啊，以血肉之躯，同样教给人们大欢喜与大悲哀。然后人们醒悟，追逐你们的脚步而去，把原本没有的路，你们指给了他们，于是，杂草丛生之地被他们走成了大道。虽然你们无幸在这路上安详坦然，却早已被人们带在心中愉快踏实地上路。这一切，无人可以抹煞！

呜呼！我说不出话！但以此纪念勇士们——和珍君，先生，所有的勇士，同在我心中……

王博飞：

一、理清思路：

写作缘由—悼念刘君—追述生平—痛斥暴行—惨案经过—劝诫请愿—奋然前行。

二、重点解读：

"真的猛士，敢于直面惨淡的人生，敢于正视淋漓的鲜血。这是怎样的哀痛者和幸福者？"

解读：何为"真的猛士"？那便是有勇气接受现实并敢于承担责任的人。鲁迅先生在他的另外一篇文章《淡淡的血痕中》说："叛逆的猛士出于人间；他屹立着，洞见一切已改和现有的废墟和荒坟，记得一切深广和久远的苦痛，正视一切重叠淤积的凝血，深知一切已死，方生，将生和未生。"本文中的刘和珍君就是这样一个真正的猛士和革命者。鲁迅先生说想象中的她是有些桀骜、锋利的，可真正见面后却发现她是一个性格温和并始终微笑的人：从初遇到离别，从喋血到辞世，刘君总是微笑着——微笑着面对老师的教导，面对敌人的枪口，这又怎能不使我们感到震撼！一个羸弱外表的女子却有如此的勇气！无怪乎鲁迅先生说："不在沉默中爆发，就在沉默中灭亡！"

真的猛士敢于正视黑暗的社会现实和人民的悲惨生活，以人民的痛苦为哀痛，所以作者称他们是伟大的"哀痛者"。他们又以能投身摧毁黑暗社会的斗争，为人民流血牺牲感到幸福，所以作者又称他们是伟大的"幸福者"。正是因为他们拥有这种"先天下之忧而忧，后天下之乐而乐"的忧患意识，才使他们敢于做时代浪潮的弄潮儿，成为一个真正的幸福者。

三、质疑释难：

1. 从文中可以看出鲁迅先生对于徒手请愿是不支持的，那么这种态度是真正存在，还是只是为了讽刺段祺瑞执政府的倒行逆施？

2. 为什么作者说徒手请愿是罗网，甚至是诱杀？

3. 拓展练习资料

挽联、墓志铭写作示例

参考图片：

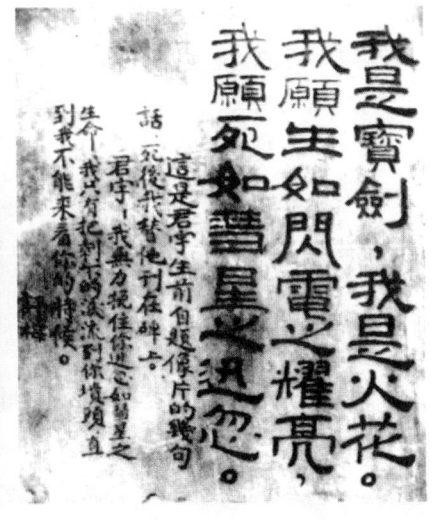

图一　　　　　　　　图二

我是宝剑，我是火花。
我愿生如闪电之耀亮，
我愿死如彗星之迅忽。
这是君宇生前自题像片的几句话，死后我替他刊在碑上。
君宇！我无力挽住你迅忽如彗星之生命，我只有把剩下的泪流到你坟头，直到我不能来看你的时候。

评梅

这是石评梅为其恋人高君宇所写的墓志铭，三年之后，她也撒手人寰，与恋人共葬在陶然亭边。

参考文字1：

10月13日下午一时，不是黄昏，却似黄昏，阴霾布满天空，天光暗淡，凄清压抑。

北师大附中的全体师生，由林砺儒率领，排着整齐的队伍，到师大的风雨操场，为石评梅开追悼会。

追悼会的会场上，正中悬挂着石评梅先生的遗像。

上面一块横匾，——

  天丧斯文

下面一块横匾，——

  泪洒秋风

在遗像两旁，是师大附中校长林砺儒先生的一副长长的挽联，——

  五六年绩咸举教有方光耀我门墙讵料一朝摧健者
  十余日葬景非诵声咽凄冷女学部不堪再听唤先生

（摘自柯兴《风流才女——石评梅传》）

北京陶然亭公园内，石评梅墓碑的形状，与君宇的类似，是一座四角白玉剑碑。正面用楷书刻写着——"故北京师范大学附属中学校女教员石评梅先生之墓"。

碑基正面，用篆书镌刻着四个大字——春风青冢。

墓碑上刻写着墓志全文：石评梅先生，讳汝璧，前清光绪二十八年阴历八月十九日生于山西平定县。幼聪慧，长好文学，而常有致力教育以改造社会之志。民国十二年，卒业于北京女子高等师范体育系，任北京师范大学附属中学体育及国文教员、女子部学级主任，六年之间，劳绩卓著。著有《涛语》《祷告》《偶然草》数书行世。十七年九月二十九日，以脑病殁于协和医院，年二十有七，葬于北平宣武门外陶然亭畔。

（摘自都钟秀《春风青冢石评梅》）

参考文字2：

世界名人墓志铭

古今中外许多名人的墓志铭都寓意隽永，耐人寻味，可以说"碑如其人"了。

1. 英国诗人雪莱的墓志铭是莎士比亚《暴风雪》中的诗句："他并没有消失，不过感受了一次海水的变幻，成了富丽珍奇的瑰宝。"

2. 古希腊"喜剧之父"阿里斯托芬的墓志铭出自哲学家柏拉图之手："美乐女神要寻找一所不朽的宫殿，终于在阿里斯托芬的灵府发现。"

3. 生于雅典的古希腊的悲剧诗人欧里庇得斯的墓碑上刻着雅典人的讣词："全希腊是欧里庇得斯的纪念碑，诗人的骸骨在客死之地马其顿永埋，诗人的故乡是雅典——希腊的雅典。这里万人对他赞颂，欣赏他的诗才。"

4. 1953年，苏联火箭技术和星际航行学家尔奥齐科夫斯基逝世，人们在他的墓碑上铭刻上他的名言："地球是人类的摇篮。但是人不能永远生活在摇篮里，他们不断地争取扩大生存的空间，起初小心翼翼地穿出大气层，然后就是征服整个太阳系。"

5. 16世纪中叶，德国数学家卢道尔夫计算 π 值，首次达到小数点后 35 位而且无一数字之差。他感到自己活在世上没有虚度年华，因而留下遗嘱，要后人把这 35 位数字全部刻在他的墓碑上。

6. 1873 年，英国人欣克斯利用无穷级数的方法，将 π 值计算到小数点后 707 位数字。这一工作几乎耗费了他毕生的时间和精力，后人敬佩他追求科学的精神和坚忍不拔的毅力，在他的墓碑上镌刻着 π 的小数点后 707 位数字，以纪念他的功绩。

7. 古希腊数学、物理学家阿基米德，在聚精会神地研究几何图形时，叙拉古城被罗马人攻破，阿基米德不幸被罗马士兵所杀。罗马大将马塞拉斯敬佩他的才智，按照他生前的意愿，在为他建立的墓碑上刻着他所发现的著名的几何定理之图形，表示对他的"补偿"。

8. 古希腊大数学家刁藩都的墓志铭是一则数字游戏："过路人，这里埋葬着刁藩都的骨灰，下面的数字可以告诉你，他活了多少年。他生命的 1/6 是愉快的童年。在他的生命的 1/12，他的脸颊上长了细细的胡须。如此，又过了一生的 1/7，他结了婚。婚后 5 年，他得了第一个孩子，感到幸运。但不幸的是，生命只是他父亲的一半，在孩子死去的 4 年后，他也结束了尘世的生涯。"

9. 在一次答记者问上，金庸先生笑着说，在自己的墓志铭上，会这样写："这里躺着一个人。在 20 世纪、21 世纪，他写过十几部武侠小说。他的小说有几亿人喜欢。他自己觉得这是一件好事。"

4. 拓展作业展示

例一　13 班吴双：

1. 撰写挽联：

念和珍，清似流水淡如梅，温婉秀逸女儿情。

叹刘君，坚若磐石毅比松，激昂勇毅赛须眉。

——挚友双泪挽

2. 撰写墓志铭：

墓碑正面：爆发，还是灭亡？死寂的沉默中，苍天在呼唤——和珍，和珍！

墓碑背面：

女士姓刘，名和珍，安徽人氏。性情和善，资格风韵，文思天才，能力卓越。七岁始读书，十五岁入江西女子师范，女师卒业，负笈京师，入女师大英文系。鉴国事之蜩螗，遇事无不慨然鞠躬尽瘁。奔走呼号，集会演说，不逞宁处，今日女师大之恢复，论者功焉。然民国十五年三月十八日，女士参爱国运动，领导群众，请愿执政府，终中弹而殒，享年二十有二。深念刘和珍女士，一代有志爱国青年。

例二　13班郭新月：

1. 撰写挽联：

花因清淡花方艳，色到无时色斯真。

颦笑桀骜终和煦，壮志长存万古珍！

——祭奠刘和珍同志

2. 撰写墓志铭：

墓碑正面：轮回千古，你是涅磐重生的巾帼英雄

　　　　　翘首以盼，你是永不湮灭的一阕悲歌

墓碑背面：

女士姓刘，名和珍，安徽人氏。自幼富文学天才，书画琴笛，皆通也，可谓娴静好学之士也。女士大学之时，乃青年学生领袖是也，号百余人抗其不堪之校长，实乃巾帼之豪杰也。女士二十二之时，乃不满段政府之独裁无能，丧权辱国，徒手请愿，终被凶虐杀害。呜呼！人亡国瘁，女士有灵，其不瞑目于九泉之下也！！！

例三　13班张然然：

1. 撰写挽联：

温婉笑容蕴性情之刚强，虽须眉不及

迅忽生命藏理想之高远，纵百年难比

——愿继君遗志之同人挽

2. 撰写墓志铭：

墓碑正面：那日，你喋血街头，为了正义。今朝，你长眠于此，却是永生。

墓碑背面：

刘和珍君，安徽生人。天赋异资，重修以德。七岁从师，十五入学。饱读诗书，才思敏捷。女师纳之，引以为豪。反抗校长，不畏势力。领率同人，奔走救校。虽至开除，心志不移。为抗侵略，欣然请愿。枪林弹雨，从容穿梭。弹片入身，立仆立倒。竟为正义，喋血街头。岁月逝，人事迁，君之壮，尤难忘！

例四 13班尹珊珊：

1. 撰写挽联：

风华少女，巾帼英雄，血染天地悲；

刘和珍君，烂漫生命，芳存万古长！

——后人挽

2. 撰写墓志铭：

墓碑正面：巾帼之真猛士在此长眠！

墓碑背面：

女士姓刘，名曰和珍。少年天资聪慧，待人接物，温文尔雅。青年才华横溢，正义气概，女师豪侠。民国十五，为国请愿，中弹而殒，见者靡不心恫。短暂一生，印象流长！"花到凋落方美丽，落叶飘零知归宿"！

例五 13班钟华：

1. 撰写挽联：

青春血洒，女侠取义成仁。

梅芬无色，清飘千秋英魂。

——同学挽

2. 撰写墓志铭：

墓碑正面：流弹穿心，惨死无悲。笑留三月春风。

墓碑背面：

女士刘和珍，安徽人，八年寒窗，入江西女子师范。尚新知，善琴棋书画。谓女师大巾帼豪侠。学生自治会长，勇反章杨封建奴化教育。民国十五年三月十八日下午二时，赴执政府为八国通牒之事请愿，被卫队枪击，从背部入，斜穿心肺。立仆。年二十二岁。

例六　13班何柳：

1. 撰写挽联：

刘君刘君，感尔壮情。

当以汝志，导我前行。

——同学挽

虽言其师岂非吾师

刘家有女千古名扬

——庸师痛挽

2. 撰写墓志铭：

香冢家国忧，苍茫劫，半生终，为国缺。冰冷灵柩，中有热血。气亦有时尽，血亦有时灭。一腔壮志无断绝！是耶非耶，化作羁鸟自盘旋。（改编自《书剑恩仇录》）

例七　13班王兴：

1. 撰写挽联：

风雨之中鸾凤已为烬

翎间真魂浴血得重生

——北师大附中同人挽

2. 撰写墓志铭：

墓碑正面：黄山脚下二十二年独果香榧一株是也

墓碑背面：

一个二十二岁的英灵；一个二十二岁的女英灵；一个二十二岁的中国女英灵；一个二十二岁为中国献身，又为中国人所杀的中国女英灵——刘和珍君。

例八　13班王澈：

1. 撰写挽联：

喋血府门，英魂长存。

巾帼英雄，万古长存。

——同学挽

2. 撰写墓志铭：

墓碑正面：痛心麻木人民的不争，呐喊民族迷失的灵魂。

墓碑背面：

刘和珍君，祖籍安徽，自幼聪颖，天资烂漫。十五入学，江西师范。创办校刊，总理其事。文学天才，资格风韵。琴棋书画，事事皆谙。志趣高雅，平生爱梅。女师卒业，负笈京师。考入师大，研究外文。世道不济，挺身而出。奔走呼号，集会演说。三月十八，爱国运动。政府请愿，喋血四溅。二十有二，终其生命。深痛哀悼，刘和珍君。

例九　13班贾佳：

1. 撰写挽联：

刘和珍君殒身不恤感怀人间轻生死

中国女子勇毅前行惊天泣地震鬼神

——真友贾佳深念刘君

2. 撰写墓志铭：

墓碑正面：此乃真正中国女青年！

墓碑背面：

师大才女，书画琴笛，爱梅如命，天妒英才怎可堪。女师豪侠，不见桀骜，只现真诚，人因清淡人斯艳。刘和珍君，为国殒命，欣然赴死，哀享年二十有二。猛士傲岸，不惮前行，国之希望，依稀渺茫总可盼！

例十　13班王帅：

1. 撰写挽联：

梅因清淡艳，君以平和真。

——同人悼

2. 撰写墓志铭：

墓碑正面：你用鲜血染红天空，让我们仰望那淡红渺茫的希望……

墓碑背面：

女士刘和珍，安徽人。秉性烂漫，天资颖聪，待人接物，从容和蔼，国学深有根底，富文学天才，书画琴笛，异常娴谙。十五岁入江西女子师范，矻矻课务，后入女师大英文系。一九二五年章士钊挟嫌解散女师大，女士奔走呼号，集会演说，今日女师大之恢复，论者功焉。一九二六年三月十八日，北京天安门，国民大会，女士参爱国运动，领导群众请愿抗议八国通牒事，段氏令卫队开枪，女士中弹负痛而奔，伤重中途而殒，享年二十有二。

例十一　13班张双双：

1. 撰写挽联：

她　用火热的鲜血泼向黑暗的人间

她　用绚烂的生命点燃革命的火焰

——爱人同志挽

2. 撰写墓志铭：

墓碑正面：她站在革命前沿，毅然寻找中国的明天

　　　　　她挺立在血泊中，微笑迎接生命的回旋

墓碑背面：

247

女士姓刘，名和珍也，祖籍安徽，江西落居。生于家贫，吃苦耐劳，思学上进，学业优良。十五岁，入赣女子师范，兢兢业业，诸多成果。性行温厚，受人爱戴，学生领袖，积极活跃。卒业后，入女师大，号召学生，领导反抗，不畏强权，威迫校长。被辱退学，执着不屈，赁屋授课，心系学府，忧国忧民，黯然泣下。联合志士，欣然前往，示街游行，政府请愿。事出突然，段某残暴，示意扫射，杀戮不断。深受重弹，不舍同伴，殒身不恤，哀叹之至。生命逝去，年仅二十又二。

挽联集锦：

哀，悲哀，举国悲哀，哀奇女子为国身死。
震，震惊，国人震惊，震无耻徒虐害生灵。
——爱国的苟活者挽

叹青春华少晨曦之生命永逝
感泱泱大国苍茫之劲骨尤存
——后世仰慕者挽

不畏强暴，敢怒敢言，爱国一片拳拳之意；
以身向前，殒身不恤，为友满腹赤诚之心。
——张静淑君挽

世道，暗兮暗兮，段政府门前血长流，流言难留，死者何烈矣；
希望，依稀依稀，后死者心中笑长留，忘却难忘，生者当随行。
——后死者挽

身死捐躯为国丧；
后世英名万古传。
——丙戌年同人挽

巾帼血溅京城门，惊世独立烈士魂！
——同学挽

活着经历猛烈枪林弹雨
死了忍受恶意流言蜚语

——不再沉默者挽

悲 悲 悲 珍君请愿惨遭攒射 爱人亲友深念之
愤 愤 愤 为国捐躯竟遇诽谤 文人政府快意矣

——"闲人"愚挽

墓志铭集锦：

莫哭泣，因为我一直站着，眺望光明的方向。

睡在这里的是一个年仅二十二岁的真的猛士。

我有两次生命，一次是出生，一次是死亡。前者不为拯救，后者不为虚无的伟大。

她爱梅，傲然风雪，不失本色。她像梅，枪口之下，毫无惧色。

……

5. 网络平台学习现场掠影

个人亮才情，同学受感染

例一

姓名：边枫

昵称：小边儿～

[楼主] 2006/11/01 16：41：55

挽联：

犹似昨日共欢笑，不觉今日已永隔。

——同学挽

晓以正义，殒身不恤；烈士音容，永存于心。

——后世读者挽

姓名：何柳

下篇　拓展——从尝试走向深入

昵称：FreeSnipe

［1楼］2006/11/01 16：49：26

"昨日欢笑""今日永隔"写得真好！

姓名：贾佳

昵称：

［2楼］2006/11/01 17：04：54

同学写得好啊，自己兄弟死了哪有那么多冷静的思辨，最真便是那份痛苦与怀念。

例二

姓名：孟竹

昵称：畅游天际

［楼主］2006/11/01 16：57：22

挽联：

世间昏暗悲巾帼喋血

正道光明愿英魂永存

——哀痛者挽

墓碑正面：花淡花方艳，色无色亦真。今人悲国难，永念刘和珍。

墓碑背面：

刘和珍君，祖籍安徽。天资颖异，秉性温顺。幼即好学，过目成诵。年龄渐长，才德并进。佼佼同辈，颇有威重。每期校刊，必有其文。名冠全省，无人不知。入于女师，心系国事。每有舆论，争揄扬之。学生自治，总领其事。气质豪侠，巾帼雄姿。二五学潮，奔走呼号。不畏强权，不为利屈。外表温和，内有傲骨。女师复校，居功至伟。虑校前途，黯然涕下。三月十八，政府请愿。爱国之心，苍天可鉴。敌人凶劣，竟至喋血。年仅廿二，世人尽悲。

姓名：边枫

昵称：小边儿~

［1楼］2006/11/01 16：59：16

果然是孟竹的风格：

凝练！精准！

评价结果：★★★★

姓名：张双双

昵称：冰凝

［2楼］2006/11/01 17：00：37

  花枝挺立，香气沁脾

  珍君气阔，惊天动地

评价结果：★★★

姓名：何柳

昵称：FreeSnipe

［3楼］2006/11/01 17：04：59

  我无话可说……

  你咋写这好呢？

  咋写这棒呢？

  咋写这绝呢？

  咋写这神呢？

  ……

  我无话可说！

评价结果：★★★★

例三

姓名：王近思

昵称：潇湘夜雨

［楼主］2006/11/01 16：59：16

  挽联：

  世道黑暗，人情冷漠，忠贞不屈真豪杰。

  流言恶毒，政府凶残，慷慨就义大丈夫。

          ——一位仰慕者潇湘挽

  墓志铭：

  才女刘和珍，生来本烂漫，天资既颖聪，待人又和蔼，七岁读经史，国学底蕴深，十五入师范，每试列前茅，侪辈兼姊妹，均目为畏友，初创校刊时，总理诸般事，神劳力又瘁，心却不稍疏。虽为女子身，实为大丈夫。今月十八日，请愿天安门，女士奔走呼，抗议北洋军，女士负中弹，伤重中途殒，天妒女英才，享年二十二。一生豪情壮志铁傲骨，生子当如刘和珍。

姓名：王兴

昵称：冷月无声

[1楼] 2006/11/01 17：00：33

  小胖就是小胖！

评价结果：★★★★

姓名：刘梦阳

昵称：

[2楼] 2006/11/01 17：00：47

  支持小胖儿！！

评价结果：★★★

姓名：于兆瀚

昵称：

[3楼] 2006/11/01 17：02：53

  "一生豪情壮志铁傲骨，生子当如刘和珍。"

  ——有点夸张。

  支持小胖！

评价结果：★★★★

姓名：孟竹

昵称：畅游天际

[4楼] 2006/11/01 17：06：51

  是小胖风格！

  最喜欢最后一句："一生豪情壮志铁傲骨，生子当如刘和珍。"

评价结果：★★★

自主协作，互相砥砺

例一

姓名：王近思

昵称：潇湘夜雨

[楼主] 2006/11/01 16：37：13

挽联：

世道黑暗，人情冷漠，忠贞不屈真豪杰。

流言恶毒，政府凶残，慷慨就义大丈夫。

——一位仰慕者潇湘挽

姓名：方昊

昵称：Dolores_lolita

[1楼] 2006/11/01 17：05：18

  潇湘？女名？？

  写得不错啊！但像评男的的！

评价结果：★★★

姓名：钟华

昵称：牙膏

[2楼] 2006/11/01 17：05：46

  和珍巾帼不让须眉也！

评价结果：★★★

例二

姓名：张双双

昵称：冰凝

[楼主] 2006/11/01 16：56：41

  她 用火热的鲜血泼向黑暗的人间

  她 用绚烂的生命点燃革命的焰火

姓名：向岚

昵称：jiesi

[1楼] 2006/11/01 17：08：40

  好联！但上联下联的平仄值得商榷。

评价结果：★★★

姓名：张双双

昵称：冰凝

[2楼] 2006/11/01 17：11：55

  她 用火热的鲜血泼向黑暗的人间

她 用绚烂的生命点燃革命的火焰
（这样好些了吧，谢谢小老鼠（注：向岚）！）
姓名：孟竹
昵称：畅游天际
[3楼] 2006/11/01 17：12：31
确是好联！很能凸现刘和珍的特点。
评价结果：★★★

例三

姓名：梁宵
昵称：
[楼主] 2006/11/01 17：01：27
生平小传
刘氏小女，名曰和珍。诵读诗书，观画抚琴，无不乐也。自幼怜爱梅，心如梅清素。面柔笑常在，心中志却坚。兴办自治会，敢为正义事。今为国家亡，悲兮长叹兮。年仅二十二，国之烈士矣。
墓志铭
恰如梅洁雅，芳菲露笑颜。
血染乱世中，坚志洒人间。

姓名：贾佳
昵称：
[1楼] 2006/11/01 17：09：08
血染乱世中，"坚志"洒人间。是不是可以改成"英名""精神"啥的一类词，感觉怪怪的～～
评价结果：★★★★
姓名：贺玥萌
昵称：小哈
[2楼] 2006/11/01 19：08：58
哀叹中亦有期望，不错。
评价结果：★★★★

抢先发帖，争显才华

姓名：方昊

昵称：Dolores_lolita

[楼主] 2006/11/01 16：31：27

  刘和珍，安徽籍人，秉性烂漫，天资颖聪，待人接物，从容和蔼。七岁从师，凡所诗书，无不成诵。十五入女师，矻矻课务，文思与年华并进，名列前茅，立志创作，校刊女杰，倾省人士，无不晓其女，女师荣誉，因其增美。文学天才，姿格风韵，书画琴笛，异常娴谙，观其书画，秀逸出尘，听其歌曲，清入心腑。卒业之后，负笈京师，入女师大，入英文系，鉴国事蜩螗，鞠躬尽瘁，一般舆论，争揄扬之，奔走呼号，集会演说，不遑宁处，今女师大恢复，论者功焉。今月十八日，北京天安门，国民大会，爱国运动，领导群众，请愿执政府，抗议八国野蛮侵略。段氏愤怒，不允延见，卫队开枪，群众倒地，女士中弹，负痛而奔，伤重而殒，二十有二，靡不心恫。云吁，烈矣。

姓名：郭新月

昵称：新废

[1楼] 2006/11/01 16：32：23

  好强！

评价结果：★ ★ ★

姓名：王近思

昵称：潇湘夜雨

[2楼] 2006/11/01 16：39：47

  悍，果然强悍，我本来也要写四字的呢，被你抢了先。

评价结果：★ ★ ★

姓名：方昊

昵称：Dolores_lolita

[3楼] 2006/11/01 16：59：13

  谢了啊！

  哈哈，见笑了！

《祝福》教学设计、精彩实录与学生作业展示

2009年3月19日，北京教育科学研究院基础教育教学研究中心中学语文教研室在我所在学校——北京师大附中举办了高一年级"基于网络平台的鲁迅经典作品教学"研讨活动。这次研讨活动以我的研究课《我眼中的祥林嫂》为教学样本，研讨如何把虚拟的网络与现实的课堂结合起来，建构一个打破时空界限，"教""学"合一的教学模式，从而提高阅读教学的针对性和有效性，促进学生学习方式和教师教学方式的转变。

在研讨活动开始前，北京教科院基教研中心中语室主任刘宇新老师介绍了本次活动的主要内容和程序。本次活动的内容包括：第一，北京师大附中邓虹老师上一节基于网络自主学习的阅读研究课——《我眼中的祥林嫂——〈祝福〉经典人物形象解读（二）》。第二，邓虹老师就这节课谈自己在"信息技术与语文教学优化整合"方面的思考及教学实践。第三，宣武区[*]语文教研员苏蓉老师介绍宣武区新课程推进过程中的工作以及对利用网络平台促进"两种转变"的思考。第四，特级教师王大堃老师评课。第五，海淀区教师进修学校中学语文教研室主任田福春老师、崇文区[**]教育研修学院中学语文教研室主任韩明英老师发言。第六，刘宇新老师就组织这次活动的目的和意义做题为《把"虚拟"变为"实在"，把"理念"变为"现实"》的总结性发言。北京师大附中王莉萍副校长参加本次活动，并代表学校致辞。全市19个区县的高一教研员、教师代表以及宣武区40位高中语文教师参加了本次活动。

---

[*] 已撤销的市辖区，现为西城区的行政区域。
[**] 已撤销的市辖区，现为东城区的行政区域。

> 创新设计解说

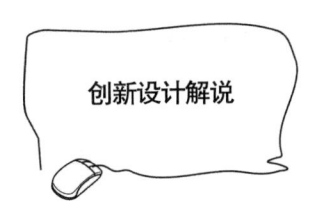

"双课堂"教学模式,促进学生主体性发展

长期以来,在语文教育实践中,表现最为突出的问题就是在教育价值上学生主体性的缺失,忽视学生个性的培养。有人批评道:我们的教育"并没有把培育和发展学生个人的主体性和独立人格作为根本目的"[1]。主体教育正是针对这种状况提出来的。这一理论明确提出要尊重学生的主体性,促进学生个性自由充分的发展。[2]这也成为当前教育改革的一个重要理论依据。语文课程标准就着力体现了"以学生发展为本"的教育理念,并指出:"学生是学习和发展的主体。语文课程必须根据学生身心发展和语文学习的特点,关注学生的个体差异和不同的学习需求。"[3]

主体教育和新课程改革都将学生的主体性发展作为教育的出发点、依据和目的,不同的教学模式和教学方法也都强调确立和发挥学生的主体性,但在实际的教学过程中却存在不少误区,如"将发挥学生主体性等同于'满堂问',盲目追求课堂教学中提问题的数量,一定程度上忽视了对学生课堂教学参与度的分析"[4]。因此,如何在课堂教学中真

---

[1] 金生鈜.反主体教育的反思与主体教育的构想[J].教育导刊,1995(12):8.
[2] 武思敏.主体教育的理论与实验——访北京师范大学裴娣娜教授[J].教育研究,2000(5):51.
[3] 中华人民共和国教育部.全日制义务教育语文课程标准(实验稿)[S].北京:北京师范大学出版社,2001:2.
[4] 鲍东明.对目前的教学改革该肯定什么注意什么——北京师范大学裴娣娜教授答记者问[N].中国教育报,2003-01-05(4).

正做到以学生为主体，促进学生的主体性发展，仍是困惑广大中学语文教师的一个难题。笔者在鲁迅作品的阅读教学中进行了改革课堂教学方式的尝试，力图通过引入网络平台，开放课堂教学，让学生积极主动参与，从而培养学生的主体意识，促进学生的主体性发展。

2009年3月，笔者对近年来所进行的鲁迅作品阅读教学新探索进一步梳理，教授了鲁迅作品《祝福》的研究课，采用网络平台教学与传统课堂对话教学相结合的"双课堂"教学模式，集中探讨了信息技术与鲁迅作品教学的优化整合。教学基本构思是以网络平台的阅读研讨奠定学生自主性阅读的基础，再在实体课堂教师组织、引领、点拨的讲读讨论中得到升华，达到课程所要求的对课文准确、深入的感悟和理解；同时通过网络平台上多种语言表达训练，加以深化与扩展，并转化为阅读与写作的能力。

网络课堂——主动参与，自主研读，注重个性化阅读

《祝福》一课的教学首先在网络课堂展开。笔者安排学生在网络虚拟课堂开展自主研读，第一阶段为小说单元整体感知，让学生自主选择一篇写读后感。该单元包括《红楼梦——林黛玉进贾府》《祝福》《老人与海》等三篇小说，共有16人选择《祝福》来谈自己读后的感受。传统的阅读教学通常也有"整体感知"阶段，但往往局限在课堂上的十几分钟，甚至几分钟，学生难以放开思维，对作品的感受也容易受时间等限制而较为浅显。如果完全放手让学生进行自主选择，自主阅读，不仅给学生以完全的自由，也让文字材料充分地刺激学生的感觉器官，让学生充分感知，充分获取信息。有的同学就在阅读三篇小说时，提炼出它们的共同点，将自己的感受谈得非常彻底："《红楼梦——林黛玉进贾府》《祝福》《老人与海》，三篇背景不同、风格迥异的作品排列在第一单元的目录里。初读时无甚感觉，但是读了两三遍之后，心中便难以平静。字里行间，有一

种广博的、崇高的、难以轻易参透的精神力量，这种力量穿越了广远的空间，又穿越了邈远的时间，深深地感召着我。我相信，这是一种抗争的精神，一种战斗的精神，一种支持人类同自身命运抗争、同一切黑暗战斗的原动力。"

  第二阶段是自主研读《祝福》，评点鉴赏，写对联概括祥林嫂形象。有了第一阶段的整体感知后，学生对课文有了初步的感知和认识。这一阶段，从阅读的要求上就比上一阶段有所提高。学生要对《祝福》进行评点鉴赏，并写对联来概括祥林嫂的形象。写对联一方面对学生进行了语言表达的训练，另一方面也让学生在整体感知的基础上进入到集中的对小说人物形象的理解中。由于有了一定的要求，不仅引发了学生阅读的好奇心和兴趣，同时也激发学生带着问题和疑惑，通过上网搜寻资料，阅读相关书籍和文章来寻求答案。这样学生就牢牢掌握了学习的主动权，并带有一定的目的性。学生的作业质量之高令人钦佩，如："嫁夫又丧两度，恐入地狱受劈斩；捐槛未捐一般，欲忙祝福遭拒绝。""鄙薄眼里，辛勤奔忙，换得凄苦几十春；祝福声中，竭力挣扎，终成无辜牺牲品。""凄如野草，夫亡子丧痛不及半；苦于呐喊，流言蜚语尽摧余生。""上联：可叹 亡夫丧子 几度悲愁有谁怜。下联：可悲 求神问鬼 一生尽没冷眼中。横批：哪得春色换人间。""中年丧子，两度丧夫，祥林嫂命运多舛，惨惨惨；鲁镇遭歧，一朝惨死，旧社会封建如磐，难难难。""饱尝人间疾苦，祥林嫂终半疯，一人之痛。不问世道兴衰，放眼望皆看客，举国之悲。""生既死，死于三千年宗法礼教的规则里；逝仍活，活在两万万劳动妇女之命运中。"……

  初读的感知和再读的鉴赏，学生的思维火花在网络平台上尽情碰撞。他们在网络课堂上展现自己的感悟、认识和心得，也在阅读其他同学的帖子的同时，产生新的灵感和疑惑，于是便有了第三阶段的网络课堂：针对同学们帖子中的焦点问题，展开交流研讨。"没有体验，没有独特的思考和感悟，就谈不上阅读理解。"[1]这一阶段主要是创设实践情境，让学生在亲身参与中有所感悟，有所发现，获得自己的情感体验和思考。由于有了根据自己的理解发表看法与意见的机会，学生会主动参与、自主探究、乐于探讨，从而培养了他们获取新知识、分析问题和解决问题的能力以及交流与合作的能力。

将网络平台引入到阅读教学中，营造了民主、平等的教学环境，给学生提供了一个展示个性的舞台，学生在此能充分地表达心声、互通信息、沟通情感、共同协作，进行民主的、自由的、丰富多彩的交流活动。这是一个完全自主阅读的平台，因为营造了平等友好的学习氛围，学生们会积极主动地参与到阅读中来。阅读是学生的个性化行为，虚拟课堂的引入，充分发挥了学生在阅读教学中的主体作用，打开了学生色彩斑斓的丰富世界，激发了他们内在的灵性和丰富的想象力。这样，在主动参与、自主研读、个性化阅读体验中，学生的主体意识得到了激活，自主阅读的兴趣得到了提高，主体性也就相应地获得了发展。

实体课堂——深入探讨，教师点拨，提升阅读能力

网络课堂的自主研讨，是学生形成自己的阅读经验的过程。学生通过上网搜寻资料，交流自己的阅读体验和发现，形成网上互动，这些都带有极强的自主性，是学生主体性发展的体现。但是，学生在网络课堂上形成的个性化阅读经验，可能还是比较零散和粗糙的，需要教师发挥引导作用，对此进行进一步的完善和升华，真正提升学生的阅读能力。这便是实体课堂的教学任务。

学生在网上的自主研讨过程中，已经获得了一定的阅读体验，对课文也形成了自己的见解，因此在实体课堂教学中，如何根据学生已

---

[1] 余文森，郑金洲. 新课程语文教与学 [M]. 福州：福建教育出版社，2005：30.

有的阅读经验，确立恰当的课程教学目标，并与学生的心理建立良好的联系，关键就在于教师的引导。

《祝福》的实体课堂主要进行"我眼中的祥林嫂——《祝福》经典人物形象解读"教学，共两课时。第一课时完成两方面的学习内容：①比较同学自拟的三张祥林嫂年表，梳理人物经历，感知人物命运。②品读三次肖像描写，解读人物命运。第二课时的主要任务是组织学生对三个重要问题，即从学生网络自主性学习过程中梳理出的焦点性问题进行深入探讨，中间穿插展示学生网络平台作业的精华帖，利用学生的学习成果来衔接、推进教学环节，生成新的教学资源，引导学生正确把握人物性格及命运，深入体会作者的写作意图，启发学生多角度、多侧面把握人物形象，准确而充分地理解小说的深刻主题。

实体课堂之前网络平台上的自主研读，可以让教师观察与研究每一个学生，了解学生接受课文的心理逻辑的过程。在充分理解学生的经验（他们的阅读兴趣、角度、创造、阅读障碍、困难、疏漏、认识误区……）以后，教师可以及时对自己的预设教案进行修改与调整，以真正符合学生的学习需求。这样，实体课堂的教学便不再盲目，而是立足于学生的学，以学生的阅读经验为基础，以学生阅读体验中产生的困惑和问题为教学之本，具有一定的针对性和目的性。

网络课堂给学生提供了一个完全自主阅读的平台，注重学生的个性化阅读经验。在实体课堂的教学中，如何促进学生的主体性发展，就需要教师"要诚心诚意地将学生看作是教学活动的主体，自身发展的主体，并在课堂教学中体现学生的主体地位；要尽可能创设主体性的活动情境，在情境中激发学生潜在的智慧和学习能力；要充分尊重学生的主体地位，引导学生在学习知识的过程中得出结论"[①]。

实体课堂的两课时教学，教学目标主要集中在人物形象——祥林

---

① 金中.裴娣娜教授谈主体性教学［J］.四川教育，2001（7）：34—35.

嫂的把握上。这一目标,既考虑到小说阅读教学中人物形象是重点的因素,又切合了学生在网络平台中对祥林嫂形象的评点和鉴赏,以及用对联的形式来概括祥林嫂形象这一阶段的自主研读成果。在具体的教学过程中,教师为学生创设了良好的学习环境,讨论的问题完全来自学生在网上的交流,教师只是对讨论的焦点问题进行了集中和提炼,从而激发了学生对课堂的讨论和学习的兴趣。同时,在学生的讨论过程中,教师也充分尊重了学生的主体地位,自己只作为课堂阅读活动的组织者、促进者[①],组织引导学生进入到文本中去,进入到学习的氛围中来,让学生从文本中找出自己结论的依据,所有的讨论都应该建立在有文本依据的基础上,这样学生就会在教师的帮助和引导下,通过自主或合作的学习探究,历经生动的学习过程,生成新的认识,实现对网络平台讨论的再认识和超越。于是,在生生之间、师生之间积极交流的基础上,在教师对学生适时、适度、适当的引导和点拨的基础上,学生的阅读能力自然得到了提升,同时也促进了学生的主体性发展。

北京教科院基教研中心专家在评课中指出:这节课的教学设计从文本出发,从学生的网络自主学习出发,关注学生的学习过程,把学生在网络平台的自主学习过程作为重要的课堂教学资源引入课堂教学,学生真真正正成为学习的主体。同时,教师在整个教学过程中,特别关注学生对文本的个性化解读,鼓励学生调动个人阅读经验和知识积累,利用网络平台互相交流对文学作品独特的阅读感受;而课堂教学中,教师能够客观看待学生的个性化解读,鼓励学生发表独立见解并给予适时、适度、适当的点拨。另外,这节课不是灌输型的课,而是探究型的课。教师不仅将自己的角色定位为学生学习的组织者、引导

---

① 陈玉秋.语文课程与教学论[M].桂林:广西师范大学出版社,2004:151.

者、评价者,而且把自己当作学生的学习伙伴,参与学生网上的自主研讨,营造了民主、平等的教学环境,极大地激发了学生的学习热情。教师根据学生网络自主研读的过程和学习成果生成本节研究课的教学内容,促使学生积极开展自主、合作、探究性的学习,促进了学生学习方式的转变。

  教育的目的、任务与功能,其中包括教师的职责和作用,都是为了培育学生,促进学生的发展和主体化。因此,从根本上讲,学生是第一位的,离开了学生的主体性发展,教育就失去了依托和生命力。[1]因此,在教学实践中,我们应真正以学生为主体,笔者只是在鲁迅经典作品的阅读教学中进行了课堂教学方式改革的尝试,利用网络课堂和实体课堂相结合的"双课堂"教学模式来促进学生的主动参与意识和自主阅读的意识,将教师"满堂灌"的教授模式变为针对学生的学习实际进行组织、引导和点拨,将学生被动的接受学习变为自主、探究式的学习,从而促进了学生的主体性发展。相信为了学生的个性发展和终身发展,我们在改革课堂教学方式,树立以学生为主体的意识方面,还任重而道远。

---

[1] 王道俊,郭文安.主体教育论[M].北京:人民教育出版社,2005:53—54.

> 研究课教案及实录

我眼中的祥林嫂
——《祝福》经典人物形象解读教案

授课时间：2009年3月19日第2节

授课地点：北京师大附中综合楼二层演播室

授课教师：邓虹

授课班级：高一（10）班

教学目标：

  1. 正确把握人物性格及命运，理解小说主题。

  2. 培养学生通过品味小说语言，解读人物形象的能力。

  3. 培养学生自主性、创造性研读文学经典的兴趣。

教学重点：

  深入体会作者的写作意图。

教学难点：

  启发学生多角度、多侧面把握人物形象。

教学方法：

  交流研讨式。

辅助手段：

  PowerPoint多媒体课件。

教学步骤	教师活动	学生活动	备注
一、导入	名家眼里的祥林嫂		
二、精读文本 　　深入探究	整合学生自主学习资源，分层探究： （一）被回避的重要问题： 1. 展示学生网络自主评点鉴赏作业。 2. 提出问题，启发学生深入研讨、交流。 3. 小结： 合理、完整、深入把握人物形象。	阅读、思考、研讨	
	（二）未深入的焦点争论： 1. 展示学生网络自主评点、争论、研讨过程。 2. 引导学生深入研讨、交流，力求达成共识或生成新思考。 3. 小结： 紧密结合文本，全面、深入把握人物形象。	阅读、思考、研讨	引导学生通过课上课下，师生、生生之间的互动交流，深入钻研文本，在积极主动的思维和情感活动中，加深对鲁迅经典作品、作家深刻思想的理解。
	（三）被忽略的精彩文本： 1. 选择、展示精彩文本。 2. 引导学生阅读、品味、交流、归纳。 3. 小结： 品味语言，多角度、多侧面把握人物形象。	诵读文本 品味语言 分析人物 理解作者意图	
	（四）主题探究： 1. 主题的自觉探究。 2. 主题的深入探究。 3. 主题概括："立人"。		
三、总结	从"我眼中的祥林嫂"到"我眼中的鲁迅先生"		
四、作业	网络自主研读： "我看《祝福》的艺术魅力"		

《祝福》教学实录

执教者：北京师大附中　邓虹
整理者：北京师大附中　俞珺

邓老师：上课！今天我们将继续学习鲁迅先生的经典小说《祝福》，首先回顾一下学习过程。我们在虚拟课堂进行了三个阶段的自主研读。第一个阶段，对小说单元的三篇文章《林黛玉进贾府》《祝福》《老人与海》进行整体感知，同学自主选择篇目写读后感。第二个阶段，做评点鉴赏，写对联概括主人公祥林嫂的形象。第三个阶段，针对平台学习中同学们的焦点问题，用了一节课的时间，在机房展开交流、研讨。

在实体课堂上，我们进行了题为"我眼中的祥林嫂——《祝福》经典人物形象解读（一）"学习活动。第一件事，我们通过比较同学们拟的三张年表，对祥林嫂这个人物悲惨的一生做了一个整体的感知与梳理；第二件事，对祥林嫂那三张烙进读者心底的肖像，进行了深入的感知和分析。老师用一副对联，把上节课的内容串连了一下："三张传神照，一世悲苦情。"上课前石儒婧同学交给老师一个纸条，她对祥林嫂肖像做了这样的概括：素面青衫，身似孤舟不系；苍颜白发，心如槁木将朽。怎么样？很不错的吧？（同学们流露出惊讶与佩服的神情。）而且我觉得比老师的概括更形象。

今天，我们将进行"我眼中的祥林嫂——《祝福》经典人物形象解读（二）"的学习。主要内容是根据同学们在网络平台上发帖子、争论、交流的过程与结果，老师梳理出三个比较集中的问题，在今天的课堂上进行深入讨论，以便让我们进一步去认识、体会、感受祥林嫂的形象与命运，分析作者的创作意图，归纳小说的主题。

下面我们进入第一研讨内容。

（打出PPT）

研讨一：

姓名：杜文渊

昵称：洛洛

"人死后究竟有没有魂灵呢？……"多么可悲！当一个人将死亡作向往的时候，就再也没有什么能够留住她的脚步了。

姓名：郐艺

昵称：冬亦暖

第5～17段祥林嫂询问"我"关于魂灵之事。步步紧逼的追问，表现出祥林嫂对阴曹地府团圆之事的热切关注与满心想往。

姓名：刘星雨

昵称：更吹落

祥林嫂问是否有地狱是怕被二夫劈分还是想念儿子？（同时提问者：刘佩怡、于未央）

邓老师：好，先请杜文渊同学说一下，你坚持帖子上的这个观点是吗？

杜文渊：我认为通过第17段对祥林嫂精神、动作、语言的描写，作者还是把死亡当作一种向往来写的。因为对祥林嫂来说，这个地狱不是恐怖的地方，而是一个能与自己家人团聚的地方。而这个真正的世间，却没有她的容身之地。所以我认为她是把死亡当作向往。

邓老师：郐艺同学呢？

郐　艺：我觉得可能都有吧，其实我刚开始没有注意到刘星雨他们的问题，我只是直接结合文本，包括看课文其他部分。祥林嫂遭受那么悲惨的境遇，已经是遭遇一波又一波的打击，希望之后不断地绝望，已经足以摧毁一个人的意志，她已经没有什么可以在这个冰冷的世界生活下去的愿望了，所以她对于人世间的东西绝望了，所以她对鬼神有向往。我看了刘星雨的问题，又觉得恐惧也有。因为她先问"那么，也就有地狱了"，等她到了阴间以后，两个丈夫就把她分了……

邓老师：也就是说，你现在看了同学的提问后，促使你有了新的想法，认为两方面内容都有，对吗？（郗艺点头）还有哪个同学想说？

石儒婧：我是从她的语气给我的感觉说的，"她那没有精采的眼睛忽然发光了"，我觉得她问这个问题问得很迫切。还有下面"也就有地狱了""都能见面的"，她语气很肯定的，不容我去反驳，她是希望死后一家人可以见面的。她并不害怕被二夫劈分。

邓老师：也就是说，你是同意团圆的。（石儒婧点头）当我们有争论的时候应该怎么做呢？我们先思考一下，祥林嫂的这些问题是怎么来的呢？关于灵魂的问题？是她自己凭空想出来的吗？

林　意：在后面，柳妈跟她说的，22页，最后一段……（读原文）这是柳妈告诉祥林嫂的，看后来祥林嫂的反应，"她脸上就显出恐怖的神色来"，说明她以前是不知道这种事的。

邓老师：那么你觉得，祥林嫂向"我"询问的目的是什么呢？

林　意：我觉得，她首先是要确认一下柳妈说的是不是正确的。然后呢，她听到"我"说"有"的时候，她紧接着就问："那么，也就有地狱了。"我觉得这话体现了她希望有地狱，她希望到地狱去，和她的家人团聚。

邓老师：让我们看一下原文，刚才林意读到"她脸上就显出恐怖的神色来"。她害怕什么？

刘星雨：我觉得她害怕的是二夫劈分。从字面来看，能不能把"那么……那么……"理解成极度的恐惧？她到地狱后可能面临两个结果，一个是二夫劈分，一个是见到儿子，见到儿子是她唯一的希望，或许二夫劈分也不那么可怕了。所以我比较纠结。

邓老师：比较什么？纠结？很有意思。哦，刘睿要说。

刘　睿：我觉得对地狱的恐怖占多数，因为她"显出恐怖的神色"，她当时没有回答，但是非常苦闷。第二天早上起来的时候，两眼都黑着眼圈。说明这个话在她心里留下很深的印象。随即她就去捐门槛，她把一年所有的积蓄都用在门槛上，她想避免到阴司被锯开这件事情。后来她捐了门槛，四婶还是不让她祭祀，"她像是受了炮烙似的缩手，脸色同时变作灰黑，也不再去取烛台，只是失神的站着"，"眼睛窈陷下去，……直是一个木偶人"。从这可以看出，这件事情对她内心，是一个很沉重的打击，她意识到自己避免不了到阴司被锯开。联系一系列心理活动，她更多的是害怕，是为迷信所迫的。

邓老师：有没有道理？我看很多同学在频频点头。刘睿在思考这个问题的时候，把相关的描写阐释得非常清楚，都是从课本里将相关的词挑出来深入分析理解，最后形成自己的答案：祥林嫂是恐惧地狱的。她沦为乞丐以后，看到作为知识分子的"我"回来了，便想弄清这个问题。说明这种恐惧多年一直在她的内心深处萦绕着，挥之不去。另外，我们看看人物对话里面，有没有符合刘睿同学刚才分析的呢？他说，那种对阴间的恐惧一直困扰着她，什么地方呢？让我们再来读一遍："她极秘密似的切切的说：'人死了以后，究竟有没有魂灵的？'"哪个词特关键？对，是"究竟"！改一下，去掉它，句子有何变化？

毛瑞九：我觉得加了"究竟"语气更强烈，表现她对这个问题想了很长很长时间，迫切想知道答案。

邓老师：嗯，由此可见刚才刘睿同学分析得真好。这段文字又有没有一些同学所说的"盼望团圆"的意思呢？

学　生：（读书）"那么，死掉的一家的人，都能见面的？"

邓老师：她最渴望的是想和谁见面？

学　生：阿毛。

邓老师：对，她的儿子，阿毛。如果有地狱，能见面，两个丈夫就要来劈分；如果不能见面，她就再也不能看见儿子阿毛了。所以刚才刘星雨同学说这个问题在祥林嫂心里纠结着，是不是啊？也就是说，这两个问题，同时在祥林嫂的心里存在着，是一种强烈的矛盾。鲁迅先生这么一写，写出了什么？

何竞飞：写出了在那个社会环境下，祥林嫂在希望与绝望之间徘徊的一种感觉。

邓老师：有没有？嗯，有！希望与绝望之间徘徊，说得特别好！

邓老师：下面我们来总结一下，通过讨论，深入研读课文，我们明白了折磨祥林嫂的不是物质生活的贫困而是精神层面的痛苦。于是，我们对祥林嫂更增添了一种同情。同情她活着已经很绝望了，可是我们没有料到她死之前呢，居然还经历了这段痛苦、挣扎、彷徨，到死都不得解脱，那她是怎样的一个乞丐啊？

（打出PPT）

"生"之凄苦
祥林嫂
"死"之惶恐

邓老师：好了，咱们看看这两位同学写的对联里面，哪些地方就抓住了刚才我们讨论的要点啊？

（打出PPT）

展示平台

姓名：孙嘉懿

昵称：执着的数学爱好者

鄙薄眼里，辛勤奔忙，换得凄苦几十春；

祝福声中，竭力挣扎，终成无辜牺牲品。

姓名：刘星雨

昵称：更吹落

嫁夫又丧两度，恐入地狱受劈斩；

捐槛未捐一般，欲忙祝福遭拒绝。

邓老师：第一个同学的"竭力挣扎"，第二个同学的"恐入地狱"。这两位同学，在内容上把握到了祥林嫂的精神实质，是非常可贵的。（说明一下，今天我们展示同学的对联，主要关注其内容，对写作方面不做严格要求。）

邓老师：接下来我们来看研讨二，"如何理解祥林嫂反复讲述阿毛之死的情节"——这是同学们争论最激烈的问题。

（打出PPT）

研讨二：

焦点争论1（发帖回复14张，点击109次）

焦点争论2（发帖回复44张，点击261次）

镇上的人们也仍然叫她祥林嫂，但音调和先前很不同；也还和她讲话，但笑容却冷冷的了。她全不理会那些事，只是直着眼睛，和大家讲她自己日夜不忘的故事……

她就只是反复的向人说她悲惨的故事……后来全镇的人们几乎都能背诵她的话，一听到就烦厌得头痛。

……但她还妄想，希图从别的事，如小篮，豆，别人的孩子上，引出她的阿毛的故事来。

邓老师：首先，请引起争论的石儒婧同学阐释观点。

石儒婧：我觉得祥林嫂是自己同情自己，希望得到别人的同情。因为她的存在已经是很无谓的了，她就是很希望通过讲她的故事来证实自己是存在的。

邓老师：好，请坐。张默同学呢？你是另一个焦点人物了。（学生乐）你又是怎么理解祥林嫂的形象，怎么理解作者的意图的？

271

张　默：我觉得，作者就是塑造了愚昧无知的一个人。祥林嫂内心一直沉浸在过去那种悲痛之中，一直没有走出来，或者说，她根本就不知道要走出来，她完全就被那种东西击垮了，因为她无知，她不知道真正的人，是应该活在当下的。

邓老师：那么你觉得鲁迅先生塑造这么一个人物，他想要告诉我们什么呢？

张　默：我觉得他想要传递的信息就是一种警示。因为他当时那个时代，那个中国，能够影响国运的人都不干事，要么沉浸在近代的那些耻辱，要么沉浸在过去的封建时期的辉煌，没有说我们当下要干什么，让我们中国强大起来。我觉得鲁迅想借祥林嫂这个形象，引起当时有识之士的一些反思，思考一下自己的所作所为。

邓老师：你觉得不能活在当下是祥林嫂的悲哀。石儒婧，你在平台上说祥林嫂这么做是出卖自己的苦难，换取别人的同情，那你觉得鲁迅先生塑造祥林嫂这个形象，想要表达什么呢？

石儒婧：我觉得这也是对祥林嫂的一种讽刺和批判。我觉得她的这种做法就是精神胜利法，张默说她不知道走出过去，我觉得她根本不想走出过去。她就是沉浸其中。

邓老师：也就是说，你觉得鲁迅先生想批判祥林嫂的这种沉溺于痛苦的心态，大家对此有没有不同意见？

刘　睿：我认为鲁迅先生并不是要批判祥林嫂，我觉得鲁迅先生这么写，是想塑造一个深陷于过去之痛苦中无法自拔的一个劳动妇女形象，来对当时的那个社会，没有人情的、黑暗的现象做一个批判，而不是批判祥林嫂个人。

邓老师：为什么呢？

刘　睿：祥林嫂是一个遭遇不幸的人，不光丧夫，而且丧子。对于一个女人来说，孩子可能比她自己还重要，她心里肯定有一个创伤，一直刺痛她，她需要一种东西来麻痹自己，所以她一遍一遍讲过去的事情，我觉得她没有太多换取别人同情的意味，更多的是想从莫大的痛苦中，稍稍解脱一下，而当时的环境，周围的人，对她这个故事，只是听一听，并没有给予她真正的关怀与安慰。所以鲁迅更多的是揭露当时的社会没有人情，否则她也不会深陷当中，不能自拔。如果换一个好的社会，也许能帮助她。

邓老师：你觉得鲁迅先生的矛头是指向那个社会的？

刘　睿：对，当时那个社会把祥林嫂摧残了。

刘星雨：我同意刘睿的说法，我觉得祥林嫂是一个挺坚强的人。第一次丧夫的时候，她面上还有血色，她还能到鲁镇去做活，她还能有一些开心的笑颜，我觉得她已经很坚强了。她第二次丧夫的时候，她又丧夫，又丧子，这对于一个人来说是太大的打击了。我们作为学生，一场考试没考好，尚且还要念叨上两句，想上一个星期左右。她面对这么大的打击，怎么能不这么做……我觉得她没有错，错的是这个社会。没有人能真正同情她，没有人能排遣她的这种痛苦。

邓老师：也就是说错不在祥林嫂，鲁迅先生批判的是这个社会。

石儒婧：后来全镇的人们都能背诵她的话，一听就烦得头痛。你听一个人跟你讲她以前丧夫丧子的事，听了十好几遍，这事搁[①]谁都会这样的。我觉得在这个方面，世界固然无情，但鲁迅不止批判了这个社会。"这故事倒颇有效"，我觉得是鲁迅的一种讽刺，"有效"是说祥林嫂达到了她的目的。她的目的就是"男人听到这里没趣的走开，女人们倒改换了鄙薄的神气……"，所以我觉得祥林嫂就是在麻痹自己。

邓老师：大家看她找到一个词来分析："有效"。有没有道理呢？

郄　艺：我觉得"有效"，是反语，不是说祥林嫂通过这个故事达

[①] 搁：搁着，处在某人的地位。北京方言。

到什么目的,而是对于冷酷的社会,人人都要带上虚假的面具,做出一副假惺惺的样子的讽刺和批判。全文中有两大段文字都是祥林嫂在很详细地向人们讲她念念不忘的那段经历,她每一个细节都能记得那么清楚,而且这两段几乎就没有变化。可见这件事对她打击多么的大,印象多么的深刻,而无法摆脱这种痛苦。但是这种痛苦根本不被周围的人所理解,他们也不愿意去理解这样一个地位低下的妇女。还有后面那些老女人,大家都是女人的话,可能就应该有一些同情、怜悯,因为她们自己也会有孩子、丈夫,但是没人理解她,她们只是陪出一些眼泪,然后就满足自己要装装样子的感觉,自我肯定一下,彼此肯定一下:我们都挺善的。然后就走了。没有人愿意理解祥林嫂。如果祥林嫂是要出卖自己的经历的话,那她得到了什么,因为出卖是为了要获得,但是祥林嫂想必也很清楚,她根本就得不到什么,包括一丝一毫的同情。因为文章中说,她"自己也觉得没趣",就走开了。大家一露出鄙夷的神情,她就不往下讲了,可见她从很久以前,就已经察觉到别人对她反复叨念自己经历的厌烦和鄙视。但是为什么她还是说?不是显示这个人有多么烦人,而是想说她受打击之深。所以还是对当时社会的一种讽刺和批判。

邓老师:也就是说这么写主要还是想突出她痛苦有多么深,对吧?(学生点头)

霍嘉睿:我觉得大家争论的焦点是,这是祥林嫂的错,还是整个社会的错?但是鲁迅高明就高明在这,祥林嫂的悲剧是封建的矛盾和错误的集合。因为人可以被他身处的环境影响,但他也是作为一个环境来影响别人,所以鲁迅在这篇文章呼吁的是一种改变,就是这个社会的体制,包括人们的思想。不管大家认为是谁的错,都没有关系,因为他们都是封建体制下的一种产物。所以鲁迅先生呼吁的是一种社会的觉醒和体制的改变。

邓老师:霍嘉睿同学颇有大家风范,站在一个高屋建瓴的角度来看各位同学的讨论、争论，他认为两者并不矛盾。有的是针对人物个人的一些思想问题，有的是针对社会的问题，他觉得在鲁迅的作品里头，这二者兼而有之。

李世音：我认为作者反复写她回忆阿毛被狼叼走的事情，除了表现出自己经受巨大的痛苦之外，还表现出她对她的孩子强烈的爱。她的心已经死了，她需要同情也没有用了。但是旁边的人，面对一个失去了儿子，经历很大痛苦的人，一点同情也不给。我支持刘睿和郄艺的想法，就是批判当时的社会。

邓老师：请坐，哎呀，太多同学举手了……

张　希：首先我同意霍嘉睿的观点，一个问题的原因毕竟会有主观和客观两方面。首先，我觉得鲁迅先生塑造祥林嫂这个人物，只是一个很平凡的普通人，她出现这个悲剧，其一肯定是有客观因素的，客观因素就是这个社会的原因。一个好的社会如果只会让精英很好地活下去，而不能让普通人或弱者得到很好的生活的话，那这就不能说是一个好的社会。鲁迅先生肯定对这个社会进行了批判和讽刺。其次，我觉得祥林嫂一定是有她自身的问题的，就是不够坚强一类的。但是具体哪种原因更重要一些，我感觉，这篇文章的读者是各种各样的，需要由读者来认定。如果当时社会，统治阶级的人看到这篇文章，他们肯定认为这篇文章在说客观原因层面更多一点，会更深刻地剖析这个社会。但是如果是人民，一个小市民看到的话，他就会反思自己，如果我想更好地活下去，我应该少受环境的影响，我应该自己更坚强。

邓老师：时间的关系，激烈的讨论就到这儿吧。我承接着张希同学的发言来说，好几个同学让我们看到了这主、客观两个方面的原因都有。可是，也有很多同学关注到了，我们还要看鲁迅先生笔下的这个人物，她处于什么样的社会环境。张希同学的观点真新颖。这个地方提醒我们了，要关注祥林嫂，她是个什么样的人，是处于社会哪个阶层的。张默同学提出来了要活在当下，石儒婧同学说祥林嫂内心不够强大，大家的跟帖让我很欣慰，我觉得咱们实验班的每个同学内心真的是很强大的，都有一种自信：我能够活在当下。可是你们这一种心理、精神、信念从哪来的？是你们生来就有的吗？对，显然是你们的知识学养，是你们的家庭环境，是你们的社会环境提供给你们的。那我们回过头来分析，祥林嫂处于一个什么社会？封建礼教和宗法思想渗透到每一个人心中；处于一个什么环境？鲁镇的每一个人对她都充满厌恶、鄙夷、冷漠。那么她能不能得出"活在当下"的结论？有很多同学通过仔细研读文本，提出来让我们关注祥林嫂一生的命运，不能只看课文的这一个地方。这一个地方她固然是不断重复自己的故事，体现她的软弱、无助，甚至无能。但是联系小说的前后情节，联系她的几次遭遇，鲁迅先生在这更多的是要表现对她的批判？同情？

学　生：同情。

邓老师：嗯，还是同情，这一点我们能不能够达成共识？能，是同情的。当然祥林嫂内心是不如部分同学所希望的那么强大的，但是我们更应该结合课文深入挖掘她为什么不能强大起来。我们今天的争论依然很激烈，因为课堂时间有限，下面我们梳理一下，面对争论，我们如何解读文学作品和人物形象。

（打出PPT）

面对争论　如何解读？
分析人物的外部语言
感知人物的内心世界
体会作者的写作意图
提出读者的个性思考

邓老师：下面给大家展示一副对联，看看这位同学眼中的祥林嫂是什么样的：

（打出PPT）

展示平台

姓名：李依晓

昵称：我爱三变君

凄如野草，夫亡子丧痛不及半；

苦于呐喊，流言蜚语尽摧余生。

邓老师：李依晓同学的对联把祥林嫂的痛苦揭示得很清楚，而且很有感染力。很多同学特别欣赏她这个"摧余生"，摧，摧残，又让我想起《孔雀东南飞》里有个"摧"，(学生回忆出)"阿母大悲摧"，是吧，悲伤。从内容上看，这个同学对祥林嫂的形象特征和悲剧性命运把握得十分准确。另外她构思特别巧妙。同学们看到没有？读对联的开头和结尾，就形成了"凄苦半生"。她还把鲁迅另外的作品嵌到里面去了，哪些作品？（学生齐说)《野草》《呐喊》，对，真妙，个性化的解读啊，真好！

面对同学们激烈的争论，课堂时间实在太有限，我们难以再继续深入下去，这时候网络的优势就体现出来了，最令我感到欣喜的是同学们课下探索的脚步并没有停歇。下面展示两个帖子：

（打出PPT）

探索的脚步没有停息……

姓名：林意

昵称：巴菲特之魂

自己感觉课文说辞有一些不同，打算从这里展开：

首先，先把比较关键的不同之处列出来（前面的是向主人说的，后面是和乡亲说的）：

1. 野兽在山坳里没有食吃 /// 野兽在深山里没有食吃

2. 一清早起来 /// 一大早起来

3. 他是很听话的 /// 他是很听话的孩子

4. 他出去了 /// 他就出去了

5. 要蒸豆 /// 打算蒸豆

6. 我叫阿毛 /// 我叫，"阿毛！"

……

我现在想的还不大成熟，希望得到大家一些信息的增加和思想的加入。

［楼主］Posted：2009-03-16 12：03：11

（打出PPT）

探索的脚步没有停息……

姓名：霍嘉睿

昵称：super jerry

突然发现同志们似乎很热衷于讨论祥林嫂是否够坚强。不过祥林嫂如果真的再坚强不过，她的命运能如何呢？似乎一切都是命中注定，一切都不可逆转……

实在想不出祥林嫂如何救赎自己，这里开个论题，希望大家各抒己见，讨论下：如果我是祥林嫂，我会……

［楼主］Posted：2009-03-16 21：03：50

邓老师：林意同学关注到课文中很长的两段文字，基本上没有变化地重复了一遍，这在写作上往往是很忌讳的，而作者为什么要这么写？他打算从这入手，进行分析，这种钻研文本的探索真好。我还特别欣赏霍嘉睿同学，当一些同学说要活在当下，我们应该让自己内心变得强大时，霍嘉睿同学则特别关注主人公祥林嫂自身，他决定从"让自己成为祥林嫂"入手分析。我非常欣赏这两张帖子在于，他们领着大家继续深入讨论，课堂是有限的，可是讨论是无限的。知识是有限的，可是思想是无穷的。

哎呀，今天同学们发言太踊跃了！讨论太热烈了！本来还安排了一个研讨内容，看来只能放到下一节课进行了。下面我们迅速总结一下。

（打出PPT）

> 亲人出卖驱赶、老爷厌恶诅咒、工友鄙夷冷漠、众人赏鉴揭伤、"我"躲闪逃避
>
> **祥林嫂——祝福？**
>
> 满足被奴役、深受礼教迷信影响

邓老师：今天，我们通过进一步研读课文，体察祥林嫂的经历，感受祥林嫂的悲剧，在发现并批评祥林嫂自身弱点的同时，更多的是关注、分析她所处的环境。在这里，亲人出卖她、驱赶她；老爷厌恶她，甚至她死了以后还要诅咒她；短工，跟她同一地位的人，是那么的冷漠，那么的鄙夷；众人关心她实则是来鉴赏的，是来揭她的伤疤的。终于有一个善良的"我"能够倾听她的心声，但最终也以"说不清"搪塞她，然后逃走了。这就是祥林嫂，这就是祝福声中的祥林嫂。很多同学关注到了，问老师，"祝福"在文中到底是什么意思呢？其实，这就表明很多同学开始对主题进行探究了。请看大家的对联：

（打出PPT）

主题自觉探究！

姓名：郄艺

昵称：冬亦暖

上联：可叹 亡夫丧子 几度悲愁有谁知。

下联：可悲 求神问鬼 一生苦痛无人怜。

横批：哪得春色换人间

（打出PPT）

姓名：刘婕

昵称：刘婕

中年丧子，两度丧夫，祥林嫂命运多舛，惨惨惨；

鲁镇遭歧，一朝惨死，旧社会封建如磐，难难难。

邓老师：面对祥林嫂的悲剧，郄艺思考的问题是：什么时候这种冷漠丑陋的社会现象可以改变呢？再看刘婕同学的，是不是特别像我们读过的《钗头凤》？（学生点头惊叹）既体现了祥林嫂的悲剧，又表现了她揣摩出的祥林嫂的痛苦，有种深深的同情，同时她对这个社会提出质疑，是社会的原因造成了祥林嫂的悲剧。所以这些同学特别可贵，他们已经对主题自觉地探究了。

下面我们再欣赏欣赏同学的对联概括：

（打出PPT）

主题深层探究！

姓名：王作辛

昵称：纯粹的布尔什维克

生既死，死于三千年宗法礼教的规则里；

逝仍活，活在两万万劳动妇女之命运中。

姓名：张默

昵称：NUAEN

饱尝人间疾苦，祥林嫂终半疯，一人之痛。

不问世道兴衰，放眼望皆看客，举国之悲。

邓老师：怎么样？王作辛同学概括得非常好。祥林嫂一个人的悲剧，折射出来的是封建历史的思想问题，是封建社会广泛的社会问题。张默同学从一个人的命运看出整个社会的普遍现象，"放眼望"和"祥林嫂"有点对不上，咱们给改一下。祥林嫂所处的哪个地方的人是看客？对，鲁镇人。仅仅鲁镇这一个地方的人是看客吗？张默同学立刻联想到，一个人之悲，是全国之悲；一个人之痛，是全国之痛。这些同学，实际已经是在自觉地对主题做深层次的探究了。

那么看看我们同学离鲁迅的创作意图有多远呢？

（打出PPT）

"凡是愚弱的国家，即使体格如何健全，如何茁壮，也只能做毫无意义的示众的材料和看客，病死多少是不必以为不幸的。所以我们的第一要着，是在改变他们的精神，而善于改变精神的，我那时以为当然要推文艺，于是想提倡文艺运动了。"

——《呐喊·自序》

"……我的取材，多采自病态社会的不幸的人们中，意思是在揭出病苦，引起疗救的注意。"

——鲁迅《我怎么做起小说来》

邓老师：很显然同学们已经离鲁迅先生的创作意图很近很近了，有的同学甚至已经完全读懂了鲁迅先生。其实我们离鲁迅先生并不遥远。在初中，我们已经通过读鲁迅的《故乡》，看到了一个不幸的——

学　生：闰土！

邓老师：读《孔乙己》，看到了一个不幸的——

学　生：孔乙己！

邓老师：今天我们读《祝福》，又看到了一个不幸的祥林嫂。我们今天实实在在地走近了鲁迅先生，因为我们看到了并深切地理解了鲁迅先生最关注的问题，是中国人的精神，是我们民族每个人如何才能成为大写的人，这正是他一生追求的理想与目标。

（打出PPT）

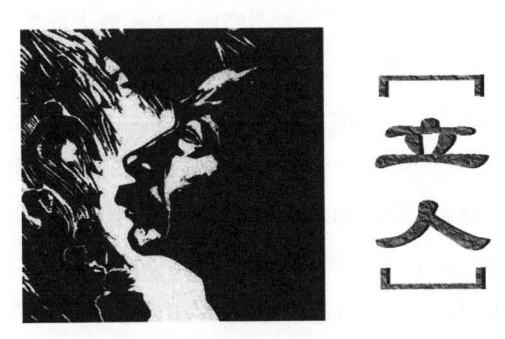

邓老师：今天的课就上到这儿，谢谢大家！

学生作业展示

小说单元整体感知

（16人选择自主感知《祝福》）

姓名：张希

昵称：^__^

《祝福》人物鉴赏

To fight or not to fight? That's a problem.（反抗，不反抗，这是个问题。）

——题记

四叔

中国封建式老学究，在鲁迅不时的神来之笔中体现得淋漓尽致。学问多了，规矩也就开始多了。知识学死了，一颗有热度的心便也死了。孔子、孟子、四书五经，无不经典，无不教人向善。中国礼教，孝、爱、尊、谦，也都有许多道理，为中华民族的历史氛围和礼仪之邦的称号，做出了它自有的不可磨灭的贡献。但为何好的东西也会害人呢？基督教，处处播撒上帝博爱的音讯。可那几次十字军东征，让圣经也滴上了鲜血。爱因斯坦，一位科学之路上的先驱，一生兢兢业业、为人师表，为了国家致力于原子研究。可谁想造福全人类的力量却被用于毁灭同胞？轰然升起的蘑菇云，让科学也滴上了鲜血。

知识，是需要理解，再加以理智地运用的。规矩，是需要体会，再发自内心地履行的。僵硬地生搬硬套，盲目地维护着已经不合时宜的东西，只会把原本好的事情扳向错误的轨道。也许你会说我乌托邦，但大家一起"帮"一下，未来是要我们想象的。

卫老婆子

卫老婆子是文中一个让人读起来恨得牙根痒痒的角色。如果让我给她画幅像，那一定是弯腰驼背，佝偻鸡胸，腰围却不小，满脸皮笑肉不笑的表情；三寸不烂之舌耷拉在外边，毛茸茸的尾巴摆呀摆。《皇帝的新装》中，安徒生巧用顽童之口道出那简单又纯粹的真理，而鲁迅先生则借小人来尖锐地剖析旧社会人吃人的恶态、丑相。我们看那低层次的小人看到了什么，也就看到了那个社会的轮廓。礼教在约束着一代人，而同时期的另一群人却能用礼教去约束别人。如此看来礼教又算是什么呢？鞭子吧，有双重地位的。贞节、人格在卫老婆子这种人看来算什么呢？铜板，或是争权夺利的梯子。可金钱和权力在鲁迅先生看来是什么呢？同礼教一样，一文不值。人和兽的区别在于使用工具的能力（卫女士倒是十分会使用工具），而人和人的区别就在于此吧。

柳妈

是柳妈毁了祥林嫂吗？一出这种问题，鬼都明白答案是：不是。柳妈又是鲁迅笔下的一个典型女性。信佛之人本向善，柳妈只是一个女佣人，干自己的活，我猜想不是也会"懒馋"一下吧。她有不少女性的共同劣习，爱说闲话，逗咳嗽[①]。不说这是缺点，是因为这的确和她的受教育程度有关，不懂别的，嘴边就只剩些家长里短了。在主子面前，想必也是点头哈腰；可碰到祥林嫂这样的"破落户"，便又要显摆一下。几句自己都未必明白的话，却把另一个人推向了深渊。无罪的罪人，看似只说了几句无关紧要的闲话。殊不知，"返璞归真"之人早已被裹入旧社会那巨大的雪球，滚落好久了。

[①] 逗咳嗽：北京话，意思是耍贫嘴、没话找话。

祥林嫂

鲁迅先生曾说：悲剧，就是把有价值的东西毁灭给你看。读着祥林嫂，我眼前又出现了祥子的影子，勤劳又纯朴的人们走入社会这个巨大的熔炉，化掉的是真、善、美，镀上的是一层坚（奸）壳。

祥林嫂开始是与社会格格不入的，丈夫死了却背着家里出来打工，不爱占小便宜还挺勤快，婆婆的话竟敢不听，想守寡终身。用许三多的话说，这就是一群狗顺时针跑，她非要逆着。旧社会是不允许善良的人去追寻自己的幸福生活的。遍观全文，我觉得鲁迅先生绝未想把祥林嫂塑造成一个执着反抗的女性形象。她只是一个普通人，一个触犯了潜规则的普通人。她确实反抗过，但她又在磨平棱角适应新的生活，这样只有被旧社会无情的大锉刮得遍体鳞伤，把人的撇捺磨去，只剩一个小点。

不在沉默中爆发，就在沉默中死去。向敌人低头只有死路一条，敌人永远是敌人，只有坚持自己、坚持真理才有希望胜利。人生如棋，落子无悔。别让自己成为了社会中任人摆布的棋子，贴在背后你看不见的标签上早已注明了：牺牲品。下好自己人生的一盘棋。

[#4] Posted：2009-03-01 09：49：54

姓名：王弘轩
昵称：小小小草包
  真够能写的！
★★★★

[#5] Posted：2009-03-01 21：39：35

姓名：韩钊
昵称：sacbb
  弓虽[①]！！
★★★★

[#6] Posted：2009-03-01 23：32：15

[①] 弓虽："强"字的左右拆分，泛指特别强。带有赞赏与感到震撼的意味。

姓名：毛瑞九

昵称：毛瑞九

以前有一种说法，认为女人一生中有三种悲哀，幼年丧父，中年丧夫，晚年丧子。祥林嫂一人就摊上了两个。从她悲剧的一生，我想可以映射出整个社会不把人当人看的世风。

人们可以为了利益无视别人的思想，出卖别人的幸福，并将其视为理所当然。祥林嫂瞒着婆婆给鲁家做女工，她勤快知足，可她的婆婆还是无情地剥夺了她劳动的自由，把她捆了回去。"可恶，然而……"在四叔心里，祥林嫂只不过是个能干的机器。失去了损害了他的利益，固然可惜，然而他不愁世上没有这种机器，他不久也就将祥林嫂忘却了，只不过后来当别的机器用得不顺手的时候，他才会偶尔想起那个能干的机器。祥林嫂回去不久就又被捆着嫁出去了，她那精明强干的婆婆呵，把她嫁到深山中，到手了八十千。"吓，你看，这多么好打算？"与其说她把祥林嫂嫁出去，不如说她以八十千的高价将祥林嫂卖了，多么"合算"？祥林嫂不依，她闹，寻死觅活地闹，而人们对于这种行为已经司空见惯，一点也不同情她，倒觉得她在做无用功。唉，那个社会剥夺了多少女子追求幸福的权力呀！

人们可以为了自己得到满足，无所顾忌地掀别人的伤疤，并以此为乐。人们可以将伤风和狼的肆虐视为平常事，在街头巷尾将其作为聊天的资本，只不过是一种宣泄，就像咒骂秋蚊子咬人太毒一样。阿毛被狼衔去了，祥林嫂没有了精神支柱，回到了鲁家，而鲁镇上没在街头听到她亲口讲那遭遇的老女人还特意寻来，直到她说得呜咽，"她们也就一齐流下那停在眼角上的眼泪，叹息一番，满足的去了，一面还纷纷的评论着"。她们是真的同情她吗？不是的，她们只是在寻求一种精神上的宣泄，并以此得到一种精神上的自我满足。而当阿毛的故事对于鲁镇上的人来说失去新鲜感时，祥林嫂便成了人们讽刺挖苦的对象，人们只当她是个麻木的疯子，既然失去了让人流泪的价值,她就什么都不是。他们从来没有将祥林嫂当作一个有思想有感情的人来对待。人们可以因所谓的伦理道德变得无情,只要触碰到它的边界,哪怕对于可怜的人,也会化同情为嫌恶。祥林嫂瞒着婆婆给鲁家做女工,她勤快知足,可她的婆婆还是无情地剥夺了她劳动的自由,把她捆回去。可怜的人却没有人同情。道貌岸然的四叔也摇身变为封建思想的奴隶:"可恶,然而……"他打心眼厌恶这种行为,在那个时代,女人哪怕变为没有思想的劳动奴隶,也得有三从四德。祥林嫂回来了,带着满身的伤痕,拖着疲惫的身躯。四叔再次摇身变为封建思想的奴隶,他明明很同情她,而封建思想使他嫌恶祥林嫂,认为她败坏风俗。如果说祥林嫂是封建思想统治下的牺牲品,她又何尝不是封建思想忠诚的信徒呢?因为柳妈的一句胡话,她到土地庙里哭求捐门槛,十二千的价钱是她几年的工资啊,她就这样将几年省吃俭用下来的钱"慷慨"地交了出来。这时的祥林嫂,是封建思想的载体。

　　人们自始至终都没有把祥林嫂当成一个有血有肉、有思想、有情感的人,她只是一个不知姓名的沉默却能干的劳动机器、发泄对象和封建思想的载体。就连她什么时候死的人们也不关心,只是淡然地在街头巷尾议论几句。或许祥林嫂的死对于她自己来说是一种解脱,无聊的人生不如死。满天的雪花瑟瑟作响,下吧,坠入凡间,融化成了泪水,这,也许就是给祥林嫂的祝福。

〔#2〕Posted:2009-03-01 15:20:46
姓名:石儒婧
昵称:虚清道人
　　我觉得人们对她的议论的部分是可以深挖的,中国人的同情心、好奇心,从别人的苦难看到自己的优越,还有劣根性什么的。
　　"唉,那个社会剥夺了多少女子追求幸福的权力呀!"
　　可爱死了,摩尔(注:毛瑞九)同学的女权主义倾向显露无遗。
★★★★

〔#3〕Posted:2009-03-01 20:13:10

姓名：刘星雨

昵称：更吹落

　　新年中的村镇，气象万新。只有身前的老妇倚杖蹒跚而行，与周围环境甚不相衬，尤其那一双眼里竟无悲无喜，死了一般。我知道她是《祝福》里的祥林嫂，因为她身边经过的人带着鄙夷的神气轻念起了这个名字。

　　我是看过祥林嫂的故事的，我想她大概是个坚强的女人。毕竟在她首次丧夫后还能带着一点希望逃出来找事做，努力地活下去；毕竟她在被逼再嫁时还能不停大骂，勇敢地反抗；毕竟她二嫁后还能接受现实，过回正常生活，没有绝望；毕竟她二次丧夫后还能有勇气守着儿子生活……可上天就是这样消磨她仅存的那点希望。一次又一次，打击着那点希望。结果呢？祥林嫂自杀了，为何自杀？或者再没有一丝希望了，或者可能还存着那么丝"能否在地狱里见到自己的儿子"的希望，但终究，生的希望是没了，大概因为在人世已没了牵挂吧？这让我想起了骆驼祥子，多老实淳朴的人啊！他全部的希望不过就是有一辆自己的车，可一次次的打击却终于让他一点希望也不剩，自行了断。

　　心中雾起，模糊了祥林嫂的身形，只剩下一双眼睛，空洞洞的，一缕阳光也无。

鉴赏《祝福》

——"我真傻，真的。"

　　看《祝福》，匆匆扫过一遍后，留下的最深的，便是那句重复了无数遍的"我真傻，真的"。再细细看上一遍，真的，这篇小说的妙处便在那一次次的重复和每次重复间略微的不同里。

　　这句话，是祥林嫂讲故事的永远起首。再次回到鲁镇做工的她似乎只会说这一句话了。她是一成不变的重复，而听者却是从一开始的垂泪议论，到后来的厌烦头疼以及奚落嘲讽。这是人之所谓的良善同情之心的虚浮短暂的再讽刺不过的表现,也是祥林嫂绝望之余对往事的念念不忘。

——"脸色青黄"

第一次见祥林嫂是她初到鲁四爷家做工的日子,作者描写道:"头上扎着白头绳,乌裙,蓝夹袄,月白背心,脸色青黄,但两颊却还是红的。"后来再见祥林嫂时,她已再次丧夫,又丧子。描写:"头上扎着白头绳……脸色青黄,只是两颊上已经消失了血色,顺着眼,眼角上带些泪痕,眼光也没有先前那样精神了。"

装束是相同的,甚至脸色也是同样的青黄,可前一次还有些红润,后一次却连血色也无;前一次眼中还有些神色,后一次却只剩下了泪光。

这是祥林嫂心中的希望在一点点消失殆尽吧?一点一点,从努力的挣扎走向绝望的顺从。

——"你放着罢。"

"祥林嫂,你放着罢。"头两次四婶这样对试图帮忙祭祀的祥林嫂说。她听到后只是转了几个圈,然后疑惑地走开。后面一次,她听到的却是:"你放着罢,祥林嫂。"这样的急切,连称呼都顾不上喊,阻止的话已先出口。祥林嫂听后便失了神,从此彻底坠入绝望的深渊。

她是个农村妇女,迷信得很。因为听了柳妈的一段"鬼神论"而惶恐地攒钱,去捐门槛,试图救赎自己。这大概是坚强的她与命运最后的一搏了吧?谁知道即使如此,她仍被禁止参加祭祀活动,这样的结果摧毁了祥林嫂心中最后一道墙,墙塌了,弥散开来的便是无尽的黑暗与绝望。

类似的重复在《祝福》里还有很多,看上去似乎相同,实际上,个中滋味便在那不起眼的小小变动里,耐人寻味。

此精妙文笔,足见鲁迅先生雕琢之细腻,功底之深厚!

[楼主] Posted：2009-03-01 16：55：09

姓名：石儒婧

昵称：虚清道人

  写得好，真的。

★ ★ ★ ★

[#1] Posted：2009-03-01 20：09：42

姓名：于未央

昵称：无言

《祝福》有感

  本文刻画了一个悲剧人物：祥林嫂。祥林嫂的凄惨经历反映了在当时的社会背景下社会底层人民痛苦的生活。文中的几个人物性格上各不相同。

  首先是使祥林嫂陷入痛苦境地的卫老婆子了。卫老婆子这个人具有典型的小市民习气：势利，庸俗，虚伪。卫老婆子是一个令人很鄙视的人物，这点从她把祥林嫂劫走之后与"我"四叔四婶的对话中就可以看出来：她不但脸不变色心不跳地撒谎把自己从这件事里摘了个干干净净，还把错误都推给了祥林嫂。从她对祥林嫂和面对"我"四叔四婶时候两种截然相反的态度中，我们也很容易看出这个老婆子的势利。虽然卫老婆子这类人很让人痛恨，但是在当时的情况下，这样的人还是很多的，他们的存在也从某个角度加重了当时社会的腐败。

  另一个个性比较鲜明的就是"我"的四婶了。四婶是一个仁慈的中年妇女，她对祥林嫂这个下人还是比较和善的。祥林嫂第一次来的时候，四叔因为她的寡妇身份很不喜，四婶却只看能力而不看身份，收下了祥林嫂，而接下来祥林嫂的表现也证实了四婶看人的水平。之后在祥林嫂被劫走后，四婶面对卫老婆子也是"愤愤"地责问。再然后，在大家都逐渐忘却祥林嫂的时候，四婶却依然会提起祥林嫂，虽然是因为下人的懒散，但毕竟她依然是记着的。当祥林嫂再一次出现的时候，四婶在听过祥林嫂的叙述之后，立刻决定收下她，让她继续在家里做工。这点也体现了四婶的仁慈。在当时的社会背景中，像四婶这样善良的人已不多了，鲁迅先生创作这个人物，我想也是在表达他对善良人性的推崇吧。

最后就是祥林嫂了。祥林嫂作为本文的主人公，她是很典型的社会最底层人民。她没有权力，没有财富，一边为生活下去努力，一边还要承受别人的冷眼相对。她的生活是凄惨的，但是她始终拥有一颗朴实的心。初到四叔家，她仅用三天时间就获得了所有人的认可，这是因为她的勤劳，她默默工作而没有怨言。对比起四叔家之后的下人，祥林嫂就非常优秀了。祥林嫂是一个很贞烈的女子，当她被逼嫁给贺老六时，她不惜自杀——虽然没有成功，但是其贞烈也已经很好地体现出来了。不可否认，祥林嫂这个人物是一个悲剧人物，她丧夫之后出来没多久就被劫回去再嫁，再嫁没多久丈夫又死了，只有母子俩相依为命，这已经很是凄凉了，但是上天还不满足，还要夺走她的儿子。于是在这接二连三的打击下，祥林嫂不可抑制地消沉了，一天到晚只有追忆痛苦的回忆，给人一种要死不死的感觉。通过祥林嫂的经历，我们清晰地看到了黑暗年代下穷苦人民的痛苦与凄凉。鲁迅先生通过祥林嫂表现了对这种社会现状极度的不满。

《祝福》一文，向我们展现了一幅凄惨的人民苦难图，催人泪下的同时又发人深省。

[楼主] Posted：2009-03-01 17：35：03
姓名：石儒婧
昵称：虚清道人
  四婶也不一定因为仁慈吧？
  写卫老婆子"脸不变色心不跳地撒谎把自己从这件事里摘了个干干净净"很神奇……
★★★★
[#1] Posted：2009-03-01 20：27：33

姓名：庞舒然
昵称：不乖鱼
　　确实觉得四婶也是小民中的一员，为凄惨的人民苦难图添了一笔。其实正是她的封建思想使得祥林嫂最后的信念破灭。我在想，祥林嫂如果没有遇到那样多的不幸，在那个时代下是否可以坚持她的默默，她的勤劳？
★★★
［＃2］Posted：2009-03-01 21：00：21

姓名：王作辛
昵称：纯粹的布尔什维克
与经典相遇——导语
　　《红楼梦——林黛玉进贾府》《祝福》《老人与海》，三篇作品背景不同，风格迥异。但是每一篇的字里行间，有一种广博的、崇高的、难以轻易参透的精神力量，这是一种抗争的精神，一种战斗的精神，一种支持人类同自身命运抗争、同一切黑暗战斗的原动力。
　　荣国府里，贾宝玉以离经叛道的行为对抗迂腐的封建统治社会，坚决地追求真本的个人精神自由。
　　鲁镇街边，祥林嫂的悲剧在深受封建宗法毒害的社会中理所当然地发生了，作者的每个字中都含着悲愤，悲愤之后是对旧社会最严厉的诅咒和最坚决的宣战。
　　加勒比海上，桑地亚哥和马林鱼坚强的对峙，同鲨鱼群英勇的搏斗，他的行为诉说了为什么"真正的勇者可以被毁灭，但不能被打败"。
　　这种精神穿越了广远的空间，又穿越了邈远的时间，深深地感召着我们每一个人。这是我们全人类的精神财富，是我们得以战胜困难、继续生存和获得发展的根本原因。
　　尚不成熟啊……
［楼主］Posted：2009-03-01 20：37：03

姓名：王作辛

昵称：纯粹的布尔什维克

与经典相遇——解读

《红楼梦——林黛玉进贾府》《祝福》《老人与海》，三篇背景不同、风格迥异的作品排列在第一单元的目录里。初读时无甚感觉，但是读了两三遍之后，心中便难以平静。字里行间，有一种广博的、崇高的、难以轻易参透的精神力量，这种力量穿越了广远的空间，又穿越了邈远的时间，深深地感召着我。我相信，这是一种抗争的精神，一种战斗的精神，一种支持人类同自身命运抗争、同一切黑暗战斗的原动力。

[#1] Posted：2009-03-01 20：38：00

姓名：石儒婧

昵称：虚清道人

用"反抗"联系，好角度啊～～

★★★★

[#2]

姓名：王作辛

昵称：纯粹的布尔什维克

时间推移到二十世纪，王朝的时代结束了，但是战斗仍然在继续……

只不过，眼前的鲁镇一片黑暗，封建宗法深深毒害从上到下的所有的人，从地主鲁四老爷到祥林嫂等最底层的劳动者。于是，凄惨的悲剧似乎是理所当然地发生了：祥林嫂做工，再嫁，夫死子亡后又来做工，后来她被抛弃（虽然捐了门槛），上街乞讨，最后，死了……年底的鞭炮声如同往年一般响起，似乎什么都没有发生，旧封建的阴云笼罩着鲁镇，麻痹了人们的理智，窒息了最后的希望。

那么，难道真的什么也没有发生？不，答案必然是否定的。

你可记得，在鲁四老爷的宅子里，住着一个鲁姓的本家，他在镇上已经没有亲戚，却依然每年回乡过年。他耳闻目睹了祥林嫂的悲惨命运，当别人都把祥林嫂的悲剧当作谈资的时候，他却独自坐在书房里陷入深思。痛苦涌上他的眉梢，他为祥林嫂悲痛，更为鲁镇所有的人悲痛。疑惑占据他的心头，他因祥林嫂的命运而思索，更因许许多多底层劳动者的命运而思索。书桌旁，他独坐了许久……

终于，当在近旁而极响的爆竹声响起的时候，他找到了问题的答案。旧社会的封建宗法一日不除，千万劳动者尤其是妇女就不会有生的出路。他拍案而起，坚定地说："无论如何，我明天决计要走了。"

他走了，他走出了鲁镇，走出了封建宗法统治下的黑暗。他面向着自由的方向，身后，仍然不断传来爆竹的巨大声响，这声音在他的心底回响。巨响中炸开的不是祝福，是诅咒，是对旧社会最严厉的诅咒，是对封建宗法的宣战书。

也许，这个鲁姓的本家，鲁镇的过客，在目睹了祥林嫂的悲剧之后，决心以笔墨纸砚作为武器同旧社会斗争，直至彻底消灭封建礼教，还鲁镇和全天下的劳动者以光明。

也许，这个本家的原型，就是鲁迅先生本人。

[#3] Posted：2009-03-01 21：44：07

姓名：王作辛
昵称：纯粹的布尔什维克

与经典相遇——结语

写了这么多，该收场了。谈谈我自己的感受吧。

说实话，我之前真没料到自己会从这三篇表面毫不相干的文章中读出"战斗和抗争"的精神，但这确实发生了。广义上的，人类对于社会风气上的、社会制度上的、思想自由上的和自然界的以及其他一切方面的困难和问题所表现出的坚强勇毅的战斗精神确实在每一篇作品中均有所表达。不知道是不是有意的安排（八成不是），三篇作品，以从古到今，从中到外，从内部问题到外部问题，从表面行动到本质思考，从狭义到广义的顺序，充分表现了人类的斗争（过程和精神），确实是一大奇观。

不管各位是否完全认同我的说法，我都希望各位能够尝试着从这个角度进行思考，一定会获得不小的收益。

［＃6］Posted：2009-03-01 23：58：05

姓名：赵元良

昵称：普通鸬鹚

很好很强大，我不得不说"斗争"是这三篇文章的根基，是作者思想的源头。三篇"斗争"，各有不同，又有共同的本质，实在佩服。

★★★★

［＃7］Posted：2009-03-02 00：08：31

姓名：周莹琛

昵称：淹死的鱼

读《祝福》

祥林嫂的悲剧，我几乎从小就知道。但，究竟是谁杀了她呢？

是柳妈吗？是她劝祥林嫂去捐门槛，最终给了她精神上的致命一击。但毫无疑问，柳妈是出于善心，她是让祥林嫂"免得死了去受苦"，却不知她的帮助加速了祥林嫂的悲剧。柳妈作为一个"善女人"，对祥林嫂说"或者索性撞一个死，就好了"。这或许是出于维护封建礼法"从一而终"的狠心，但我更愿意理解为，她知道祥林嫂活下来的命运会更悲惨，所以宁愿她死了。显然，她不是杀祥林嫂的凶手。

是鲁四老爷吗？是他不让祥林嫂参加祭祀活动，让她觉得自己受到歧视，从而引发了后来一系列的悲剧。但他在最开始时，容忍了祥林嫂的寡妇身份，让她在家中干活，只是不让她参加祭祀活动，这在当时的大环境下，似乎也在情理之中。

是鲁镇上爱听闲话的三姑六婆吗？即便在现在，平静的小镇上出了如此大的不幸，难免有人爱议论，爱听闲话，时间长了，听的次数多了，同情也变质了，这也是人之常情。

是祥林嫂的婆婆吗？她强把祥林嫂嫁进了山里，若是没有这件事，后面的悲剧可能也不会发生。可是，她强嫁祥林嫂固然是为了换钱，但她也认为这样做，对祥林嫂是最好的，鲁镇上的人也说祥林嫂是"交了好运"。这样做确实并不尊重祥林嫂，但后来的悲剧，却绝对是祥林嫂的婆婆始料未及的。

那么谁是凶手呢？祥林嫂最后的死亡，是出于精神上的崩溃，她认为自己是克夫之命。她不明白自己为什么会有这样的命运，所以一遍遍地向人讲述自己的不幸，希望博得他人的同情，最后在不能得到别人的同情时，感到的失望、失落和无助更加重了她的心理压力。而对命深深的信仰，应该是造成这悲剧的根本原因。因为对命的信仰，鲁四老爷才会不让祥林嫂参加祭祀活动，柳妈会出"捐门槛"这样的主意，祥林嫂会在自己的精神压力下越来越虚弱。命，是人们对科学不能解释的事情给出的答案，就是在今天，也有很多人相信算命、求签，等等。祥林嫂的悲剧是在于她和她身边的人对命的信仰太执着，一系列效果的叠加造成了最后凄惨的结局，她是被迷信杀死的。

[楼主] Posted：2009-03-01 20：52：31

姓名：韩钊

昵称：sacbb

   不错不错，点评到位。

★★★★

[#2] Posted：2009-03-01 23：28：18

姓名：李依晓

昵称：我爱三变君

   小春春（注：周莹琛）本来就很 lazy，我揭发……

   觉得鉴赏很有《过秦论》的味道，先"过"，再最后一句写出原委。

下篇 拓展——从尝试走向深入

春春很擅于学以致用嘛～～

[#5] Posted：2009-03-02 23：37：21

姓名：张哲明

昵称：零

《祝福》鉴赏

"我真傻，真的。"她一遍又一遍地嗫嚅着，低声啜泣着。

祥林嫂是封建社会的牺牲品。本来是好好的一个人，最后却沦落到以乞讨为生，在阖家欢乐的时候惨死街头。

记得她在文章开头曾经问过，所谓的地狱，真的存在吗？

或许她没有察觉，但当她一次次地重复着自己悲惨的经历时，一次又一次地唤醒那段本该永远沉睡的记忆时，她已经一步步地踏入了那黑暗的深渊。

造成这桩悲剧的，与其说是鲁四老爷等人，不如说是祥林嫂本人。

那段经历忘掉也就罢了，最怕的就是不断地提醒自己，将自己置身于痛苦和绝望的地狱中，直至精神崩溃，走向死亡。

[#4] Posted：2009-03-01 21：56：32

姓名：林意

昵称：巴菲特之魂

读后感:《祝福》

我个人认为：封建礼教与镇上邻居都害不死祥林嫂，充其量不过是给予她一些压力，构成她的一个外围环境罢了。无知与软弱才是杀死祥林嫂的真正凶手。

无知之利，利于刃剑。"你想，你将来到阴司去，那两个死鬼的男人还要争，你给了谁好呢？阎罗大王只好把你锯开来，分给他们。我想，这真是……"传递了数千年的封建礼教便是对的吗？即使她没有受过教育，她周围的人全都这么认为，那么便不容置疑吗？四嫂不让她参与"祝福"，觉得她是不吉之人，便是对的吗？况且当时已有"新党"，即使大字不识，在雇主鲁四叔家也应该有所耳闻吧。不闻不思，或者说，思之不深，乃是祥林嫂悲惨命运的根源所在。马克思在撰写《共产党宣言》时，周围环境也差不多吧。资本家当道，马克思多次被迫害逃亡。即使说祥林嫂的文化水平不及马克思，那么类似"空想社会主义"的思考是否也完全不可能呢？无数类似祥林嫂这样的被压迫者，正是因为他们的无知才让统治者得寸进尺。所以，如果多思多想，那些滑稽的阴间理论也不可能给她如此大的压迫。

软弱之害，胜于刀戟。就算祥林嫂两次死了丈夫，死了孩子，就一定不能活了？被村里人嘲笑鄙视就不能活了？到了阴间有可能受苦就不能活了？被雇主辞退就不能活了？恐怕所有问题都不足以直接将祥林嫂害死。她就算精神受到了很大刺激，手脚还是能动的，依然可以去劳动，去外乡劳作，或者干脆重新回到深山里自己干，至少在年轻时还是可以维持生活的。"试工期内，她整天的做，似乎闲着就无聊，又有力，简直抵得过一个男子。"一个人可以失去一切，就是不能失去坚守。如果祥林嫂坚守她的生命，那么就是再大的困难也不能击倒她。想当年，红军长征走后，留守在南方根据地的陈毅等人，几乎要被蒋介石消灭干净，陈毅三次只身被国民党数千军队追击，两次被国民党围山放火，正是凭着中国革命绝对不能失败的坚定信念，他撑了过来，祥林嫂难道就真的不行吗？所以，如果自身能够永恒地坚守，多少压迫也打不倒她。

没错，封建礼教可以压迫人，那是因为没有人敢反抗。即使不是大规模的反抗，在自己的心灵中保持一片净土也是完全可以实现的。凡事，客观因素有影响，但主观因素才起决定作用。希望我们汲取教训，对一切睁亮我们的眼睛，对一切保有我们自己的坚守，那么我们就将是永远不可战胜的力量！

[楼主] Posted: 2009-03-01 21：57：01

姓名：张哲明

昵称：零

　　"封建礼教与镇上邻居都害不死祥林嫂，充其量不过是给予她一些压力，构成她的一个外围环境罢了。无知与软弱才是杀死祥林嫂的真正凶手。"

　　同意同意！终于找到个意见差不多的了，握手。刚才因为这个被我妈批得很惨，都写不下去了。

　　PS：我总认为导致她精神崩溃的原因，是她在不断提醒自己，让自己记起那段经历……

★★★★

[#1] Posted：2009-03-01 22：03：08

姓名：庞舒然

昵称：不乖鱼

　　陈毅有信念支持着他，祥林嫂没有。在那样一个时代，她没有条件拥有文化，无从"保有我们自己的坚守"，无从得到"永远不可战胜的力量"。

[#2] Posted：2009-03-01 22：11：45

姓名：张哲明

昵称：零

　　那也是她自己不想有吧。要是那样想，就肯定有可以支撑自己活下去的信念的。

[#3] Posted：2009-03-01 22：17：51

姓名：刘佩怡

昵称：amberlau

　　为啥俺这么晕眩呢～～ *@_@*[①] 唉……林意啊……

[#4] Posted：2009-03-01 22：35：28

姓名：冯子航

昵称：无

　　所谓祥林嫂的"无知与软弱"，我认为是因封建礼教而伴生的，试使祥林嫂生活在一个开明的社会中，没有封建礼教的压迫，其命运又会是如何？恐怕未必是此悲情结局吧。诚然，祥林嫂之死的直接诱因是她的无知

---

① *@_@*：网络表情符号，晕、困惑。

与软弱，但使她形成这样的性格的根本原因，不正是封建礼教吗？

[#5] Posted：2009-03-01 22：35：31

姓名：赵元良

昵称：普通鸬鹚

冯兄和我观点很像嘛。但我觉得封建和礼教应该分开考虑。是封建这种落后的社会形式自身的缺陷才导致了它用礼教去弥补。太爷（注：林意）好文，顶了。

★ ★ ★

[#6] Posted：2009-03-01 23：30：38

姓名：王作辛

昵称：纯粹的布尔什维克

单从理论来说不错，正如马克思所言："理智已经在所谓有教养阶级中完全消失了，因此只有社会最底层的劳动者的觉醒才能挽救世界。"

但是，仔细考量当时的社会环境，旧封建礼教在几千年封建统治中经过不断巩固，根基坚实，要求一个被禁锢在这种"规则"下的农民（而且还是女性）去探索自身悲剧的本质甚至谋求抗争是否是强人所难呢？

因此，完全靠中国农民自身迅速实现社会觉醒是不可能的，原因有二：

1. 封建礼教作为维护千年封建统治的工具，其影响根深蒂固。

2. 中国从来没有过民主思想的历史基础（不像欧洲），因此自发性的觉醒是困难的。

综上所述，以有西学民主背景的知识分子为先锋的革命才是中国的出路！

最后，感谢巴菲特（注：林意）先生的好文。

★ ★ ★ ★

[#7] Posted：2009-03-04 22：07：12

姓名：杜文渊

昵称：洛洛

祝福，本是乡间年终时刻众人致敬献礼、迎接福神的欢庆日子。但就是在这样的一个时节，一个在黑暗中麻木卑微地挣扎的女人走到了人生的尽头，直到死，她都在被人唾弃着："不早不迟，偏偏要在这时候，——这就可见是一个谬种！"

作者将她的苦难放大了，使封建残余的迂腐黑暗无所遁形：青年丧夫的她被婆婆卖入深山，给小叔子筹备彩礼；主人家嫌弃她克夫克子，像躲避瘟神一样地躲避她，使她丧失了生存仅剩的劳动价值；与她一同做工的人，用践踏她的方式来取乐，本是同病相怜，却不知互相体恤，反而反复揭开她的伤口，从她的痛苦中获取卑微的满足。身为万物之灵的人类，残酷起来竟不带丝毫温情。

命运的大手反复拨弄着这个穷苦人，封建礼教步步蚕食着她。阿Q靠着精神胜利法活着，闰土为沉重的家庭活着，福贵为了活着而活着，而祥林嫂呢，为苦难活着，为见证一个封建时期劳动妇女的悲哀而活着。痛失爱子后，她痴傻般地重复着："我真傻，真的。"这是认命吗？她从来没想过怨诉生命的不公，从没想过反抗，几千年来血液里流淌的奴性啊！最终，祥林嫂找到了精神寄托："人死后究竟有没有魂灵呢？地狱里，死掉的一家的人，都能见面的？"说这话的时候，她那黯淡了一辈子的眼睛里突然发光了。多么可悲！当一个人将死亡作向往的时候，就再也没有什么能够留住她的脚步了。

逝者已矣，希望随着祥林嫂死去的不仅是无数个卑微的肉体，更是中国人血液里的愚昧和奴性。

[楼主] Posted：2009-03-01 22：07：42
姓名：张哲明
昵称：零
  最后一句……经典呐……
★★★★

[#1] Posted：2009-03-01 22：09：48
姓名：庞舒然
昵称：不乖鱼
  "当一个人将死亡作向往的时候，就再也没有什么能够留住她的脚步了。"那样的社会！那样的悲哀！

[#2] Posted：2009-03-01 22：14：06
姓名：张哲明

昵称：零

  其实那也不是一件很悲哀的事情啊……如果她真的向往死亡的话，那样至少可以真正地解脱……

[#3] Posted: 2009-03-01 22：15：46

姓名：郄艺

昵称：冬亦暖

  好深刻～

★★★★

[#4] Posted: 2009-03-01 22：50：55

姓名：韩钊

昵称：sacbb

  祥林嫂一生朴实勤恳，但却受尽折磨，被命运百般捉弄。是的，她反抗过，但是正因为社会上封建思想横行，让她的努力无济于事。让人们在哀其不幸时，反过来思考这个社会的弊端，这便是鲁迅先生的一贯风格吧。

[#5]

姓名：郄艺

昵称：冬亦暖

《祝福》鉴赏

  总对鲁迅先生的著作有种敬畏的心理，觉得非我之辈所能读懂；但真正细细品读、咀嚼后，发现其实收获良多。

  这部小说短小精悍，结构精妙。文章先采用倒叙的方式捧出祥林嫂的悲剧性结局，再用顺叙的方式逐步展开她的悲剧人生。在我看来，这种布局有着巧妙而深远的用意。首先，祥林嫂的死亡会引起读者的好奇与疑惑，增强了文章的吸引力。同时，这会使文章不再仅仅停留在其悲剧性上，而是一步步引导人们进行更加深入的思考，从而真正用悲剧承载并突出文章的主旨，深刻揭示出封建礼教制度对人思想的毒害。

  本文将祥林嫂置于一个复杂的社会环境中，各色人物依次登场。他们地位、目的、性格等都迥然不同，但相同的一点是：他们无一例外地以封建礼教为基本意识形态，用它牢牢束缚、僵化自己的思想，并以此作为审视、评价他人的根本标准。在祥林嫂的人生中，身为"讲理学的老监生"的鲁四老爷依封建宗法厌恶她，四婶依封建宗法鄙视她，冷漠的周围人依封建宗法评论她，善良的柳妈依封建宗法帮助她……最可悲的是，祥林嫂自己也用封建宗法提供的方式与来自封建宗法的压迫相斗争，这一切必然导致了她悲剧性的结局。

祝福，这是个多么温暖而美好的词汇。它承载着人与人之间的温情与关爱，表达人们对美好、幸福的生活的向往与追求……但在鲁迅先生的笔下，悲剧却正是在一片祝福声中默默地上演，发展，落幕。一切都如常般进行，欢庆的鞭炮声将鲁镇笼罩在一片祥和之中，仿佛什么都没有发生。祥林嫂的悲剧只是这繁荣表象下的一波微澜，挣扎一下便烟消云散。

封建宗法制度是封建统治的工具，它从根本上禁锢住人的思想，使人变得冷漠、僵化、可笑而又可悲。所幸的是，那样的时代已经一去不复返，我们已经踏着前人的足迹，开创了社会发展的新纪元。相信在如今的时代中，祥林嫂的悲剧不会再上演；但我们也应认识到，现代化建设中依然存在不和谐的音符，仍然需要我们的努力。衷心希望社会发展能够不断向前推进，真正为每个人送去幸福与自由。

[楼主] Posted：2009-03-01 22：34：12

姓名：杨毅鑫

昵称：youhucool

  这么长，服了。

[#3] Posted：2009-03-01 22：35：21

姓名：郄艺

昵称：冬亦暖

  看了大家的帖子发现自己写得太长了～～

  明天以练笔本形式上交。

[#4] Posted：2009-03-01 22：36：45

姓名：郄艺

昵称：冬亦暖

我写得很长吗？我从来没用这么短时间诌出篇读后感过……

[＃5］Posted：2009-03-01 22：39：05

姓名：韩钊

昵称：sacbb

精神可嘉！

★ ★ ★ ★

[＃6］

姓名：李依晓

昵称：我爱三变君

5楼的最后一个动词很逼真……

★ ★ ★ ★

[＃7］Posted：2009-03-03 00：00：13

姓名：刘佩怡

昵称：amberlau

鉴赏——《祝福》

沧海桑田，这祝福却未曾间断过。苦了你了！若真是有个"那一边"，也把这份祝福赠与你罢，愿你能有个团聚，得个美满。

——题记

"我真傻，真的"，一次又一次的重复，无疑使这个经典的怨妇形象深深地烙印在了你我心中。祥林嫂的确是个苦命人。从文章一开场便是个刚发过丧的寡妇，满不讨喜的。四叔的皱眉自是可以理解的，谁也不想雇个工人还沾个白事。亏了她是个踏实肯干的勤快人，在主子家里的形象，是慢慢立了起来，这从后面她走后四婶时常念叨是可以看得出的。谁知道，命运就是爱开玩笑，忽地，祥林嫂就这样硬是捆着"卖"给了又一个男人。寻死觅活吧，又有什么用呢？那个年代，就算她是个能干的女人，命运依旧不在她的手上。

暂且说这就算是稳定下来了吧，能够相夫教子，这也算是福气了。哪知命运的玩笑还一茬接着一茬的，丈夫也死了，儿子也被狼叼去了，

303

于是，又是孤单一人。人还是同一个人，不，已经不同了，岁月给了她太多的磨砺了。你看，她已经从"两颊却还是红的"变成了"两颊上已经消失了血色"。她白了头发，充满了幽怨。她走了，孤孤单单地，只留下了一句"我真傻，真的"，再没留下些什么。而这句话，却只变成了书中人茶余饭后的谈资，你我茶余饭后的谈资。

无可考证了，谁也不知晓这位"祥林嫂"究竟是鲁迅先生亲眼所见，又或是其所想。总之，不可否认，那个年代，一定存在着千千万万个"祥林嫂"，他们代表了千千万万的苦命人，今天也是一样，只不过，那过去的，我们已经忘却了，今天的，也只是无视或轻视罢了。我们，甩下了一句又一句"你放着罢，祥林嫂"；他们，只能一句又一句重复着"我真傻，真的"……

就像"祝福"到今天还存在着，我不知道这个世界会不会改变。奈何，便只得祝福"祥林嫂们"在"那一边"有个团聚，得个美满了……

[楼主] Posted：2009-03-01 23：03：48

姓名：郏艺
昵称：冬亦暖
　　　顶顶～
　　　"满不讨喜的"有意思～
★★★★
[#3] Posted：2009-03-01 23：06：10

姓名：赵元良
昵称：普通鸬鹚
　　　读后感——从《祝福》中看中国宗教和社会
《祝福》读完了，祥林嫂死了，虽然无数遍听过这个故事，但心情仍旧有些压抑。谁害死了祥林嫂？我想还是通过社会层面解释更好吧。这里只想讨论一个侧面——中国宗教。

鲁迅回忆鲁镇迅哥的那些小说都有个共同的特点，就是记述了大量民俗，其中或多或少都能和对封建礼教的批判扯上边，宗教作为封建礼教的维持者，自然要单独提出来讨论。

有人说中国没有宗教，或中国主要信儒教，或中国信佛教和道教，这些其实都是不准确的。宗教的一个特点是都有一个神道为中心的信仰系统，具体说信仰对象是一些"超世"的存在，儒家主张入世，把它定义为宗教显然是不准确的。而佛教、道教虽然有一定基础，但信仰的人毕竟占少数，而且在很多思想上与主流的儒学冲突，显然不够国家性宗教的资格。经我查阅资料，发现中国古代确实存在国家性宗教，它是以祭祀为中心的，有完整礼法的一套系统。

中国的宗教起源可以追溯至原始时期，而随着封建王朝的建立逐渐成为正统。上至国家祭天、下至四叔和鲁镇人的"祝福"，都是它的直接体现。千年传承的宗法，虽早已腐朽，但仍顽固不化，这有很多原因：上层统治者需要通过祭祀和礼法维护秩序，而劳苦大众则在愚昧中期待着鬼神对自身的解脱。

鲁迅看到了社会腐朽的这个侧面，用祥林嫂的故事给予它狠狠批判。

开头，仿佛是个令人不安的引子似的，虽生犹死，祥林嫂问了"我"关于生死的问题，潜意识"我"显然对这和迷信、习俗、人伦混为一谈的中国宗教界定不清，虽然"我"不迷信，但也只能马马虎虎地回答。祥林嫂死掉了，同那些忌讳一样使人厌烦但不会让那些麻木的人有丝毫不安。接下来"我"回顾了祥林嫂的一生，简断截说，直接影响到她死去的两个重大事情都和万恶的"封建迷信"有关。一、柳妈的关于阴间报应的一席话彻底吓怕了祥林嫂，我看大概出于两点，就是根深蒂固的社会迷信和关于女子从礼法上的层层压榨。二、当祥林嫂捐完门槛后事实上是解脱了很多，然而"你放着罢，祥林嫂"彻底摧垮了她对生活的最后一线希望，愚昧的祭祀的愚昧的规矩……

中国的宗教是愚昧和害人的代名词吗？中国的宗教就一无是处，是与封建礼教穿一条裤子的同伙吗？有本佛教艺术的书中有个言论给我印象很深：佛教传入中国后很快本土化，佛教艺术也灿烂地发展着。开始时的佛像总有种出世脱俗却对世事漠不关心的表情。后来隋唐时期，佛像开始有了那时人的坦然和快乐，表情也从冷漠变成了睿智温暖的微笑。但是，再往后到了明清时期，佛像的制作越来越程式化，艺术水平和思想境界再也没回到巅峰时的水准。与之呼应的是民间的寺庙的俗化越来越重，有时甚至同一座庙同时供奉佛教和道教的神。这说明什么了呢？佛教中的智慧并没有真正被接受，反而更多地体现为迷信。

迷信，是在那个悲惨的社会中劳苦大众对抗灾难的唯一出路。然而，失去了智慧而只剩了伦理教义空壳的宗教，终究无法真正解决问题。我一直在想，选择迷信、选择愚昧究竟是大多数人逃避苦难的明智之举呢？还是在苦难中越陷越深的陷阱呢？从现实来看，后者是正确的。然而，宗教从迷信成为智慧，再从智慧蜕变为愚昧和羁绊，绝不是个人选择的问题，而是社会的变迁使然。当封建社会发展到最高级的末路时，宗教诚然会对人有一些安慰作用，还有种劝诫，但它所有积极的部分必然会随着社会一起腐朽、一起罪恶、一起灭亡。

祥林嫂，是死于人性的黑暗，是死于迷信，还是死于社会？

[楼主] Posted：2009-03-01 23：19：30

姓名：韩钊
昵称：sacbb

  这么长！！！
  元良兄果然厉害。

★ ★ ★

[#1] Posted：2009-03-01 23：26：34

姓名：刘星雨
昵称：更吹落

  下面是我原来写过的一小篇博客，关于所谓迷信的一点偏于感性的看法～晒一下：

云与天庭

  前天早上上学路上，看到前边天际处有一朵好大的云彩，初升的太阳还没亮出身影，光芒却已透过洁白的云彩，为云镶上了一圈华丽的金边，由深至浅晕染出来，美得似乎不食人间烟火。

我这才明白古人为何如此坚信天庭、佛祖、神仙的存在，又用不容置疑的崇敬目光仰视他们、向他们祈福。清晨那带着金光的云朵绝对会使每一个人相信那上面有一座美轮美奂的天庭的。

我就相信。

★ ★ ★

［# 2］Posted：2009-03-05 23：41：26

姓名：赵博雅

昵称：yoyo

我认为是死于人性的黑暗。

她，着实是让封建给活活逼死的。

［# 3］Posted：2009-03-07 21：53：06

姓名：冯子航

昵称：无

刚刚拜读了元良兄的文章《从〈祝福〉中看中国宗教和社会》。对其中的一些观点有一些自己不同的见解。

"直接影响到她死去的两个重大事情都和万恶的'封建迷信'有关。"诚然，封建迷信是万恶的。宗教也有迷信的成分，它可能使人变得愚昧，但存在即合理。中国的宗教是什么，也许没有明确的定论。儒教？佛教？道教？但有一点是不可否认的，宗教有其积极意义。当社会上的一些问题没有好的解决方式的时候，宗教往往就是人们精神上的港湾。依然举中国为例，我们国家的宗教观有一点是得到广泛认同的，那就是"因果报应"。就这一观念来说，当然有它的迷信成分，但却成为了几千年来我们民族共同的宗教观，其原因是深刻的，它可能与人们的行为习惯、人生经历等诸多因素有关，并且它也成为了相当一部分人的精神寄托，宗教自有它的魅力。

"宗教诚然会对人有一些安慰作用，还有种劝诫，但它所有积极的部分必然会随着社会一起腐朽，一起罪恶，一起灭亡。"我并不同意这样的观点，宗教的核心在于给予人们心灵的慰藉。而祥林嫂之死，在于封建体制下错误的宗教观,以致流毒社会。

记于 2009 年 3 月 2 日夜

[楼主] Posted：2009-03-02 01：21：54

姓名：赵元良

昵称：普通鸱鹩

  我个人以为,我的观点和冯兄总体上没有出入。

  共同点：任何事物都有两面性,宗教也不例外,我可能在帖子上强调得不够。

  作为一个宗教,它必然能满足信徒的某种需求。比如有很多宗教修到最高境界都会体会到一种天人合一(我忘了怎么说了,大概吧)的境界。宗教当然可以作为精神的支柱。

  但你要想到这是指现在的社会中,在旧中国,任何宗教,在大众的精神上基本只起到了迷信的作用。迷信和麻木当然也能给人安慰,但那是你说的宗教的好处吗?我也不信教,彻底的无神论,但想到现在的信教者,他们的信仰是出于自由的选择,而不是无知,自然应该支持的。

★★★

[#1] Posted：2009-03-02 19：14：35

姓名：李依晓

昵称：我爱三变君

  宗教其实并不是传闻中的那么邪恶,或许中世纪的欧洲,君主曾经用它来控制人们的思想,让人们成为行尸走肉,但那只是那几百年,而且只是基督教。

  中国古代的皇上和皇后起初信的是不同的教。皇上信道教,皇后信佛教,后来皇上问皇后,为什么那么崇信那些光头的和尚。皇后说,佛教能让人气定神闲,虽把希望寄托在来世,但今生的阳德依然影响身后事。个人认为很有道理。人这一生,童年可能玩过去了,也可能被困在房门里学学学。青壮年学习工作,身体透支。老了终于放松了,儿女飞了,再过几年自己就被挂在墙上。所以你说人这一生活的是什么,为了什么,不就是个信念吗?假如宗教也能成了支撑一部分人活下去的信念,那何其好呢。

  男生好像不太爱看这类书吧。反正我看的是《地藏经注解》,里面对人的生死之事写得很详细。

  所以不论宗教是什么性质的,都是能让一部分人当作活下去的支柱的。价值取向不同,造成的对宗教信仰的观念不同。

  就事论事,只是谈谈对宗教的看法而已。

[#2] Posted：2009-03-02 23：15：43
姓名：赵元良
昵称：普通鸬鹚

  这个要分怎么看。
  从个人角度说，宗教能成为人的精神支柱，也可能是枷锁。
  从社会角度说，宗教能维护社会稳定，也是一种守旧势力。
  但是，旧社会和现在的社会不一样，皇帝皇后可以去想他们的来世，不失为一种智慧。而社会底层呢？他们信教，即使是心诚也只是愚诚，是统治阶级想要的结果。而且，我指的中国宗教，佛教只是很小一部分啊，大部分是和祭天祭灶有关的传统宗教。至少我看的那本书把这些定义为宗教，因为它有一套严谨的系统，也有崇拜的神明。
  佛教的书我也看一点啊，不过是某某高僧写的，感觉太强了，叔本华那一套一半多都是这些。如果按它的逻辑来想，信佛的确是唯一的解脱出路。我不信佛，但也受了教育。

[#3] Posted：2009-03-03 19：52：37

姓名：陈佳文
昵称：

谁导致了这个悲剧

  祥林嫂的一生都在压迫中度过。然而在我看来，她与别人的最大不同在于，她并不是麻木者，而是敢于面对压迫的反抗者。她才是真正意义上的觉醒者。那么是什么导致了这个悲剧呢？是镇上人的麻木？还是婆婆等人的狠心？我认为都不是。在一定程度上，众人与祥林嫂面临的境况是一样的，她只不过是众人中的一个牺牲品。我认为，是礼节金钱与社会的落后思想引发了这个悲剧。
  一方面，人们被传统的礼节与金钱所诱惑与误导。为了诱人的万贯财礼，婆婆把她抓走，硬是把她嫁到了深山里去。然而她没有像别人一样"寻死觅活"，而是"一路只是嚎，骂"。作为旧社会的极少数反抗者，她诚然是无助的，孤独的。她的嚎骂里不仅充满了对人性灭绝的婆婆和冷眼相观的旁人的愤怒，更多的，是对旧的礼节的不满，对一个社会地位低的妇女被当成奴隶一样使用的强烈反抗，和对自由、权力及地位的渴望。但是及至后来，当她又成了寡妇又失去了孩子，这种渴望就变成了绝望。她的地位在他人看来已经不足以令人尊重了，或者说在他人看来，死了丈夫孩子而无依无靠的她只是一个无存在价值的人，是个可笑、可怜甚至可怕的人了。此时，祥林嫂并没有反抗，并非因为她已经麻木，这正说明了她和旁人一样也受着旧礼教的约束，只是由于不知道如何能够突破这个约束，回归到"正常人"当中去而感到困惑。不幸的是，及至她捐完了门槛仍旧悲惨地死去，也未曾得到他人的尊重，也未曾享受到平等的地位，也未曾不受迷信观念的束缚而得到自由。金钱与礼节、旧观念导致了这个悲剧。

另一方面，在传统礼节的束缚下，人们的头脑都不幸地被"道德"麻木了。他们一方面对祥林嫂的遭遇感到"同情"，另一方面，在"同情"背后的，是一种欲望被满足后的快感与感受他人痛苦的刺激感。鲁迅用了很强烈的讽刺性语言来描述当时的情形："女人还要陪出许多眼泪来。有些老女人便特意寻来，要听她这一段悲惨的故事叹息一番，满足的去了，一面还纷纷的评论着。"在她们看来，祥林嫂是一个娱乐她们的工具，这个工具使她们在百无聊赖的社会环境中得到一些心理上的满足，尤其是在当时的农村，妇女们的生活极度平淡的情况下，东家长西家短的议论使她们生活不断获得"新趣味"。然而她们在评论他人的过程中并没有意识到，祥林嫂实际上映射出的是她们的生活面貌，她们其实是在嘲笑、议论自己的生活。社会的落后使她们随之沉沦，她们的思想被麻木，她们的感情变得越加冷漠，以至于她们在面对祥林嫂时，竟然丝毫感觉不到自己生活的可笑与悲惨。

至于今天，已经没有什么旧礼教、旧道德来约束我们的头脑。然而在我看来，我们却仍然得不到完全的自由，仍然得不到平等的地位与尊重，并且有一部分人的生活状态仍然是麻木的。也许在这个时代，我们仍需要反抗精神，比祥林嫂更强的反抗精神。在麻木的生活状态下，我们需要与自我的惰性与安逸进行反抗，使我们有紧迫感；在不自由的束缚下，我们也许需要与压力进行反抗，使我们获得自由。

[楼主] Posted：2009-03-02 17：35：25

姓名：李世音
昵称：婉岚

希望仍在
——读《祝福》有感

　　鲁迅先生的《祝福》，这已不是第一次读了。却仍是每次深深为之感动着。或者说，是震撼着。

　　祥林嫂，一个朴实的乡村妇女，从丈夫死后就开始用她卑微的生命在命运的河流中挣扎。希望挣扎出人们嘲讽的视线，更是挣扎出自己被封建礼教所蒙蔽的心。但是，最终，她失败了，她走得十分悲惨，什么都没有留下。

　　文章中的亮点使我一次次为之惊叹。如祥林嫂以乞丐身份首次出场时，鲁迅先生形容她为"眼珠间或一轮，还可以表示她是一个活物"。仿佛仅仅这一句话，我的眼前就出现了一个衣衫褴褛的妇女，佝偻着身子，面色苍白，浑浊的眼珠透出腐败的气息。她的眼神似乎是聚焦在远方的某一处，却又不尽然，因为她的目光是呆滞的，让你辨不清她是否在看着什么，或者说是能看见什么。只有那灰色的眼珠在你不经意间稍稍转动一下，让你吓了一跳，却才发现，哦，原来她是看得见的。而等你再回头，她的眼神便又迷离在某个不可预知的点上，眼睛里一片空白，我能读出的，只有空白。

　　这不得不让我再一次折服于鲁迅先生的精准的语言了。仅仅四个字，便勾画出了一个十分鲜明的人物形象，将祥林嫂当时的精神状态刻画得分毫不差，并且深深牵住读者的心，让他们不得不对下文中的故事充满了好奇与感伤，进而继续看下去，这便是大师的魅力所在。

然而，本文若是仅仅对祥林嫂的痛苦的一生进行描写，仅仅是向大众展现出那时的一个普通妇女在封建教条制约下如何结束自己悲惨的一生的话，恐怕此文的文笔再好，也称不上鲁迅先生的作品了。我想，鲁迅先生的文章，从来是重在内涵与出其不意的构思上面，本文也不例外。

首先，鲁迅先生通过本文，表达了当时封建制度对人民的迫害，以及小人物面对这些时的无奈与无力感。并且侧面描写出了自己对这种制度的深恶痛疾，对人们的命运提出控诉。这是一篇思想感情极其强烈的作品。

其次，也是本文最精彩的地方，便是鲁迅先生的构思了。当我们都在为文中祥林嫂的不幸遭遇而伤怀时，你是否注意到了本文的题目《祝福》？全文都在写悲惨遭遇，而题目却用了"祝福"二字。这难道不是一种矛盾吗？

然而我觉得，这才是鲁迅先生最高明的一笔。"祝福"二字，既表现了先生对当时社会现象的悲愤之情，又给予了人们无限的希望。这祝福不仅仅是四婶的祝福，不仅仅是鲁镇人们的祝福，还是鲁迅对有着同样经历的广大人民的无限祝福，更表达出他对未来的期望。

封建的时代已经过去了，祥林嫂这样的人物也永远封存于我们的记忆当中了，然而，鲁迅先生勇于鞭笞封建社会的精神及一颗永不磨灭的爱国之心，却永远留在了我们身边。

[楼主] Posted：2009-03-03 12：32：33

过了一周，还有两位同学继续发帖——
姓名：郐艺
昵称：冬亦暖

原想分析那三次外貌描写的，但还是按捺不住疑惑与好奇，想研究一下鲁四老爷在第 46 段的"可恶！"和"然而……"，因为实在是感觉很奇妙而有意思。很有可能分析得很烂，见谅。

"可恶"什么？鲁四老爷认为祥林嫂的婆家把他家的劳力即祥林嫂五花大绑走了，为他徒增了不必要的麻烦，他对此感到厌恶与不快。"然而……"我揣度他没有说出来的话，很有意思，大抵是："毕竟祥林嫂是她婆家的人，居然自己私自跑出来也真是不成体统。虽说她婆婆把她强行掳走于我没甚好处，但人家这么做倒确乎是合乎礼法……我们只能认倒霉了，晦气！"凸显出他的虚伪、冷漠与思想的腐朽。

第49段原文："'可恶！'四叔说。"

这是说给卫老婆子的。联系下段与他立场一致的四婶的话可以知道原因，即怨恨卫老婆子没查出祥林嫂"瞒着她的婆婆"的背景，就把她介绍到了自己家；这次闹出这样沸沸扬扬的事，害得自己丢了点儿颜面。

第52段原文："'然而……。'四叔说。"

"然而"什么？他想的是："虽然祥林嫂是个家庭背景讨嫌的寡妇，但要卫老婆子再找来个像她这样'实在比勤快的男人还勤快'的劳力恐怕也不太容易。"这绝非对祥林嫂的丝毫同情或不舍，而是从剥削阶级的利益出发，以打量一头吃得少干得多的牲畜的眼光审视祥林嫂。

值得注意的是，如果让鲁四老爷把"然而……"的内容说出口，文章的尖锐、辛辣程度反而会削减。正是这种欲说还休的语言处理，使得鲁四老爷的虚伪、冷漠、自私，封建社会剥削阶级的各种特质，以及他的思想被封建宗法制度牢固束缚等，得以淋漓尽致地凸显。

鲁迅先生用浓郁的讽刺与犀利的笔锋，深刻抨击了黑暗、腐朽的社会现实；借不同阶级的各色人物形象，爱憎分明地指出封建宗法体制杀人于无形的罪恶。

这种被省略掉的语言在文中比比皆是，含义深远，妙哉！

[楼主] Posted：2009-03-08 23：26：32

姓名：谭玥琦

昵称：十二月

《祝福》有感

"'这正好。你是识字的，又是出门人，见识得多。我正要问你一件事——'她那没有精采的眼睛忽然发光了。"

对于一个人，任何一个普通人，信仰的力量是何其强大，即使是祥林嫂这样的人，也会有她自己的信仰。这是一个人隐秘的心灵净土，神圣不可侵犯。苦难中的人，往往需要一个信仰才能生活下去。这个时候，信仰是一种精神支柱，它可以创造出一个世界，一个人笑，一个人哭，把所有不敢面对的事情排除在门外。宗教便是这样产生的。祥林嫂的信仰，或许我们都不屑于称它为信仰，但毫无疑问，这使她有了自己的一小片乐土。当所有人都不接受她的时候，她只有想象。我赞同想象，但不赞同这种不切实际的想象。想象不可以脱离现实而存在，过度想象而拒绝现实中的一切，便是荒诞的痴迷。有个度比较好。

[楼主] Posted：2009-03-10 05：50：06

《祝福》评点、争论

（部分摘录）

评点

姓名：郄艺

昵称：冬亦暖

赏析：

第5～17段祥林嫂询问"我"关于魂灵之事。

"她那没有精采的眼睛忽然发光了。"

这"忽然发光了"是较第3段所描绘的瘦削、呆滞、丧失全部生命力的形象而言的。看到"识字的出门人""我"，仿佛抓住了生命最后的稻草，希望着能从这位新知识、新思想、新文化的化身上，得到对她所迷信并向往的封建思想的权威肯定与强有力的理论支持。然而，她却不是要寻求自我拯救的方法（这才是正常的），而是在极度的痛苦、压迫与精神摧残后，奢求着再用封建的那一套东西帮助自己脱离苦海，岂不是荒诞又可悲？所谓的不问人生问鬼神即是如此。但这又怎能怨她？她只不过是千千万万受精神桎梏摧残而浑然不觉的劳动妇女的一个缩影而已，她不是一个人，而是一整个社会底层的悲惨群体的代表。

"……她走近两步，放低了声音，极秘密似的切切的说……"

这样小心谨慎的动作和语气可以看出两点：1. 认为鬼神确乎存在，而且是很神圣的事物，不可以轻易亵渎；况且那是她最后的灵魂寄托与信仰所依。2. 认为自己身份已经极其卑微，请教些事情不配大声说话，怕被别人听去更加鄙视、嘲讽自己。

"那么，也就有地狱了？""那么，死掉的一家的人，都能见面的？"

步步紧逼的追问，表现出祥林嫂对阴曹地府团圆之事的热切关注与满心想往。在用尽自己所能想到的方式（当然还是封建的那些东西），尽最大努力想要弥补自己犯下的罪恶，却终究在众人的冷酷中宣告彻底失败后，她被逼无奈才只能转而向幻想中的、以"鬼神"形式存在的精神归宿，汲取一点点自我安慰的光亮与温暖，在生命的尽头消逝在浓厚的祝福声中。

想再提一下"我"，感觉是在封建与现代的边界上，左右游离。确实，他与鲁镇的人相比更有善心，能在一个即将枯萎的生命面前保持最起码的严肃与谨慎；但这"说不清"却又为他的良心提供了保护伞，使他在祥林嫂死后并没有深刻地反省与自责，而是"一面想，反而渐渐的舒畅起来"。鲁迅先生对这个人物的态度应该比较复杂，有褒有贬，但他确乎是整篇文章里唯一的一点亮光了，毕竟有了些现代先进思想的萌芽，蕴含了某种社会的希望在其中。

对联：

上联：可叹 亡夫丧子 几度悲愁有谁怜

下联：可悲 求神问鬼 一生尽付笑谈中

横批：哪得春色换人间

质疑：

文章为何让祥林嫂反复述说丧失阿毛一事？难道只是为了更强烈地反映出她周围人的冷漠、虚伪、无聊、残忍吗？

还有，为何第68、78段让祥林嫂几乎一模一样地重复了大段的说辞？有何特别用意？困惑。不过凭感觉这块儿老师应该会重点讲的，期待～

[楼主] Posted：2009-03-15 22：59：41

姓名：邓虹

昵称：

　　对联十分钟就写出来了？你才思之敏捷得让多少同学"抓狂"啊！好样儿的！

　　精益求精："尽付笑谈中"是一种什么心境呢？用在此处是否最妥当？

[#4] Posted：2009-03-16 07：50：35

姓名：郄艺

昵称：冬亦暖

　　呃……十分钟是为了突出及解释"不工整"～

　　改为"一生尽没冷眼中"如何呢？抑或"笑影中"？

[#5] Posted：2009-03-16 11：47：36

姓名：高欣悦

昵称：⌒皇帝記⌒

　　开始的感觉和你差不多，文中的"我"对祥林嫂的观点似乎有些左右摇摆，但是看完邢瑜洁的文章似乎有些明白了……

　　推荐你去看看，最后用的是反语，"我"心里还是很不安的。

[#6] Posted：2009-03-16 11：57：12

姓名：刘睿

昵称：nothing

累死我了，总算发上来了，对联挤不出来了（才尽了，本来也没多少）。

食人——《祝福》带来的震撼

祥林嫂被周围人吃了，被鲁镇吃了，被旧中国吃了，被天地圣众剔肉饮血啃骨吞魂分食了，暴尸于浓云飞雪香烟噪声一片醉醺醺喜融融朦朦胧胧混混沌沌的祝福之中……

读鲁迅先生的《祝福》，心中很不是滋味，满眼尽是扭曲的嘴脸，闻到的是一片腥气。我不禁打几个冷战，想起的是《狂人日记》，想起的是"吃人"……

进入正题。鉴赏按"祥林嫂被人吃"展开。

初来鲁镇的祥林嫂，"头上扎着白头绳，乌裙，蓝夹袄，月白背心，年纪大约二十六七，脸色青黄，但两颊却还是红的"，"做工却丝毫没有懈，食物不论，力气是不惜的"，"扫尘，洗地，杀鸡，宰鹅，彻夜的煮福礼，全是一人担当，竟没有添短工。然而她反满足，口角边渐渐的有了笑影，脸上也白胖了"。多么纯朴的农村劳动妇女啊！劳动是她精神的支柱，劳动是她精气的源泉：抵得上男工的苦活在祥林嫂看来是值得满足的，仿佛从中取得营养似的，祥林嫂笑了、胖了。这是中国广大纯朴劳动人民的形象：生于土地，养于土地。劳动使她渐渐摆脱了丧夫的阴影，但她还是逃不脱封建社会的毒害……

"待到祥林嫂出来淘米，刚刚要跪下去，那船里便突然跳出两个男人来，像是山里人，一个抱住她，一个帮着，拖进船去了"，"窥探舱里，不很分明，她像是捆了躺在船板上"，祥林嫂如同牲口一样捉了去，被推回黑暗的深渊中。"你自己荐她来，又合伙劫她去，闹得沸反盈天，大家看了成个什么样子？你拿我们家里开玩笑么？"就好比碗中吃了一半的饭被人抢了去，主子只是骂几下，于是祥林嫂如同嚼过的肋条，被丢弃了，"不久也就忘却了"，只有主子偶尔忆起"肉香"时，"也还提起祥林嫂"。

祥林嫂被婆家人"吃"——"她的婆婆倒是精明强干的女人呵,很有打算,所以就将她嫁到山里去。倘许给本村人,财礼就不多;唯独肯嫁进深山野坳里去的女人少,所以她就到手了八十千。现在第二个儿子的媳妇也娶进了,财礼花了五十,除去办喜事的费用,还剩十多千。吓,你看,这么么好打算?……"祥林嫂的婆婆与小叔子狠狠地从祥林嫂身上扯下一块大肉来分了吃掉:丧夫的女人,被婆家强迫再嫁,还是嫁到深山老林里去。在婆婆和小叔子的眼中,祥林嫂还能再赚几十千,如同一条带着肉的骨头。不管祥林嫂的意愿,就强行把人嫁到山里去。外人看这行为,如同看狗食骨:"好打算"是佩服祥林嫂婆婆的心思,从寡妇身上还能榨取利益。"祥林嫂竟肯依?……"祥林嫂不能不依!一个孤苦伶仃的女子怎能与封建家庭抗衡?祥林嫂屈服了,任身心被他人所食:"她到年底就生了一个孩子,男的。"

祥林嫂被命运"食"——"她的男人是坚实人,谁知道年纪轻轻,就会断送在伤寒上","再进去;他果然躺在草窠里,肚里的五脏已经都给吃空了"。命运又捉弄了这个可怜的人:两度丧夫,而如今自己的骨肉又被狼叼去,被吃空了五脏。悲惨命运似乎偏偏钟情这个贫苦女子,一次次蚕食她的心灵、摧残她的肉体。这看似偶然的厄运,实际上是在封建背景下必然的结果:封建压迫下人民生活贫苦,天灾人祸发生的概率也会大大提升——若是太平盛世,人会那么体弱多病吗?野兽会饿到袭击村落吗?就这样,"她仍然头上扎着白头绳,乌裙,蓝夹袄,月白背心,脸色青黄,只是两颊上已经消失了血色,顺着眼,眼角上带些泪痕,眼光也没有先前那样精神了"。祥林嫂的身心已经被蚕食得虚弱了下去,失去了生气。

祥林嫂被鲁镇人"咀嚼"——"这故事倒颇有效,男人听到这里,往往敛起笑容,没趣的走了开去;女人们却不独宽恕了她似的,脸上立刻改换了鄙薄的神气,还要陪出许多眼泪来。有些老女人没有在街头听到她的话,便特意寻来,要听她这一段悲惨的故事。直到她说到呜咽,她们也就一齐流下那停在眼角上的眼泪,叹息一番,满足的去了,一面还纷纷的评论着。"人们看祥林嫂的眼光如同一群野狗看一条丢在路旁的新鲜骨头:女人们不"宽恕"她,还非要陪出许多眼泪来——好比一群狗啃着骨头,做出一副津津有味的嘴脸。"特意"地寻来,"满足"地归去,祥林嫂被大家在嘴里嚼过来嚼过去,直到人们从她身上榨走了最后一滴"有趣"的"油水",才吐到地上,"一听到就烦厌得头痛"。直到祥林嫂和柳妈聊过后,众人才又如闻到新的肉香一样扑过来,再进行下一番咀嚼,榨取新奇的"汁水"——而每一滴都是从祥林嫂心灵上一道道无法填补的沟痕中生生挤出来的。

祥林嫂被四叔家"蚕食"——祥林嫂作为四叔家的佣人,在能干活时就饱受压榨:明明是女工,却当男工使唤。而当时祥林嫂是处在享受劳动带给她的自身价值的满足感中,并不觉有什么不妥。而当祥林嫂再度回来,经历厄运后干活不再灵便时,这个家就开始嫌弃祥林嫂了,以至于最终把她打发走。在祥林嫂离世时,还不免再恶恶地咒骂她死的不是时候。鲁四老爷之类的极端冷酷之人,就是这样一点点榨干了祥林嫂,食净了一切能食的地方就丢弃在大门外,任其自生自灭。

[楼主] Posted: 2009-03-16 01:00:26

姓名:刘睿

昵称:nothing

祥林嫂被封建礼教、迷信所"吞食"——祥林嫂被强迫再嫁,破了封建习俗,自身精神上就受到了打击。回到鲁镇,因"败坏风俗"而不再受用于鲁家祭祀的她就感觉到自身劳动价值的缺失。柳妈的一番"地狱说"又夺去了祥林嫂最后一块灵魂。当捐完门槛后的祥林嫂还不能参加祭祀,她的整个人已经完全被封建吞噬了,"不但眼睛窈陷下去,连精神也更不济了。而且很胆怯,不独怕暗夜,怕黑影,即使看见人,虽是自己的主人,也总惴惴的,有如在白天出穴游行的小鼠,否则呆坐着，直是一个木偶人。不半年，头发也花白起来了，记性尤其坏，甚而至于常常忘却了去淘米"，祥林嫂最终被封建礼教迷信吃了个精光，只剩一副空皮囊。

"之前的花白的头发，即今已经全白，全不像四十上下的人；脸上瘦削不堪，黄中带黑，而且消尽了先前悲哀的神色，仿佛是木刻似的；只有那眼珠间或一轮，还可以表示她是一个活物"，这已经不能算人了，顶多只能算行尸走肉。祥林嫂一步步被蚕食，最终麻木了。她并不是因麻木而麻木，而是她周围的人、环境、封建大背景活活把一个朴实的劳动妇女吸干了。冷漠、势利、麻木、无情……祥林嫂的躯体就这样被分解了，心灵就这样被挖空了。所以说，祥林嫂被人给吃了，活活地被吃了。

"古来时常吃人，我也还记得，可是不甚清楚。我翻开历史一查，这历史没有年代，歪歪斜斜的每页上都写着'仁义道德'几个字。我横竖睡不着，仔细看了半夜，才从字缝里看出字来，满本都写着两个字是'吃人'！"——这是《狂人日记》上的一段话。礼教就是吃人，仁义道德是礼教虚伪的面具，这就是鲁迅对封建道德的定义。这可以很好地用于《祝福》这篇文。尽管鲁四老爷家里净是些儒家的仁义道德的书，他却是把祥林嫂看作一块骨头的人。《祝福》中的悲剧人物是祥林嫂，其实文章除了"我"以外的所有人都是封建礼教迷信的牺牲品。"年年如此，家家如此，——只要买得起福礼和爆竹之类的，——今年自然也如此"，"四叔家里最重大的事件是祭祀"，不论小家庭还是大家族，人人都沉醉于混混沌沌的祭祀之中，都麻木不仁地忙碌于偶像面前。"魂灵"和"地狱"笼罩在每一个人的心头，都期待着"天地圣众豫备给鲁镇的人们以无限的幸福"。殊不知每一个人都被封建环境蚕食着，每一个人既是食他人者，又是被他人食者。就如鲁迅所写的，中国几千年来的历史满写着"吃人"，祥林嫂只是不计其数的被食者的其中一人。

不过让我感到舒一口气的，还是文中的那个"我"。"我"是思想开放的，是在所有人都麻木的时候有感情的。不过"我在这繁响的拥抱中，也懒散而且舒适，从白天以至初夜的疑虑，全给祝福的空气一扫而空了"，带给"我"的更多的是个人的进步改变不了整个社会的腐朽的无奈，只得放松下战斗的身躯，懒散在一片祭神的烟熏火燎之中。毕竟几千年来的迷药不是那么容易就散去的啊。

〔#1〕Posted：2009-03-16 01：00：26

姓名：邓虹
昵称：

  内容多么丰富，分析多么详尽，思考多么有深度！难为你啦，在这午夜时分，为我们献上这份精神厚礼！
  斟酌："尽管鲁四老爷家里净是些儒家的仁义道德的书"，结合注释，看看鲁四老爷家里到底放些什么书，然后阐释人物形象。"不过让我感到舒一口气的"似乎与结尾的无奈有些矛盾啊！

〔#2〕Posted：2009-03-16 07：41：50

姓名：王作辛
昵称：纯粹的布尔什维克

  你的文章同样带来震撼。
  震撼的最终目的在于引发深刻的思考，你是如此，我相信鲁迅先生也是如此。

★ ★ ★ ★
〔#3〕Posted：2009-03-16 11：47：58

姓名：张哲明
昵称：零

  突然想到了《我之节烈观》里的某一句，内容大概是：女子是男子的所有物。可见旧社会中，女子的地位是多么的低下……
  很佩服作者的思考角度。看了课文，我的本能反应就是祥林嫂被封建社会迫害。现在看来，远不如作者那句"祥林嫂被周围人吃了，被鲁镇吃了，被旧中国吃了"更形象，更有深度啊……

★ ★ ★ ★
〔#4〕Posted：2009-03-16 11：51：21

姓名：孙若劼
昵称：该用户未注册昵称

  怎么说呢？只有那个最俗也最真实、朴素、准确的字来形容——

321

"弓虽"！

不过倒数第二段对于"为什么"的论述有些苍白。

★★★★

［#5］Posted：2009-03-16 11：55：11

姓名：李世音

昵称：婉岚

将祥林嫂的悲惨一生概括为被分食的一生十分有深意。并且结合鲁迅先生的另一名篇《狂人日记》中对封建礼教的描写，对祥林嫂的每处被人排挤或欺辱的场面进行深入剖析，把人物内心的恐慌和无奈表达得淋漓尽致。不过同邓老师一样，对"我舒一口气"感到有些不解，难道最后的情感落在鲁迅先生的无奈上了吗？嗯~应该还是在祥林嫂的方面进行阐述吧~呃~自己的感慨还可以再多些~很犀利的文章呢~强~

★★★★

［#6］Posted：2009-03-16 11：57：59

姓名：李曦鸣

昵称：艾尔

很好，从吃人的角度来把握全文。

但吃人只是从祥林嫂被抓回婆婆家后才开始的，之前祥林嫂在鲁镇受到的待遇和后边不同，一开始祥林嫂在鲁镇生活得应该还不错，待她再回去后众人对她便开始吃人了，造成这种变化的原因是什么？（这也是我的问题。）

★★★★

［#7］Posted：2009-03-16 12：04：33

姓名：张希

昵称：^_^

旧礼教的确是害人的一大糟粕，但试问：如果祥林嫂再坚强一点呢？人应有韧性，耐得住磨练啊！

［#8］Posted：2009-03-16 12：05：52

姓名：孙嘉懿

昵称：执着的数学爱好者

前面的点评笔锋很犀利啊。佩服！有些鲁迅先生的影子。

记得鲁迅的一大特征：永远的批判者。他的批判对象不光包括旧社会和封建迷信，也包括对像自己一样的新文化传播者。"从白天以至初夜的疑虑，全给祝福的空气一扫而空了"，感觉鲁迅先生塑造的那个"我"也在受所谓"祝福"之风的侵害。所以，我以为鲁迅先生不光是表示无奈，似乎也有鲁迅先生对自己的批判。

★★★★

[#9] Posted: 2009-03-16 12：08：20

姓名：张默

昵称：NUAEN

一个从出生就被旧礼教折磨的底层妇女，你又怎能指望她坚强？！

[#10] Posted: 2009-03-16 12：09：18

姓名：高欣悦

昵称：^^^皇帝記^^^

在那个社会，这样的人再坚强也没有用，就像LR（注：刘睿）说的，他迟早会被鲁镇——家乡的人生吞，活剥……

鲁迅也正是看出这点，才会发表自己的节烈观吧～

[#11] Posted: 2009-03-16 12：19：18

焦点争论1

（发帖回复14张，点击109次）

姓名：张默

昵称：NUAEN

本文最后着重写了祥林嫂在经历了那一切后，逢人便说"我们阿毛还在……""我真傻"等话，这其中颇有用意。祥林嫂重复这些话是为了什么？难道仅仅是因为她承受了过多的痛苦而已经半疯了吗？我想真正原因并非如此。祥林嫂这样做的原因是她忘不了过去。人如果永远活在过去中，轻则庸碌无为，重则像祥林嫂一样疯掉。我们不要认为"祥林嫂"只存在于旧社会，祥林嫂活在过去的回忆中这一特质与社会背景无关。今天我们常常能见到某些失意的高中学子逢人便说"我初中时，如何如何……"，某些破产商人嘴边常挂"想当年我有钱的时候……"，甚至是少数退伍军人，也总是在提"我在部队的时候，那是何等风光……"，这些人，不正是一个个现代"祥林嫂"吗？而这些人，我们对他们是不屑一顾的。他们可悲而可怜。所以，我们也应从祥林嫂的故事中吸取教训，活在当下，而不是永远沉迷于过去的辉煌或痛苦。

祥林嫂最后变成了一个半疯子，于是所有的人便都嘲笑她。这充分地体现了当时大部分中国人的一个通病，那便是只知做看客。祥林嫂的经历很悲惨，本是值得同情的，但镇上的人不知去安慰她，开导她，反而一味地去嘲笑她，这便是无情的体现。祥林嫂的经历亦值得人们去反思，可镇上的人仍代之以嘲笑，这便是无知。这种只知做看客的通病其实是无情与无知的外在表现。当时面对列强的入侵，无情者想不到去反抗，无知者不知如何去反抗。我国当时人见人欺，正是因为有太多的这种看客。鲁迅先生借描写镇民对祥林嫂的嘲笑，对这种通病进行了巧妙的讽刺。

对联：

饱尝人间疾苦，祥林嫂终半疯，一人之痛。

不问世道兴衰，放眼望皆看客，举国之悲。

[楼主] Posted：2009-03-13 21：16：41

姓名：霍嘉睿

昵称：super jerry

好汉不提当年勇哈[①]？不失为一个角度。大默（注：张默）对语文学习的热爱程度还真是不一般呢。

[#1] Posted：2009-03-14 08：23：19

姓名：邓虹

昵称：

哎呀，我昨天的评价咋消失得无影无踪了呢？夸了半天张默，结果没有及时让默兄看到，气绝！

你的文章提出了"活在当下"的观点，这与作者的创作意图有无联系呢？作者写祥林嫂反复述说衰子之事想向读者传递什么信息呢？不妨深入思考一下。

[#2] Posted：2009-03-14 10：23：34

姓名：杨毅鑫

[①] 哈：用于语末，表示娇嗔的语气。

昵称：youhucool

　　好角度，看来自己也要反思了。

★★★★

[#3] Posted: 2009-03-15 15：49：31

姓名：张默

昵称：NUAEN

　　鲁迅那个年代，中国正活在过去中，活在古代的辉煌中，也活在近代的痛苦中。却很少思考当今应做什么。中国就像祥林嫂一样沉浸在过去中，任别人欺凌。我认为鲁迅在某种程度上也是想通过祥林嫂，警示国人，引起国内有识之士的反思。

[#4] Posted: 2009-03-16 11：57：32

姓名：于未央

昵称：月の暗面

　　"活在当下"这个观点我支持，但我觉得人也不能完全忘记过去。过去的经历都是财富，从过去的经历中提炼自己的感悟，从而更好地活在当下，应该会更好一些。

[#5] Posted: 2009-03-16 12：02：27

姓名：石儒婧

昵称：虚清道人

　　楼上说得好！从祥林嫂看到中国弱点！！

★★★★

[#6] Posted: 2009-03-16 12：03：11

姓名：刘昊璁

昵称：刘昊璁

　　观点不错，祥林嫂若能摆脱过去的苦难的困扰，也不会落得当乞丐而死的境地，她是悲哀的，但造成的原因，在于社会，也在她自己。

★★

[#7] Posted: 2009-03-16 12：03：33

姓名：冯子航

昵称：无

　　如你所说，既然活在过去是当时社会的一个普遍现象，那么为何祥林嫂会遭到众人的耻笑？

[#8] Posted: 2009-03-16 12：03：53

姓名：刘星雨

昵称：更吹落

"这充分地体现了当时大部分中国人的一个通病，那便是只知做看客。"

嗯，和柏杨先生的"只我例外"的国人劣根性评价有异曲同工之妙。

新角度，有启发。

[#9] Posted：2009-03-16 12：10：11

姓名：石儒婧

昵称：虚清道人

国人活在中国的过去，祥林嫂活在自己的过去。

她的世界与外界不同，就显得比较突兀吧。

一个缩影吧。

[#10] Posted：2009-03-16 12：10：39

姓名：刘星雨

昵称：更吹落

"鲁迅那个年代，中国正活在过去中，活在古代的辉煌中，也活在近代的痛苦中。"其实现在不也是如此吗？

老东西还是有好的，回头看也是必要的。那么，该如何取其精华，去其糟粕？

这又是一个问题了。

[#11] Posted：2009-03-16 12：15：43

姓名：陈佳文

昵称：

我认为祥林嫂之所以不断回忆过去，其一是因为她身边的人和事使她不断地记起她的旧事。她失子后来到鲁镇，不断地诉说她的遭遇，是因为她刚刚失去孩子不久，还沉浸于悲痛之中，所以这么做应该是人之常情。而后来当她的故事渐渐为全鲁镇人所知时，可以看出来，她自己并没有了先前倾诉的愿望，而是由于"老女人特意寻来，要听她这一段悲惨的故事"，使她不得不记起惨痛的过去，不由自主地扒开旧伤而伤害自己。其二是当时祥林嫂无依无靠，在丧子之前她唯一的依靠就是她的儿子。如今儿子已死，四叔家又不让她干多少活，她本有的希望如今也已全无。这样一来，她的生活的全部就更是集中在了她死了的儿子身上，而其他还能有什么事吸引她的注意力呢？所以我认为祥林嫂如此做法和当时的社会环境也有一定关系。而那些失意学子、破产商人、退伍军人的所作所为，只是为了掩盖自己的落魄而寻找的开脱罢了，和祥林嫂的境遇有所不同。

[#12] Posted：2009-03-16 12：16：39

姓名：毛瑞九

昵称：毛瑞九

  当一个人所承受的痛苦已经超过她的忍受极限时，我觉得活在当下只是一种无用的安慰。

[#13] Posted：2009-03-16 12：17：35

姓名：张默

昵称：NUAEN

  所以我们要努力提升我们的意志力，干大事者，能忍常人所不能忍。

[#14] Posted：2009-03-16 12：20：17

焦点争论 2

（发帖回复 44 张，点击 261 次）

姓名：石儒婧

昵称：虚清道人

  "我在这繁响的拥抱中，也懒散而且舒适，从白天以至初夜的疑虑，全给祝福的空气一扫而空了，只觉得天地圣众歆享了牲醴和香烟，都醉醺醺的在空中蹒跚，豫备给鲁镇的人们以无限的幸福。"

  祥林嫂死了，死在祝福的前一天，然而有什么人挂记呢，年还是照样过，仪式照旧举行，莫须有的神明照样给人幸福的假象，没人会在意路边乞讨的那个女人的死活。这点就像《孔乙己》那句，"孔乙己是这样的使人快活，可是没有他，别人也便这么过"。

  祥林嫂这样一个社会底层的女人，劳动是她唯一的价值，一旦她的手脚不再灵便，便没什么存在的意义了；幸而后来她的经历成就了她的第二个价值——作为故事。于是人们反复咀嚼她的遭遇，从中得到欣赏故事时的精神上的刺激和愉悦，或是在对比中寻得自身的幸运之处。再后来，她的故事因人们反复咀嚼而无味了，她的存在对于鲁镇便毫无意义了。如作者前文所言，"从活得有趣的人们看来，恐怕要怪讶她何以还要存在"。于是这个女人的死活再也算不得什么，节日的烟火的温度，不会因为一具冰冷的尸体而下降，麻木而愚昧的人，也不会因为另外一个不相干的人的死亡而想起什么。

"但她还是妄想，希图从别的事，如小篮，豆，别人的孩子上，引出她的阿毛的故事来。"

抛开作者反封建的主旋律，这便是我所不喜欢祥林嫂的地方。第二次回鲁镇的时候，她已经和死没有什么分别了，她同情自己，并且出卖自己的苦难换取别人的同情。这未尝不是一种精神胜利法，从别人的同情上，看到自身仅有的一点价值。命运剥夺了她存在的意义，她便用这方法来希求补偿自己。而这愚昧的方法根本无法实现她的价值，反而让她一次次地受到打击，绝望，沉沦。

[楼主] Posted：2009-03-15 19：18：04
姓名：孙嘉懿
昵称：执着的数学爱好者

"从别人的同情上，看到自身仅有的一点价值。"
我不太赞同这种观点。所谓她的价值是指她对社会的用处。但是我以为如果仅仅以一个人对社会的价值来衡量一个人生存的意义的话，那无异于把这个人看成一个没有感情的生物。祥林嫂也有感情，她到那时还对生活保留着一些希望。所以她出于要活下去的本能，才又回到鲁镇。

[#2] Posted：2009-03-15 19：33：46
姓名：石儒婧
昵称：虚清道人

有道理。
可是祥林嫂的内心不够强大，她需要看到自己对外界的影响，来证明自己的存在，回到鲁镇未尝不是为了在劳动中实现自身价值。可是四叔家祭祀的事不再用她了，她作为劳动者的价值被剥夺了，所以选择出卖遭遇，使她的存在得以在别人的同情中体现。
不矛盾吧？

[#3] Posted：2009-03-15 19：44：54
姓名：孙嘉懿
昵称：执着的数学爱好者

也就是说祥林嫂是一直为别人而活,以此体现她的价值……

也有道理。这是不是生活在底层的人们特有的一种价值观呢?

★★★★

[#4]

姓名:李依晓

昵称:我爱三变君

"祥林嫂这样一个社会底层的女人,劳动是她唯一的价值,一旦她的手脚不再灵便,便没什么存在的意义了;幸而后来她的经历成就了她的第二个价值——作为故事。于是人们反复咀嚼她的遭遇,从中得到欣赏故事时的精神上的刺激和愉悦。"这句好!虽然显得很残酷,但反映出了事实。

★★★★

[#5]

姓名:邓虹

昵称:

"她作为劳动者的价值被剥夺了,所以选择出卖遭遇",能够为这样的结论找出文字依据吗?期待中。

[#6] Posted: 2009-03-15 21:44:18

姓名:王作辛

昵称:纯粹的布尔什维克

抛开一切的争议,那么你能够对人物的情感做"出于人性朴素和真实的那一面"的细致的分析(其实是一种将心比心的探讨吧),得出一些很让人感到温暖的,并且具有一种真正的真实的结论,这确实是很让我钦佩的。我上面所说的不单指这一篇……

★★★★

[#7] Posted: 2009-03-15 22:32:29

姓名:林意

昵称:巴菲特之魂

想法同邓老师……

祥林嫂跟别人讲遭遇是要出卖遭遇换取自身价值,还是无法从丧子的悲痛中自拔而出现的"类精神错乱"行为?

[#8] Posted: 2009-03-15 22:44:35

姓名:张默

昵称:NUAEN

祥林嫂作为一个无知的底层劳动妇女,真的有能力做出出卖遭遇换取自身价值这种"高级"行为吗?她所作所为无非是由于她沉浸于过去而导致的下意识行为罢了。

[#9] Posted：2009-03-16 11：46：21

姓名：周莹琛

昵称：淹死的鱼

  同意林意大人。祥林嫂的诉说可能只是为缓解丧夫丧子带来的悲痛和心理压力吧。别人的同情对她是精神上的安慰（这想法本来就病态了）。

[#10] Posted：2009-03-16 11：50：31

姓名：石儒婧

昵称：虚清道人

  正如默兄所言，这是"下意识"，然而这种下意识世人皆有之，至少某个特定时期的内心不够强大的人都有。我认为作者所反映的不只是对于封建思想的鞭笞，更有对于当时中国人这种软弱屈服的"下意识"的批判。

[#11] Posted：2009-03-16 11：51：16

姓名：庞舒然

昵称：不乖鱼

  祥林嫂第二次出现在四叔家的时候，"眼光也没有先前那样精神了"，她用不幸的遭遇博得了四婶的同情，得到了工作，"比初来时候神气舒畅些"。接下来却发现自己清闲了，"只是直着眼睛，和大家讲她自己日夜不忘的故事"。然后"自己再没有开口的必要了"。由此却可看出，祥林嫂内心深处是发现出卖遭遇可以换取自身价值才重复的，而之后再没开口也是发现已不能换取同情才停下的。

  我感觉自己很残忍……

★★★★

[#12] Posted：2009-03-16 11：53：28

姓名：石儒婧

昵称：虚清道人

  关于邓和林提的问题：

  诚然祥林嫂无法走出悲痛，可贫道（注：石儒婧）看来，她根本就不愿意走出悲痛，她希望因一点琐事提起她的故事，她从一次次揭伤疤的过程中得到安慰，这本身就是一种病态。而所谓"寻求自身价值"的说法，是贫道无法找到对于这种病态的更合理的解释而借用的说法。

[#13] Posted：2009-03-16 11：55：28

姓名：刘星雨

昵称：更吹落

"出卖"？我之前真的没有这样想过……嗯，很新～
不过，是否太理智了些？嗯，太残忍了些？这样的分析……
不过我同意有关自身价值的说法。
献上星星*。

★★★★
[#15] Posted：2009-03-16 11：57：38
姓名：赵博雅
昵称：yoyo
"更有对于当时中国人这种软弱屈服的'下意识'的批判。"
这种说法我的确很赞同。
她就算失去了二夫、一子，但是她并没有失去生活的资本，她还有自己的双手。
但是她却一味地向别人重复自己的遭遇，希望得到别人的同情，却一点一点地失去了生活的热情与希望，不再"伶俐"事小，放弃自己事大。
她的软弱，造成了她的一生终将失败。

★★★
[#16] Posted：2009-03-16 11：59：08
姓名：张默
昵称：NUAEN
她走不出悲痛的根本原因是因为她根本没意识到自己活在过去中。

[#17] Posted：2009-03-16 11：59：45
姓名：杜文渊
昵称：savoir aimer
虚清（注：石儒婧），后来祥林嫂也察觉到众人对她的嘲笑，就整日闭紧了嘴唇了。当她在不断重复自己的遭遇时，她有没有考虑到她的行为把自己置于他人什么样的眼光中？她在意他人的嘲笑吗？

[#18] Posted：2009-03-16 12：01：00
姓名：张默
昵称：NUAEN
最可悲的就是她这种根本不知道一个真正的人是应活在当下的人。

[#19] Posted：2009-03-16 12：02：51
姓名：周莹琛

---

* 班级网络平台对于楼主发帖的评价打星功能。

昵称：淹死的鱼

所谓祥林嫂后来的价值就是满足街上男男女女的猎奇心理吗？窃以为祥林嫂说故事只是为了让周围人收起"冷冷的笑"，博得同情来减少周围环境对自己（寡妇）的歧视。

★★★★

［# 20］Posted：2009-03-16 12：04：20

姓名：赵元良

昵称：普通鸬鹚

想法同张默，我觉得她一遍一遍回忆过去的经历只是种正常的生理行为……"我真傻，真的"难道不是她当时的心里话吗？为什么一定是所谓出卖自己遭遇换取自身价值？我觉得这只是因为她过度悲伤和为她当时的一些事自责。

她为什么要说出来？我觉得只是正常的倾诉罢了。因为她没有得到真正的同情、关怀，所以她一直不能自拔。她的价值还是应当存在于社会劳动的。而作者反复写她这段事的目的主要不应是批评祥林嫂，而是批评社会的大环境。

［# 21］Posted：2009-03-16 12：05：37

姓名：石儒婧

昵称：虚清道人

祥林嫂有那么智慧？猎奇心理？？嗯，有点意思。

［# 22］Posted：2009-03-16 12：05：49

姓名：张哲明

昵称：零

我当时写的时候也觉得有点残忍……可是她的确就是在用自己的过去去博取别人的同情，比如"她还妄想，希图从别的事，如小篮，豆，别人的孩子上，引出她的阿毛的故事来"。一般人都是不愿意再回想悲惨的过去吧……

★★★★

［# 23］

姓名：张默

昵称：NUAEN

祥林嫂是愚昧无知的农村妇女，应该不会有死鱼（注：周莹琛）同志的那种"高级"想法。

［# 24］Posted：2009-03-16 12：06：57

姓名：赵博雅

昵称：yoyo

可是其实想一想，这样一个遭受了无数生活打击的妇人，一个生活在封建思想下的妇女，她能想到什么？丈夫、儿子，是她生活的中心，但她都失去了，也怪不得她会失去自我啊。活在当下，其实她在年轻的时候是明白的，只不过，风雨过后，她已不再相信罢了。

［#25］Posted：2009-03-16 12：07：13

姓名：庞舒然

昵称：不乖鱼

我感觉那时祥林嫂仍然有走出过去的想法，从她努力再回鲁镇做女工就可以看出。她脸上死尸般的面容也是一步步显现的，"眼光没有先前那样精神""直着眼睛""眼睛陷下去，精神更不济""直是一个木偶人"，这些正是社会的逼迫，使得她一点点失去希望，让她活在过去中的。

★★★★

［#26］Posted：2009-03-16 12：08：24

姓名：邓虹

昵称：

有没有想过换一个角度来思考呢：祥林嫂不说会怎样？祥林嫂应该怎么做？这么做了又会怎样？

务必结合课文内容分析啊！

［#27］Posted：2009-03-16 12：09：33

姓名：赵博雅

昵称：yoyo

祥林嫂的确有些愚昧，但这不是完全源于她自己，若不是经历的种种，她也不会落得如此地步，其实还是环境对人的影响更大一些。

★★★

［#28］Posted：2009-03-16 12：09：52

姓名：邢瑜洁

昵称：silvercia

我觉得她是"无意识地叙说"吧，像是机械地重复一样。渴求安慰可能是她下意识的行为，因为失去丈夫和儿子的打击实在是太大了——但是我觉得还没有到"出卖"这种程度吧。

如果非说她是在博取同情的话，那么鲁迅先生就是要批判所有因受到重大打击而渴求安慰的人了？我觉得好像不是这样子的吧，嗯。

333

[#29] Posted：2009-03-16 12：10：20
姓名：周莹琛
昵称：淹死的鱼

　　不一定是需要思想才能做到啊。她就是发现她说故事的时候大家都不再"冷冷的笑"或者有鄙薄的神情，所以她就重复这样做。

★★★

[#30] Posted：2009-03-16 12：11：40
姓名：曹临羲
昵称：蝎

　　同张默……祥林嫂并非在出卖，因为在文中，她似乎并未发现别人对自己态度的变化。这不是没发现，而是根本不关心……她只是沉浸在悲伤中，机械性地一遍遍重复罢了（前后说的内容压根没变化）。因此，还是坚持活在当下的观点……

[#31] Posted：2009-03-16 12：12：28
姓名：王作辛
昵称：纯粹的布尔什维克

　　第一次发言的时候不顾一切争议，但是这一次就不行了。

　　需要反驳的观点有两点：

　　第一，关于"祥林嫂失去了劳动中的价值，之后转而在别人的同情中寻找自己的价值"。首先，抛开这种"价值"是否存在，单考虑时间和因果顺序，就和原文中提及的不相符合。注意到原文中，一直到捐门槛之后被拒绝这一时间之前，祥林嫂始终坚信自己的劳动是有用和有价值的，她始终争取能够在"祝福"的过程中发挥作用，那么从祥林嫂的主观上说就不存在"失去劳动价值，转而寻求同情的价值"的动机和可能性。

　　第二，关于"祥林嫂通过博得别人的同情而实现自身价值"这一点，我表示怀疑。我认为这不过是一种纯粹的由于深重和巨大的悲痛（试想一个历尽苦难的女人生活刚刚燃起一点希望却惨遭破灭）而造成的精神空虚，这种空虚的长时间的存在和不断加深也是由于生活非但没有出现好转的迹象反而持续恶化而导致的，也就是说主要原因是环境的影响，而不是她本身的主观意志。

★★★★

[#32] Posted：2009-03-16 12：13：33
姓名：邢瑜洁
昵称：silvercia

"一遍一遍地说"说明她无法从丧子的悲痛中解脱吧,换句话说如果无法解脱出来,那么她也就会一直说这件事了。这样的话顶多是她精神方面比较脆弱,受不起打击,但是也不一定是博取同情吧?

[#33] Posted: 2009-03-16 12:14:33

姓名:高欣悦

昵称:︿︿皇帝訫︿︿

当她发现人们对她讲故事时的反应时,她虽然紧闭了嘴唇,但是她的心中还是有希望的,她还是渴望自己能够拥有和鲁镇所有人一样的权力——参加祝福仪式,所以我不同意默兄的观点。祥林嫂的内心深处一定有深刻的一面,如果说她傻,那也有做作的一面。"高级"的行为?其实不然,人被逼到绝路上,心里自然会有复杂的一面。

[#34] Posted: 2009-03-16 12:14:53

姓名:赵博雅

昵称:yoyo

题外话不说……

其实说也好,不说也好,我认为鲁镇人对她的鄙视都不会减少,只不过她通过这样使自己受的伤快点愈合罢了。

总是这样说,其实可以使伤口愈合得更快一些的,因为说着说着就麻木了。有些遭受打击的人,故作坚强,什么话都在心里不说出来,反倒容易生成内伤。

[#35] Posted: 2009-03-16 12:15:34

姓名:王作辛

昵称:纯粹的布尔什维克

部分同意张默同学的发言。但同时请注意:我们不要过多将精神空虚的原因归结于祥林嫂自身的精神不够坚强,相反地,我认为祥林嫂面对困难还是表现出了一定的坚强,而社会环境的"惨无人道"的不断摧残才是真正的主因。

★ ★ ★ ★

[#36] Posted: 2009-03-16 12:17:28

姓名:刘睿

昵称:nothing

其实这种病态的来源是几千年来已经根深蒂固在广大中国人内心深处的封建思想。鲁迅在《聪明人和傻子和奴才》中所描述的奴才就是广大受压迫的底层人民的缩影;奴才是封建统治阶级的受害者,他象征着那些愚昧无知、不知反抗的病态社会中的人们。正是这些对这社会不满而实际又在维护这社会的奴才，反映出了当时人们身上的病态。祥林嫂也是一位病态的人：一面怕死后到阴间受惩罚，一面又不愿意相信有魂灵的存在（这就有了祥林嫂死前问"我"的内容），在周围没有任何人理解同情的情况下，只得自己一遍遍重复遭遇。我认为她不是在出卖自身的遭遇，而是当自身一切价值都被别人榨取走后进行的自我麻木。毕竟她从小就深受封建礼教教育（从她顽强抗再婚可看出），封建的礼教与迷信的思想已经侵蚀了她的大部分心灵，她不可能自己挖去自己的一大块精神，也就只能自我麻痹了。

★★★★

[#37] Posted：2009-03-16 12：17：41

姓名：曹临羲

昵称：蝎

不对……默说得可能有点过分，但是正确的。在如此的悲哀之下，谁还会想那么多？说出来，也是种发泄的方式，何况不让祝福这件事也不一定在之前呢……

[#38] Posted：2009-03-16 12：18：52

姓名：李曦鸣

昵称：艾尔

一个人在经历了那么多致命的打击后，能够不自杀（她没什么亲人，对世界没有什么留恋）已经很难得了。心灵一次又一次地受到重创后还能坚强的是圣人，祥林嫂只是普通农村妇女，我认为我们不应从她身上挑毛病，而是多想想她所处环境对她的迫害。

她的问题多，是因为她经历的痛苦太多。（我们经历的不如她经历的八十分之一！）

[#39] Posted：2009-03-16 12：19：35

姓名：于未央

昵称：月の暗面

我不是很赞同张默兄的意见。祥林嫂讲述儿子的故事，时间是初春，当她回到鲁镇时，时间是秋季，隔了不过半年而已。对于一个一生凄苦的女子，儿子可以说就是她的天，她的地。儿子死了，让她仅用半年时间就走出过去，活在当下，这不现实，因为她是个母亲，心中对儿子的怀念是需要时间来冲淡的。

[#40] Posted：2009-03-16 12：19：47

姓名：谭玥琦

昵称：十二月

同意40楼。这种心理很常见，但我也找不出根本原因是什么。也许压抑太久了，就会想找个途径释放，换成现代的语言就是"吐露心事"。只不过祥林嫂没有遇到好的倾诉对象，所以只能是反作用。

有一个问题：她真的获得同情了吗？我认为她是可以感知到人们的鄙夷的。

[#41] Posted：2009-03-16 12：19：53

姓名：曹临羲

昵称：蝎

加一句，我反对的是34楼……

[#42] Posted：2009-03-16 12：20：14

姓名：刘佩怡

昵称：amberlau

实在太长了……

对于当今的社会，出现"祥林嫂"的概率大概要低多了吧。唉……我是这样想的啦。

祥林嫂的死应当算是两方面的共同作用，其一是社会的因素，其二是她自身的因素，这两方面共同作用，一起砌起了这堵高墙，最终把祥林嫂（或许还有和祥林嫂一样命运的人）困在了其中。

自身的因素是不可忽略的，这一点直到今天也是存在的，例如很多人到今天还会说"你怎么跟祥林嫂似的"之类的话。(PS：祥林嫂怨妇的经典形象已深入人心。) 而文中祥林嫂的自身因素是什么呢？

破儿（注：刘佩怡）是这样看的 ^__^[①]

第一是她几次三番地被人嘲笑、嫌弃，例如"你们的阿毛……""你放着罢……"之类的句子就可以看出。

第二也源于她对亲人的思念吧（这可是什么时候都不可避免的）。文中算是有依据的，例如"我们的阿毛……"，还有文章前面"那么，死掉的一家的人，都能见面的？"

再说社会因素，大家之所以嫌弃她、嘲笑她确实是因为当时的制度（她是寡妇，改嫁了，又死了丈夫，死了孩子）。若真是按照柳妈所言，那她就有三个亡魂跟着……（破儿不寒而栗呃……）难怪四叔说她"不干不净"。

但是换言之，若不是当时的制度，便不会有人嫌她，这样，死的成分就少了一大半。应该算是制度的成分比较多吧。

[①] ^__^：网络表情符号，微笑，灿烂的笑容。

[#43]

姓名：郄艺

昵称：冬亦暖

　　认为两派都有道理，应该是相辅相成的吧。开始祥林嫂只是沉浸在顾影自怜的哀怨中，日日重复着同样的自己引以为资本的悲惨经历；不久便发现人们因此对她产生了表面上的同情与再认识，于是像滚雪球一样越来越不愿脱离曾经的片段，直至人们"一听到就烦厌得头痛"，她仍不死心，"还妄想，希图从别的事，如……上，引出……"

　　有自己的不争气与软弱、奴性，更有社会背景的煽风点火，最终"烧死"了一个人。

[#44]

对联概括"我眼中的祥林嫂"

姓名：曹临羲

昵称：蝎

　　坚守节操兼又勤劳朴实，苦命仍存希望；

　　强被改嫁却成伤风败俗，遭鄙终不翻身。

[楼主] Posted：2009-03-13 20：06：41

姓名：张默

昵称：NUAEN

　　饱尝人间疾苦，祥林嫂终半疯，一人之痛。

　　不问世道兴衰，放眼望皆看客，举国之悲。

[楼主] Posted：2009-03-13 21：16：41

姓名：刘星雨

昵称：更吹落

　　嫁夫又丧两度，恐入地狱受劈斩；

　　捐槛未捐一般，欲忙祝福遭拒绝。

［楼主］Posted：2009-03-14 12：55：16

姓名：高欣悦

昵称：ⅲ皇帝訫ⅲ

  旧历翻，鲁镇迎"祝福"；

  新年至，地狱待"团圆"。

  横批：魂归何处？

［楼主］Posted：2009-03-14 17：59：08

姓名：李依晓

昵称：我爱三变君

  凄如野草，夫亡子丧痛不及半；

  苦于呐喊，流言蜚语尽摧余生。

［楼主］Posted：2009-03-14 18：53：55

姓名：于未央

昵称：月の暗面

  亡夫二度，苦痛，生活艰辛仍熬过。

  丧子一回，伤悲，命运弄人终归尘。

［楼主］Posted：2009-03-14 19：35：13

姓名：刘昊璁

昵称：刘昊璁

  嫁能夫生胖子，本为一生之幸，无奈天灾人祸家破人亡，伤心自责。

  回鲁镇重打工，期望众人之情，不料冷嘲热讽穷困潦倒，因贫而死。

[楼主] Posted：2009-03-14 20：39：49

姓名：赵博雅

昵称：yoyo

　　丧夫，丧子，含冤为谁死；

　　被嘲，被鄙，封建迫人亡。

[楼主] Posted：2009-03-14 22：27：45

姓名：邢瑜洁

昵称：silvercia

　　痛失阿毛还被厌烦，

　　喜捐门槛仍遭唾弃。

[楼主] Posted：2009-03-14 22：52：28

姓名：韩钊

昵称：sacbb

　　哀其不幸，恨愚邻迂腐；

　　怒其愚昧，叹无常无情。

[楼主] Posted：2009-03-15 04：25：48

姓名：张希

昵称：^__^

　　懵懵懂懂，不清不楚，巧女难作亡人妇。

　　浑浑噩噩，不明不白，幽魂不附伤心人。

　　横批：活死人

[楼主] Posted：2009-03-15 15：08：21

姓名：王作辛

昵称：纯粹的布尔什维克

　　生既死，死于三千年宗法礼教的规则里；

　　逝仍活，活在两万万劳动妇女之命运中。

［楼主］Posted：2009-03-15 15：25：43

姓名：杨毅鑫

昵称：youhucool

　　祥林嫂苦诉旧事，终得人同情，穷人苟活；

　　丧子母疑问鬼神，却获说不清，乞丐丧死。

［楼主］Posted：2009-03-15 16：12：59

姓名：孙嘉懿

昵称：执着的数学爱好者

　　鄙薄眼里，辛勤奔忙，换得凄苦几十春；

　　祝福声中，竭力挣扎，终成无辜牺牲品。

［楼主］Posted：2009-03-15 16：15：57

姓名：李曦鸣

昵称：艾尔

　　丧夫失子，捐门槛不得理解；

　　祝福声中，祥林嫂苦魂升天。

［楼主］Posted：2009-03-15 17：16：26

姓名：何晓东

昵称：happyleo

　　想要保持贞节，满心希望期待脱离苦海。

无奈被迫改嫁，精神崩溃终将走向死亡。

[楼主] Posted：2009-03-15 17：41：51

姓名：杜文渊

昵称：savoir aimer

　　命运多舛，薄命人尽遭世间痛。

　　世态炎凉，恶乡邻更添雪上霜。

姓名：毛瑞九

昵称：毛瑞九

　　亡夫丧子 受够苦难 麻木 受伤 心死

　　求神赎罪 历尽嘲讽 归去 解脱 祝福

[楼主] Posted：2009-03-15 19：18：45

姓名：郭良越

昵称：come on, get it

　　哀祥林嫂之可怜，

　　恨旧社会之黑暗。

[楼主] Posted：2009-03-15 20：02：28

姓名：周莹琛

昵称：淹死的鱼

　　失身失誉，嚎哭声中改嫁。

　　丧夫丧子，爆竹响里殒命。

[楼主] Posted：2009-03-15 20：57：36

姓名：冯子航

昵称：无

祝福声中，一声叹息。

沧桑人生，几度秋凉。

［楼主］Posted：2009-03-15 21：18：35

姓名：王弘轩

昵称：小小小草包

遍尝人间艰辛，无人慰问。

历尽世事之苦，终归九泉。

［楼主］Posted：2009-03-15 21：47：13

姓名：刘佩怡

昵称：amberlau

两段情缘遗憾成灰烬，

一条苦命遭弃上西天。

［楼主］Posted：2009-03-15 21：55：19

姓名：霍嘉睿

昵称：super jerry

勤劳能干 身影忙碌常怀念。

沧海桑田 眼神无助休怨天。

［楼主］Posted：2009-03-15 21：56：44

姓名：张哲明

昵称：零

命途多舛 雪天里痛失爱子。

世态炎凉 祭典前惨死街头。

［楼主］Posted：2009-03-15 22：18：15

姓名：林意

昵称：巴菲特之魂

  1. 初入府邸精巧有为却进山里，

   再进豪门拙笨无能终出门来。

  2. 丧夫君而葬子，

   虑鬼神终亡身。

［楼主］Posted：2009-03-15 22：37：14

姓名：谭玥琦

昵称：十二月

  四十年勤劳作丧子亡夫，

  十二千赎罪名意冷心灰。

姓名：郊艺

昵称：冬亦暖

  上联：可叹 亡夫丧子 几度悲愁有谁怜。

  下联：可悲 求神问鬼 一生尽没冷眼中。

  横批：哪得春色换人间

［楼主］Posted：2009-03-15 22：59：41

姓名：刘婕

昵称：刘婕

  中年丧子，两度丧夫，祥林嫂命运多舛，惨惨惨；

  鲁镇遭歧，一朝惨死，旧社会封建如磐，难难难。

［楼主］Posted：2009-03-16 22：33：30

专家点评
新时代,新课改,新探索
——邓虹创新研究课点评

基于网络自主学习的阅读课与传统授课最大的区别是,教学内容具有不可复制性。不同班级的网络自主学习特点以及自主研读方向大不相同,因此,上课使用的网络自主学习素材是不同的,而由此生成的课堂教学内容也差别极大。为了准备研究课,邓虹老师花费了大量时间分别对试讲班和正式上课班的网络自主学习及研讨进行了搜集和梳理,并根据学生的网络自主学习成果,生成两个版本完全不同的教学方案。试讲仅仅是体验教学的基本过程,而正式上课的内容对于邓虹老师来说几乎是全新的。邓虹老师在挑战面前展现的勇气和智慧令人钦佩。

这节研究课在两个方面进行了有益的探索,对高中语文教学,尤其是阅读教学有重要的启发。

一、关于教学中学生的个性化阅读

新课程标准特别强调要关注学生的个性化阅读。个性化阅读是以调动学生自己的生活经验和知识积累为基础,获得独特感受和体验的阅读。新课标强调,要尊重学生新鲜或不成熟的阅读感受,关注学生富有个性的理解,有意识地激发学生的想象、联想和发散性思维。这个要求,体现了新课标中关于学生是重要的课程资源的理念。这个要求,不仅符合一般的阅读规律,更符合培养学生学习能力的教学规律。很多老师在新课标的指导下，对这一点的体会越来越深，不再拘泥于所谓的"标准答案"，也不再将老师的个人见解视为神圣不可侵犯的"天条"，而是从文本入手，从学生的认知水平出发，注重学生的学习过程，客观地看待学生阅读中的个性化体验，鼓励学生敢想、敢说，和学生平等地进行交流，引导学生全面深入地理解文本。在这样良好的学习氛围中，激发学生的学习兴趣，提高他们的阅读水平。今天的课，很好地体现了这一点。这说明邓虹老师对新课标的这个重要理念有清醒的认识和丰富的实践经验。

今天的课从课题上看（"我眼中的祥林嫂"）就体现了学生阅读的个性化特征。今天的课是在学生自主研读的基础上进行的，课上所解决的几个问题都生自学生的自主研读。学生在深入研读文本中，有自己的思考，也有与其他同学的交流研讨（包括对某些问题的争论）。这里既有自主学习，又有合作交流（包括学生之间和师生之间的交流）。无论是自主，还是合作，又都体现了教师对探究方式的提倡和肯定。这节课，是学生对个性化阅读成果的展示和交流，也是教师对学生的引导和点拨。在此基础上，学生解决了一些问题，同时又可能生成新的问题，这些新的问题还会引领更深一层的学习。

从这个意义上说，今天的课就不是灌输式的。邓虹老师为学生创设了良好的学习环境，组织引导学生进入到文本中去，进入到学习的氛围中来，帮助学生通过或自主或合作的学习探究，历经生动的学习过程，把学习过程中生成的鲜活的体验拿出来，在学生之间、学生与老师之间进行积极的交流。在此基础上，教师再对学生进行适时、适度、适当的引导和点拨，提高学生的阅读理解水平。我以为，这样一个教学过程是符合新课标的理念的。这节课为在新课标指导下如何更好地开展阅读教学提供了有益的经验，值得深入探讨和推广。同时对鲁迅作品的教学，也提供了很好的经验。

二、关于借助信息技术整合语文教学（"双课堂"——虚拟教室整合现实课堂）

这节课的另一个特点是借助信息技术整合语文教学（或曰"双课堂"——虚拟教室整合现实课堂）。这是一项很有意义的教学实验工作，北京市很多区县的老师进行这项实验工作已经很多年了，邓虹老师便是这个实验工作的先行者之一。我认为，从目前来看，这项实验工作至少有两方面的意义：

1. 对于改变教师的教学观念和教学方式有重要意义。在借助于信息技术形成的教学平台中，教师不仅是学生学习的指导者、帮助者，更是学生学习的伙伴，还是课程资源的开发者，这个平台有助于营造民主、平等的教学环境，有助于建立新型的教学关系和师生关系（这从虚拟教室和现实课堂中师生之间的交流可以看出）。

2. 对于调动学生主动、活泼、生动的学习有重要意义。教学改革的核心在于改变学生的学习方式。实验证明，借助于信息技术所建立的虚拟教室，有助于学生的个性化学习，有助于学生之间、师生之间的平等交流。在这样一种学习氛围中，大多数学生乐学、好学，在积极的学习过程中学会学习，逐步形成自主、合作、探究的学习方式。

虚拟教室和现实课堂的学习是相辅相成的。虚拟教室的学习（网络学习）有利于营造民主、平等的教学环境，有利于学生的个性化学习，有利于学习成果的交流（生生、师生），学生在虚拟教室中所进行的学习交流活动是自由的、民主的，也是丰富多彩的。现实课堂则是学生学习成果的进一步展示和交流，并能体现出教师对学生的引导、点拨的作用，学生在现实课堂中所进行的活动是有针对性的，是在实践后的再认识（这节课体现得很清楚）。虚拟教室和现实课堂的结合是这项实验工作中最重要的阶段。邓虹老师对这一点处理得很好。今天的研究课让我们对这项实验工作有了更多感性的认识，体会到了这项实验的部分成果。我们也对邓虹老师大胆探索、不懈努力所取得的成果感到高兴，并预祝她能在这项实验中做出更大的成绩。

今天的课还让我们领略到了如邓虹老师这样的年轻教师的风采。

我们热切地期待并相信，北京市将会涌现出更多的年轻有为的语文教育的探索者。

可深入探讨之处：A. 加强对学情的了解，精炼教学语言；B. 注意调动更多的学生积极投入到学习中来。

北京市第十三中学　王大堃
2009 年 3 月

实验总结

从"请君入瓮"到"一千个哈姆雷特"
——课堂教学新模式之再思考

现代教育技术专家何克抗教授指出：当前中小学教学改革的主要目标之一是要改变传统的以教师为中心的教学结构，建构"主导—主体"教学结构。"基于网络平台的鲁迅经典作品教学"实验之所以取得成功，得到专家与一线教师的一致认可，总的来说，是在解决"语文课程信息化"过程中的教学结构和教学模式问题方面做出了有益尝试。归结起来有以下几个特点：

一、"双课堂"教学模式实现了真正意义上的"问题教学"。

谁都知道，没有问题就没有创新。在培养创新能力已成为教育共识的今天，"问题教学"随处可见，种类繁多。但是，深入考察会发现一般有三个基本特点：第一，在课堂上，一般都是由教师提出问题，由学生来回答；教师是把提问题作为检查学生学习情况的手段。如果学生能够把教师提的问题准确地或者符合标准地回答了，那说明学生对教师所讲的知识都掌握了，教师就满意了。第二，教师所提的问题一般都不会超出教材所规定的范围，而且也都有标准的或准确的答案。即使遇到学生提问题，教师也要想办法控制在教材已有知识的范围之内。如果学生提的问题教师回答不好，教师会感到很没面子。第三，教师是以消除学生的问题，作为评价教学效果的指标。我们经常

实验总结　从"请君入瓮"到"一千个哈姆雷特"

听到教师下课前问学生："大家还有什么不明白的问题吗？"如果学生说"没有了"，教师就会认为自己已经达成了教学目标；如果学生还有一堆问题，教师就会认为还没有完成教学任务。所以，我们不少教师实行的是一种"去问题式教育"。教师希望通过自己的努力，使学生从有问题转化到完全没有问题。

而在教育相对发达的国家里，教师同样需要引导学生解决问题，帮助学生消除问题。因为，每解决一个问题，每消除一个问题，就意味着学生在获取知识方面又前进了一步。但是，他们和我们的区别恰恰在于，我们将解决了问题、消除了问题视为教学任务的结束；他们则往往还要再前进一步，还要想办法让学生产生更多的新问题，这是一种"激发问题式教育"。"去问题式教育"和"激发问题式教育"，培养出两类不同的人才。按前者培养的人才，创新能力较少体现；按后者培养的人才，创新能力明显较强。

语文新课程标准对"问题教学"的阐释是以"培养学生科学探究能力"的方式提出的，显然汲取了国外先进的教育教学经验。它要求教师应从知识创新的角度出发进行"问题教学"，特征也可归纳为三方面：第一，教师当然可以提出问题、预设问题，但更多的还是要启发、鼓励和组织学生提出；第二，有一些问题可以是现成的，但更多的应该是完全开放的，甚至远远超出了教师的预料；第三，为解决问题而展开的学习过程设计可以是灵活多样的，供学生选择的空间是开放的，学习研讨的结论也是开放的。

很显然，这样的要求对于目前的课堂教学来说难度极大。但是，"双课堂"教学模式却成功地突破了这一难关。"基于网络平台的鲁迅经典作品教学"实验的充满个性化色彩的教学案例无一例外的都以问题搜集、问题引导、问题讨论、问题归纳、问题拓展、问题延伸为贯穿教学的红线，网络平台上那数以十计、百计甚至千计的主题帖和回

350

帖，几乎都是"问题教学"的产物。无论是在校园网上"班级语文虚拟教室"，还是在"传统现实语文课堂"，无论是阅读还是写作，无论是精读还是泛读，这些实验案例都深刻诠释出"问题教学"的现代内涵，较好地实现了真正意义上的、充分展示师生创新精神的"问题教学"目标，成为体现语文新课改精神的代表性范例。

二、"双课堂"教学模式真切反映出语文教学的本质规律。

语文学科的自身特征决定了它不具备自然学科知识本身的科学性，大多数内容缺乏严密的知识体系，部分成体系的知识又难以确定其非学不可的必要性。同时，语文学科作为母语教学的范畴，其感知性、领悟性、实践性、应用性等方面的要求十分突出。运用"双课堂"教学模式，使语文教学活动实践性、过程性、阶梯性、生成性的本质规律得到充分展现。在"双课堂"教学过程中，虚拟教室不再是一部分人想象里的可有可无的辅助性教学手段。在实验者的认识里，它已成为实体课堂教学的重要组成部分，是教学资源的绝佳生成体，是教学实效的巨大"生长点"。

语文的实践性教学特征，要求师生的即时互动和学生的实际操作。于是，参与实验的学生徜徉在丰富的资源库中，随心所欲，自由检索与所学课文有关的信息，根据自身需求和爱好摄取营养。或通过语文论坛等平台，师生之间、同学之间就学习中共同感兴趣的问题展开不受时空限制的讨论，真正做到广泛深层的交流，也可互相学习、影响，极大限度地形成合作、探究的学习氛围。

语文的过程性教学特征，要求教师着眼于一段时间内学生的学习过程，于是，教师密切关注学生在学习过程中如何得到促进、得到提高。既考虑学生怎样预做准备、怎样参与学习、怎样获取最大效益等问题，也对各类学生怎样进一步继续提高做通盘打算。案例实验证明，这样的教学远远超出了40分钟的局限。"双课堂"教学模式使教师的教学视野更多投向学生一个阶段学习的全过程，并全面观照学生的"知识和能力"、"过程和方法"、"情感、态度、价值观"，而不是孤立地关注于一节课的起讫。

语文的阶梯性教学特征，要求教师准确把握不同学生的知识结构与能力层级。于是，教师让教学设计力图实现"虚拟课堂（1）—实体课堂—虚拟课堂（2）"的良性互动，使教学过程统一为一个完整有效的教学链条。将虚拟课堂（1）作为课程开始的必要且重要的准备，成为"点燃火种的过程"，让它为实体课堂提供丰富的教学内容；将实体课堂设计为虚拟课堂（1）的"升华"过程；将虚拟课堂（2）设计为前两个教学步骤的自然延伸，并在此完成教学环节的"涅槃"。还有实验者利用虚拟课堂深入持久地开展精读教学，而将实体课堂转换成泛读成果的"展示厅"，在互动互换的过程中，帮助各层级学生实现学习能力的螺旋式上升。

语文的生成性教学特征，要求教师及时发现教学问题、掌控教学节奏并调整教学安排，将预设性、固化性教学目标灵活转变或相机修正为即时生成性教学目标。于是，教师根据学生在虚拟平台上的讨论情况，来灵活制定或调试教学进度与任务安排，在实体课堂上集中、有针对性地解决学生学习中的问题。这种对学生动态的、过程性监控方式能够使教师真正掌握每一个学生的实际状况和班级的整体情况，从而更好地做到"备教法、备学生"，彻底改变置学生实际需求于不顾，盲目完成所谓"教学任务"的教学现状。

三、"双课堂"教学模式是新课改倡导的"自主性学习"的有力支撑。

目前语文课程改革的核心问题是什么？我认为集中在两方面：1. 教师由对教纲和教材的被动实施，转变为对新课程的主动设计；由教学过程中的传授者，转变为教学过程中的学习和探究者；由教学过程中的主宰者，转变为教学过程中的启发和引导者。2. 学生由被动性学习，转变为自主性学习；由接受性学习，转变为创新性学习；由应试性学习，转变为全面提高素质的学习。

由此可见，语文新课改十分突出的变化应当是师生教与学的方式的重大转变，这转变必须依靠语文课程的整体优化来进行，而"双课堂"教学模式的显著优势使这种优化成为可能。

选择性是自主性学习的内在特征。"双课堂"教学模式是在拥有强大的立体资源库基础上展开的。它的资源库是按知识和能力的不同类别和维度、按不同的教学功能构建不同类型资源的有力工具；各种链接技术，则为科学地区分资源层次——从核心资源到扩展资源、开放资源的构建，提供了前所未有的可能。这样的资源，为学生选择性学习提供了最大空间，满足了各类学生多向度发展语文能力的需要。例如同样是阅读教学，不同教师、不同学生在资源的选用和新资源的生成方面各显其能，各具特色，学习的深度和广度都得到极大延伸。

个别化是自主性学习的内在特征。"双课堂"教学模式充分利用信息技术解决了传播交互问题，使语文教学成为信息传播交互的过程，使学生的个别化学习和教师的个别化指导变为现实。传统的课堂教学时间有限，阻碍了大多数学生的个别化思考、个别化记忆、个别化表达、个别化能力形成。而"双课堂"教学模式为每个学生开辟出一条个别化学习通道，解决了学生个性化学习问题，提高了学生学习实效。实验过程中随时可见学生利用"双课堂"学习平台的延时和持续交互功能，将课堂40分钟的学习延展到虚拟课堂中，一节课变成了一个周期甚至一个阶段，个别化程度令人吃惊。

探究性是自主性学习的内在特征。"双课堂"教学模式对学生原始学习状态进行详尽的了解和分析，为自主学习的开展奠定基础；利用信息技术平台，构建学生互动合作的"学习场"，为自主学习的深入创造条件。"双课堂"教学模式为学生独立思索、深入钻研搭建平台，鼓励学生张扬个性，勇于创新，这便使自主性学习上升到探究性学习的高级阶段。从前面的实验案例中我们可以清楚地看到，只要学习方式发生根本变化，学生在语文学习方面的潜力是无穷无尽、难以想象的。其兴趣爱好之广泛、思想认识之活跃、情感心灵之丰富、思考探究之深入、不落窠臼之新颖、自由抒发之坦荡，无不昭示出自主性学习的巨大威力。

四、"双课堂"教学模式尚需继续思索的问题：

A. 虚拟课堂上更重过程还是更重结果？

B. 学生如何从自主学习到达教学目标？

C. 有限的课堂学习文学作品如何学好？

后记

最好的见证

刚送走毕业班，2011年的暑假提前半个月到来，远离试卷的逍遥阅读生活开始了，很惬意。

一天，接到一个刚毕业的学生的电话，说是正在办理出国读书手续，希望老师帮助写推荐信，并提供相关学习情况证明，要求资料越翔实越好，越鲜活越好。该生一直是我所教的实验班的尖子生，特别难得的是他作为理科生却从不偏废语文，思想独立，情感丰富，喜好读书，是个文理俱佳的优秀人才。推荐他考取国外顶尖学府我心甘情愿，义不容辞。可是具体到为"独特的这一个"而写却着实犯难：千头万绪，从何入手呢？倒是学生的一句话提醒了我："老师，咱们班不是有'语文整合'网络学习平台吗？上面记录着我好多的学习过程和学习成果呢，您就挑一些您印象最深的说一说呗！还有，您那儿不是有鲁迅小说《祝福》一课的录像吗？也记录着我的课堂表现，这些都可以作为证明呢！"

嗨，可不是吗！上哪儿去找这么丰富、这么鲜活、这么真实、这么有个性的学习情况证明呢？把专属于该生的学习成果复制、梳理、提炼出来，把老师对学生、学生对学生的多角度评语添加进来，不就是最佳的推荐材料了吗？

圆满完成了该生交给的任务，我的心却变得不平静了。接下来的日子里，我时断时续地思考着：继"网络环境与个性化高三作文辅导"实验之后，我的语文教学活动有哪些是让学生记忆深刻的呢？

后记　最好的见证

正巧，自从被评为北京市语文特级教师后，我陆续接受了新华网、《现代教育报》、《中小学信息技术教育》、《中国多媒体与网络教学学报》等编辑记者的专访或访谈。几家媒体不同的思路、各自的问题，却有着一致的目的，都是在真诚地督促我整理、总结自己25年来的教育教学经历，并且希望我搜集一些学生的反馈意见。于是，我给一些学生打了电话，让他们给我一些简单的回复。

事实证明这不失为一个好办法，新近毕业的两拨儿学生的回忆片段给了我极大启发：

"……说到教学中传统和现代结合的创新，就不得不提到邓老师带着我们一起学习的网络平台：'语文整合'。曾几何时，网络已经成为学习的反义词，好像上网就是娱乐，就是无所事事。谁能想到在邓老师那里，两者的结合却产生了奇妙的化学反应，直到今天，我都会闲时去学习平台逛逛，看看曾经的那些评论、那些文章。说到网络平台，最值得一提的就是邓老师几乎把教材中鲁迅先生所有的文章都搬到了网上来讨论，从《记念刘和珍君》到《祝福》，从《药》到《阿Q正传》……这样的教学让我备感新鲜。看到大家思想深刻、文采斐然的同时，也忽然发现鲁迅那个老头儿的文章原来也可以学习得这么快乐。对于鲁迅文章学习到极致的，当属《药》一文。首先是大家对文章本身的理解，实在是让我大开眼界，本以为普通的故事中竟然包含着这样多的线索和提示，此外对于文章的理解和分析的透彻程度都让我对全文有了一个全新的认识，有些隐约悟到的问题在讨论中豁然开朗，比如盘绕在坟前的乌鸦的含义，时至今日我也仍能记得这些。那时候诺贝尔文学奖著作《我的名字叫红》红极一时，在邓老师的带领下，我们也开始仿写，超越了文章本身，从一个独特的视角诠释《药》的剧情。这又一次让我大开眼界，大家选择的视角从人到物无所不包，从血馒头的角度、从睡莲的视角，甚而至于从腰带的角度都能够开出一条路，相比之下我那从人的角度开展就显得平淡无奇了……正是这

些颇有难度的挑战，让我对语文越发的热爱，也越来越能发现其中的魅力。"(2008届毕业生王近思)

"……印象很深的是在鲁迅专题探究学习中，她引导我们跳出对鲁迅的固有印象，回归文本，深入文本。她以满腔豪情带我们回到那个'黑暗铁屋'的时代，感受呐喊的孤独与彷徨的无奈。在她坚毅的目光中，铿锵的话语中，理性的剖析中，我们认识了一个真实的鲁迅，真正体会到那种于旷野中呐喊而无人回应的悲凉。那些日子的语文课在剖析与审视中痛苦，在痛苦中又有内心在摸索中渐渐明朗的畅快。每个人的内心都燃起了对民族和生命的思索，对社会的责任。邓老师联系课文说过一句话，我至今牢牢记在心里。她骄傲地为我们讲述鲁迅先生的著名演讲《未有天才之前》正是在师大附中的操场上，她说：'你们应该为身为一名附中人感到自豪。为什么？不因为别的，只因为你脚踏上这片带有文化大师生命气息的土地，你的肩上就承担了、你的血液里就流淌了对社会对民族的责任。你应该为你的神圣责任而深感自豪！'在她的课堂上，话语中，我读懂了一份超越自我的责任与担当。"(2011届文科毕业生)

"……还有那些新颖的教学手段与网络课堂，都是语文课的趣味所在。要说我上过最有意思、最激发灵感的课的话，莫过于邓虹老师组织的鲁迅作品自主研读网络课堂了。同学们争相发帖，讨论作品、交流心得，我十分惊讶地发现许多犀利的评论与新巧的观点竟出自那些平时看起来十分'平常'的同学的发言中。这种新颖的授课方法不仅让我们发现文学作品里耐人寻味之处，还使我们更深地了解自己与身边的同学。我敢打保票，任何一位亲身参与到讨论的学生多年之后重看自己当初的发言都会产生由衷的惊讶与对自己的敬佩，正如我所体会到的那样。"(2011届理科毕业生)

"……邓老师建立了一个网络学习平台，同学们在平台上评论着鲁迅文章中的语言、片段，也表达着自己的感想。通过这种讨论，我们

后记　最好的见证

领略了同学的不同风采，同时也在交流中充实了自己的思想，加深了对经典文章多方面的理解。"（2011届理科毕业生）

……

学生们对我们共同完成的"用网络平台支持鲁迅作品教学"实验印象如此深刻，这样的反馈信息令我豁然开朗。于是，我决定专门为这个实验编写一本书，来再现我们生动的课堂与学习生活，来欣赏孩子们鲜明的个性与创造，来记录孩子们显著的思想进步与精神成长，来分享孩子们横溢的才华与天赋，来感知孩子们丰富的智慧与心灵，来延展孩子们深厚的情怀与生命，来见证我们师生的共同飞跃……

无独有偶，编辑记者们在采访结束时都期待着我在《激情作文点击》之后有新的著述来阐释近年的课改新思考。这对我而言无疑是巨大的鞭策。

其实这种鞭策早已来自多方面：

北京市语文教学专家顾德希老师，从2003年起至今，一直具体指导我的"现代信息技术与语文学科整合"的各个实验。我所取得的每一点成绩，无不凝聚着他的智慧与心血。尤其是2007年以后，我所在的区没有划入使用北京市语文实验教材范围，顾老师为了鼓励我继续开展创新教学实践活动，特为我开通"语文整合"网络学习平台，让我跟上实验大军的步伐。而每当我略有心得便充分肯定，每当我遭遇困难便伸出援手，使我始终不惮于前行。他那学术专家的眼光和胆魄，他那教育家的使命感和责任感，他那淡泊名利、不断创新的人生追求，是我永远的精神动力。

语文教学法研究专家、首都师范大学刘占泉教授，从2003年起至今，一直高度关注我的"现代信息技术与语文学科整合"的各个实验。占泉老师是我参加骨干教师培训班时的指导老师，这些年来我已经习惯了随时向他"交作业"。从"个性化高三作文辅导"，到"活动作文"创新实验，再到"用网络平台支持鲁迅作品教学"，占泉老师都是在第一时间给予我回馈与交流。随后一定是不惜花费大量时间，对我的实验进行极其具体的点评与分析，并把极具指导价值的研究性文章发表在《语文建设》《中学语文教学》等刊物上，引发我对自己的教学实验做更加深入的思考。而最让我和学生激动与兴奋的是，占泉老师常常把我的课例和实验活动与他的大学生、研究生们分享，让我们感受到来自不同途径的鼓励与肯定，获得了极大的成就感，更加坚定了我们师生共同创造的信念。

著名鲁迅研究专家、北京大学钱理群教授，两次亲临我所在学校指导开展鲁迅教学研讨活动。他一丝不苟的听课，认真坦诚的评课，生动深刻的讲座，直接触发了我的鲁迅作品教学改革意识。不仅如此，"最近十几年，钱老师还为一批富于探索精神的中学语文教师，写过一大批序言。他说，这些基层教师，基本上没有话语权，可是他们对于语文教育实际上最有发言权，应该把他们推到前台来。钱老师为他们写序常常全力以赴，往往一写就是两万字。"（摩罗语）我就是这批幸运的中学语文教师之一。钱教授为我的实验写了一篇两万多字的长文：《信息技术与语文学科的优化整合——谈邓虹老师的教学实验》，并收入其2010年出版的中小学教育专著《语文教育新论》中。这样无私而热忱的奖掖，怎不令我心怀感激？

北京教科院基教研中心中语室主任刘宇新老师、原宣武区语文教研员苏蓉老师、北京市特级教师王大堃老师，为我的鲁迅专题教学搭建市级教研平台，支持我走创新之路，帮助我提炼、修改教学内容，推荐我参加全国比赛，激励我引领北京高中语文教改。没有他们的幕后奉献，何来我的实践介绍甚至推广？

就是在这样一系列的鞭策与鼓励下，我勇敢地交出了书稿，由我校教科研处统一安排交由一家著名教育出版社出版。

遗憾的是出书的过程突生波折。这家出版社的编辑因为科室调动、任务改换、生病住院等原因，一直没有按时按约完成责编工作。焦急

后记 最好的见证

而无奈的等待中,是商务印书馆的吕海春老师张开了怀抱,把我从沮丧与失望里拯救了出来。海春老师是我第一本书《激情作文点击》的责编,可以说对我这些年来的教学改革知根知底,对我的"实验基地"的鲜活案例和"双课堂"教学模式充满关注。她果断地接下了书稿,并安排温婉而严谨的冯薇老师负责,使这本书的编辑出版工作得以顺利开展。这本书为了完整记录本次实验活动,在版式设计、文案构思、整体形象等方面颇费苦思,力求创新。两位老师为此书付出了极大的心血。对此我心存感恩,深表谢意。

最后,感谢我的学生,我可爱的孩儿们。

邓虹
2016 年 2 月 1 日